技工院校汽车类专业教材（中级技能层级）

中等职业学校汽车类专业教材

汽车维护与故障排除

（第四版）

胡克晓　主编

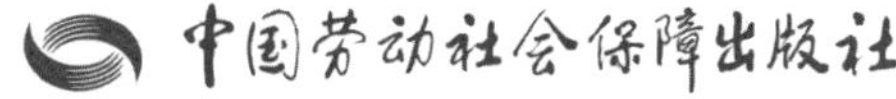

简介

本书主要内容包括发动机维护与故障诊断排除、底盘维护与故障诊断排除、电气设备维护与故障诊断排除等。

本书由胡克晓任主编，张广昕任副主编，李竹芳、陈贵显参与编写，李凤琪任主审。

图书在版编目（CIP）数据

汽车维护与故障排除 / 胡克晓主编 . -- 4 版 . 北京 : 中国劳动社会保障出版社，2025. --（技工院校汽车类专业教材）（中等职业学校汽车类专业教材）.
ISBN 978-7-5167-6878-5

Ⅰ. U472. 4

中国国家版本馆 CIP 数据核字第 2025SF2394 号

中国劳动社会保障出版社出版发行

（北京市惠新东街 1 号　邮政编码：100029）

*

北京市鑫霸印务有限公司印刷装订　　新华书店经销

787 毫米 ×1092 毫米　16 开本　14 印张　271 千字

2025 年 5 月第 4 版　　2025 年 5 月第 1 次印刷

定价：28.00 元

营销中心电话：400-606-6496

出版社网址：https://www.class.com.cn

https://jg.class.com.cn

前　言

为了更好地满足全国技工院校汽车类专业的教学要求，全面提升教学质量，我们组织有关院校的骨干教师和行业、企业专家，在充分调研企业生产和院校教学实际、广泛听取教材用户反馈意见的基础上，对技工院校汽车类专业教材（中级技能层级）进行了修订和新编。技工院校汽车类专业教材（中级技能层级）包括通用基础模块和汽车维修、汽车检测、汽车电器维修、汽车营销、汽车钣金与美容等五个专业方向模块。

其中，通用基础模块已在2022年完成全部修订（新编）工作，本次修订（新编）的是汽车维修、汽车检测和汽车电器维修三个专业方向模块，修订（新编）重点是：

第一，贯彻最新教育方针，明确人才培养目标。教材与人力资源社会保障部颁布的《技工院校汽车维修专业教学计划和教学大纲（2015）》《技工院校汽车电器维修专业教学计划和教学大纲（2015）》《汽车维修工国家职业技能标准（2018年版）》紧密对接，旨在提升学生的专业技能和知识水平，同时增强就业竞争力和社会适应能力。

第二，紧跟时代发展步伐，把握技术创新趋势。教材围绕汽车专业技术领域的最新发展，根据汽车类专业毕业生所从事岗位的需要和教学实际情况变化，合理确定学习目标，对内容的深度、难度做了适当调整，同时注重综合职业能力培养，充实新知识、新技术、新材料、新工艺等方面的内容，体现教材的先进性，并引用最新国家技术标准，使教材更加科学、规范。

第三，突出汽车专业特色，创新教材表现形式。教材选取当前市面上广泛使用的汽车车型和汽车行业案例作为教学载体，增加了实操内容在教材中的比重，充分体现职业教育特色。同时，为激发学生的学习兴趣，力求让学生更直观地理解和掌握所学内容，教材大量使用高质量的实物图片，多数教材采用四色印刷，图文并茂，进一步提高了教材的可读性。

第四，构建教学资源体系，优化教学服务水平。为方便教师教学和学生学习，教材配有发电子课件、习题册和习题册参考答案，部分教材还配有工作页、技能训练学生手册和微视频，以满足不同教学模式的使用需求。其中，电子课件、习题册参考答案、微视频可通过技工教育网（https://jg.class.com.cn）下载使用或在线观看。

编者

2024 年 8 月

目录

模块一 发动机维护与故障诊断排除

单元 1 汽车维护制度

汽车在运行中，由于受摩擦、振动、冲击以及自然条件等各种运行条件的影响，各部件和零件会产生不同程度的松动、变形、磨损、疲劳、腐蚀、老化和损伤。随着行驶里程的增加，运行状况逐渐恶化，故障增多，汽车动力性、安全性、经济性下降，甚至出现意外事故。

我国现行的汽车维护制度贯彻“定期维护”的原则，在国家标准《汽车维护、检测、诊断技术规范》(GB/T 18344—2016) 中，对汽车维护周期、维护作业内容和竣工检验标准等做出了明确的规定。依据汽车维护作业分级和周期的不同，分为日常维护、一级维护、二级维护。

汽车维护的目的在于保持车容整洁、技术状况正常，及时发现和消除故障隐患，防止车辆早期损坏，延长使用寿命，汽车维护作业后应达到下列要求：

1. 车辆经常处于良好的技术状况，随时可以出车；

2. 在合理使用的条件下，车辆不致因中途损坏而停车，或因机件故障而影响行车安全；

3. 在运行过程中，降低燃料、润滑油以及配件和轮胎的消耗；

4. 各部总成的技术状况尽量保持均衡，以延长汽车大修间隔里程；

5. 减少车辆噪声和排放污染物对环境的污染。

课题1 日 常 维 护

日常维护是指以清洁、补给和安全性能检视为中心内容的维护作业，主要由车辆驾驶员负责。在汽车使用过程中，为确保汽车正常行驶，在出车前、行车中和收车后必须对汽车进行日常维护。日常维护是保证车辆行驶效率、减少行车事故、节约维修费用、降低能耗和延长车辆使用寿命的重要环节。

日常维护的目的是保证车辆各部分的清洁和润滑，各总成、部件的工作正常，尤其是要掌握车辆安全部件的技术状况，保证其工作可靠性。日常维护的作业项目、作业内容、技术要求及维护周期见表 1–1–1。

表 1–1–1　　日常维护作业项目、作业内容、技术要求及维护周期

序号	作业项目	作业内容	技术要求	维护周期
1	车辆外观及附属设施	检查、清洁车身	车身外观及客车车厢内部整洁，车窗玻璃齐全、完好	出车前或收车后
		检查后视镜，调整后视镜角度	后视镜完好、无损毁，视野良好	出车前
		检查灭火器、安全锤	灭火器配备数量及放置位置符合规定，且在有效期内。客车安全锤配备数量及放置位置符合规定	出车前或收车后
		检查安全带	安全带固定可靠、功能有效	出车前或收车后
		检查风窗玻璃刮水器	刮水器各挡位工作正常	出车前
2	发动机	检查发动机润滑油、冷却液液面高度，视情补给	油（液）面高度符合规定	出车前
3	制动	制动系统自检	自检正常，无制动报警灯闪亮	出车前
		检查制动液液面高度，视情补给	液面高度符合规定	出车前
		检查行车制动、驻车制动	行车制动、驻车制动功能正常	出车前
4	车轮及轮胎	检查轮胎外观、气压	轮胎表面无破裂、凸起、异物刺入及异常磨损，轮胎气压符合规定	出车前、行车中
		检查车轮螺栓、螺母	齐全完好，无松动	
5	照明、信号指示装置及仪表	检查前照灯	前照灯完好、有效，表面清洁，远近光变换正常	出车前
		检查信号指示装置	转向灯、制动灯、示廓灯、危险报警灯、雾灯、喇叭及反射器等信号指示装置完好有效，表面清洁	
		检查仪表	工作正常	出车前、行车中

注：“符合规定”指符合车辆维修资料等有关技术文件的规定。

课题 2　一级维护

汽车一级维护是指除日常维护作业外，以润滑、紧固为作业中心内容，并检查有关制动、操纵等系统中的安全部件的维护作业。一级维护是一项运行性维护作业，即在汽车日常使用过程中以确保车辆正常运行状况为目的的车辆维护作业，由汽车维修企业负责执行。汽车一级维护周期的确定应以行驶里程间隔为基本依据，行驶里程间隔按车辆维修资料等有关技术文件的规定执行。对于不便用行驶里程间隔统计、考核的汽车，可用行驶时间间隔确定一级维护周期。一级维护基本作业项目及技术要求见表 1–1–2。

表 1–1–2　　一级维护基本作业项目及技术要求

序号	作业项目		作业内容	技术要求
1	发动机	空气滤清器、机油滤清器和燃油滤清器	清洁或更换	按规定的里程或时间清洁或更换滤清器。滤清器应清洁，衬垫无残缺，滤芯无破损。滤清器安装牢固，密封良好
2		发动机润滑油及冷却液	检查油（液）面高度，视情更换	按规定的里程或时间更换润滑油、冷却液，油（液）面高度符合规定
3	转向系	部件连接	检查、校紧万向节、横直拉杆、球头销和转向节等部位连接螺栓、螺母	各部件连接可靠
4		转向器润滑油及转向助力油	检查油面高度，视情更换	按规定的里程或时间更换转向器润滑油及转向助力油，油面高度符合规定
5	制动系	制动管路、制动阀及接头	检查制动管路、制动阀及接头，校紧接头	制动管路、制动阀固定可靠，接头紧固，无漏气（油）现象
6		缓速器	检查、校紧缓速器连接螺栓、螺母，检查定子与转子间隙，清洁缓速器	缓速器连接紧固，定子与转子间隙符合规定，缓速器外表、定子与转子间清洁，各插接件与接头连接可靠
7		储气筒	检查储气筒	无积水及油污
8		制动液	检查液面高度，视情更换	按规定的里程或时间更换制动液，液面高度符合规定
9	传动系	各连接部位	检查、校紧变速器、传动轴、驱动桥壳、传动轴支承等部位连接螺栓、螺母	各部位连接可靠，密封良好
10		变速器、主减速器和差速器	清洁通气孔	通气孔通畅
11	车轮	车轮及半轴的螺栓、螺母	校紧车轮及半轴的螺栓、螺母	扭紧力矩符合规定
12		轮辋及压条挡圈	检查轮辋及压条挡圈	轮辋及压条挡圈无裂损及变形

续表

序号	作业项目		作业内容	技术要求
13	其他	蓄电池	检查蓄电池	液面高度符合规定，通气孔畅通，极柱、夹头清洁、牢固，免维护蓄电池电量状况指示正常
14		防护装置	检查侧防护装置及后防护装置，校紧螺栓、螺母	完好有效，安装牢固
15		全车润滑	检查、润滑各润滑点	润滑嘴齐全有效，润滑良好。各润滑点防尘罩齐全完好。集中润滑装置工作正常，密封良好
16		整车密封	检查泄漏情况	全车不漏油、不漏液、不漏气

课题 3　二级维护

二级维护是指除一级维护作业外，以检查、调整制动系、转向系、行驶系等安全部件，并拆检轮胎，进行轮胎换位，检查调整发动机工作状况和汽车排放相关系统等为主的维护作业。二级维护作业流程如图 1–1–1 所示。

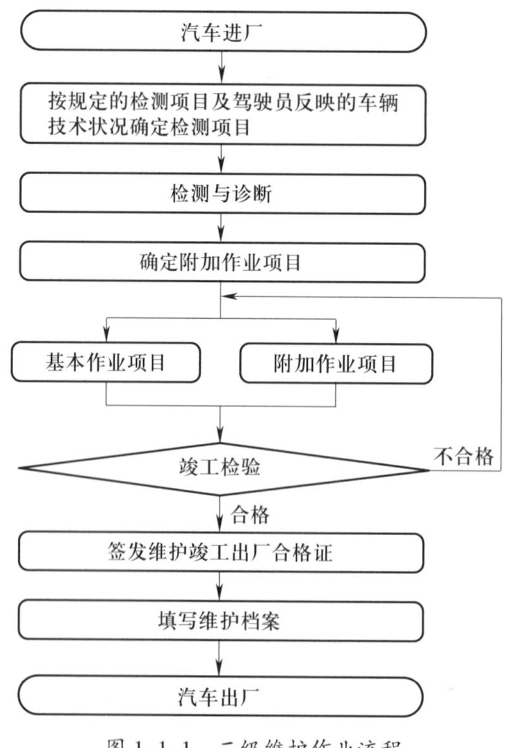

图 1–1–1　二级维护作业流程

一、二级维护的进厂检测

进厂检测包括规定的检测项目以及根据驾驶员反映的车辆技术状况确定的检测项目。进厂检测时应记录检测数据或结果，并据此进行车辆故障诊断。检测项目的技术要求应符合国家有关的技术标准和车辆维修资料等相关规定，检测使用的仪器设备应符合相关国家标准和行业标准的规定，计量器具及设备应计量检定或校准合格并在有效期内。二级维护规定的进厂检测项目见表 1–1–3。

表 1–1–3 二级维护规定的进厂检测项目

序号	检测项目	检测内容	技术要求
1	故障诊断	车载诊断系统（OBD）的故障信息	装有车载诊断系统（OBD）的车辆，不应有故障信息
2	行车制动性能	检查行车制动性能	采用台架检验或路试检验，应符合 GB 7258 相关规定
3	排放	排气污染物	汽油车采用双怠速法，应符合 GB 18285 相关规定。柴油车采用自由加速法，应符合 GB 3847 相关规定

二、二级维护基本作业项目

二级维护作业项目包括基本作业项目和附加作业项目。二级维护前应进行进厂检测，依据进厂检测结果进行故障诊断并确定附加作业项目，二级维护作业过程中发现的维修项目也应作为附加作业项目。二级维护基本作业项目参照《汽车维护、检测、诊断技术规范》（GB/T 18344—2016）和车辆维修资料执行，车辆维修资料中与 GB/T 18344—2016 规定的二级维护基本作业项目相同的部分，依据 GB/T 18344—2016 中相对应的条款执行；车辆维修资料中与 GB/T 18344—2016 规定的二级维护基本作业项目不同的部分，依据车辆维修资料的有关条款执行。车辆维修资料中有特殊维护要求的系统、总成和装置（如免维护蓄电池、免维护轮毂等），其维护作业项目执行车辆维修资料规定。GB/T 18344—2016 中二级维护基本作业项目及技术要求见表 1–1–4。

表 1–1–4 二级维护基本作业项目及技术要求

序号	作业项目		作业内容	技术要求
1	发动机	发动机工作状况	检查发动机起动性能和柴油发动机停机装置	起动性能良好，停机装置功能有效
			检查发动机运转情况	低、中、高速运转稳定，无异响
2		发动机排放机外净化装置	检查发动机排放机外净化装置	外观无损坏、安装牢固
3		燃油蒸发控制装置	检查外观，检查装置是否畅通，视情更换	碳罐及管路外观无损坏、密封良好、连接可靠，装置畅通无堵塞

续表

序号	作业项目		作业内容	技术要求
4	发动机	曲轴箱通风装置	检查外观，检查装置是否畅通，视情更换	管路及阀体外观无损坏、密封良好、连接可靠，装置畅通无堵塞
5		增压器、中冷器	检查、清洁中冷器和增压器	中冷器散热片清洁，管路无老化，连接可靠，密封良好。增压器运转正常，无异响，无渗漏
6		发电机、起动机	检查、清洁发电机和起动机	发电机和起动机外表清洁，导线接头无松动，运转无异响，工作正常
7		发动机传动带（链）	检查空压机、水泵、发电机、空调机组和正时传动带（链）磨损及老化程度，视情调整传动带（链）松紧度	按规定里程或时间更换传动带（链）。传动带（链）无裂痕和过度磨损，表面无油污，松紧度符合规定
8		冷却装置	检查散热器、水箱及管路密封	散热器、水箱及管路固定可靠，无变形、堵塞、破损及渗漏。箱盖接合表面良好，胶垫不老化
			检查水泵和节温器工作状况	水泵不漏水、无异响，节温器工作正常
9		火花塞、高压线	检查火花塞间隙、积炭和烧蚀情况，按规定里程或时间更换火花塞	无积炭，无严重烧蚀现象，电极间隙符合规定
			检查高压线外观及连接情况，按规定里程或时间更换高压线	高压线外观无破损、连接可靠
10		进排气歧管、消声器、排气管	检查进排气歧管、消声器、排气管	外观无破损，无裂痕，消声器功能良好
11		发动机总成	清洁发动机外部，检查隔热层	无油污、无灰尘，隔热层密封良好
			检查、校紧连接螺栓、螺母	油底壳、发动机支承、水泵、空压机、涡轮增压器、进排气歧管、消声器、排气管、输油泵和喷油泵等部位连接可靠
12	制动系	储气筒、干燥器	检查、紧固储气筒，检查干燥器功能，按规定里程或时间更换干燥剂	储气筒安装牢固，密封良好。干燥器功能正常，排水阀通畅
13		制动踏板	检查、调整制动踏板自由行程	制动踏板自由行程符合规定
14		驻车制动	检查驻车制动性能，调整操纵机构	功能正常，操纵机构齐全完好、灵活有效

续表

序号	作业项目		作业内容	技术要求
15	制动系	防抱死制动装置	检查连接线路，清洁轮速传感器	各连接线及插接件无松动，轮速传感器清洁
16		鼓式制动器	检查制动间隙调整装置	功能正常
			拆卸制动鼓、轮毂、制动蹄，清洁轴承位、轴承、支承销和制动底板等零件	清洁，无油污，轮毂通气孔畅通
			检查制动底板、制动凸轮轴	制动底板安装牢固、无变形、无裂损。凸轮轴转动灵活，无卡滞和松旷现象
			检查轮毂内外轴承	滚柱保持架无断裂，滚柱无缺损、脱落，轴承内外圈无裂损和烧蚀
			检查制动摩擦片、制动蹄及支承销	摩擦片表面无油污、裂损，厚度符合规定。制动蹄无裂纹及明显变形，铆接可靠，铆钉沉入深度符合规定。支承销无过量磨损，与制动蹄轴承孔衬套配合无明显松旷
			检查制动蹄复位弹簧	复位弹簧不得有扭曲、钩环损坏、弹性损失和自由长度改变等现象
			检查轮毂、制动鼓	轮毂无裂损，制动鼓无裂痕、沟槽、油污及明显变形
			装复制动鼓、轮毂、制动蹄，调整轴承松紧度、调整制动间隙	润滑轴承，轴承位涂抹润滑脂后再装轴承。装复制动蹄时，轴承孔均应涂抹润滑脂，开口销或卡簧固定可靠。制动摩擦片与制动鼓摩擦面应清洁，无油污。制动摩擦片与制动鼓配合间隙符合规定。轮毂转动灵活且无轴向间隙。锁紧螺母、半轴螺母及车轮螺母齐全，扭紧力矩符合规定
17		盘式制动器	检查制动摩擦片和制动盘磨损量	制动摩擦片和制动盘磨损量应在标记规定或制造商要求的范围内，其摩擦工作面不得有油污、裂纹、失圆和沟槽等损伤
			检查制动摩擦片与制动盘间的间隙	制动摩擦片与制动盘之间的转动间隙符合规定
			检查密封件	密封件无裂纹或损坏
			检查制动钳	制动钳安装牢固、无油液泄漏。制动钳导向销无裂纹或损坏

续表

序号	作业项目		作业内容	技术要求
18	转向系	转向器和转向传动机构	检查转向器和转向传动机构	转向轻便、灵活，转向无卡滞现象，锁止、限位功能正常
			检查部件技术状况	转向节臂、转向器摇臂及横直拉杆无变形、裂纹和拼焊现象，球销无裂纹、不松旷，转向器无裂损、无漏油现象
19		转向盘最大自由转动量	检查、调整转向盘最大自由转动量	最高设计车速不小于 100 km/h 的车辆，其转向盘的最大自由转动量不大于 15°，其他车辆不大于 25°
20	行驶系	车轮及轮胎	检查轮胎规格型号	轮胎规格型号符合规定，同轴轮胎的规格和花纹应相同，公路客车（客运班车）、旅游客车、校车和危险货物运输车的所有车轮及其他车辆的转向轮不得装用翻新的轮胎
			检查轮胎外观	轮胎的胎冠、胎壁不得有长度超过 25 mm 或深度足以暴露出帘布层的破裂和割伤以及凸起、异物刺入等影响使用的缺陷。具有磨损标志的轮胎，胎冠的磨损不得触及磨损标志；无磨损标志或标志不清的轮胎，乘用车和挂车胎冠花纹深度应不小于 1.6 mm；其他车辆的转向轮的胎冠花纹深度应不小于 3.2 mm，其余轮胎胎冠花纹深度应不小于 1.6 mm
			轮胎换位	根据轮胎磨损情况或相关规定，视情进行轮胎换位
			检查、调整车轮前束	车轮前束值符合规定
21		悬架	检查悬架弹性元件，校紧连接螺栓、螺母	空气弹簧无泄漏、外观无损伤。钢板弹簧无断片、缺片、移位和变形，各部件连接可靠，U 形螺栓螺母扭紧力矩符合规定
			减振器	减振器稳固有效，无漏油现象，橡胶垫无松动、变形及分层
22		车桥	检查车桥、车桥与悬架之间的拉杆和导杆	车桥无变形、表面无裂痕、油脂无泄漏，车桥与悬架之间的拉杆和导杆无松旷、移位和变形

续表

序号		作业项目	作业内容	技术要求
23	传动系	离合器	检查离合器工作状况	离合器接合平稳，分离彻底，操作轻便，无异响、打滑、抖动及沉重等现象
			检查、调整离合器踏板自由行程	离合器踏板自由行程符合规定
24		变速器、主减速器、差速器	检查、调整变速器	变速器操纵轻便、挡位准确，无异响、打滑及乱挡等异常现象，主减速器、差速器工作无异响
			检查变速器、主减速器、差速器润滑油液面高度，视情更换	按规定的里程或时间更换润滑油，液面高度符合规定
25		传动轴	检查防尘罩	防尘罩无裂痕、损坏，卡箍连接可靠，支架无松动
			检查传动轴及万向节	传动轴无弯曲，运转无异响。传动轴及万向节无裂损、不松旷
			检查传动轴承及支架	轴承无松旷，支架无缺损和变形
26	灯光导线	前照灯	检查远光灯发光强度，检查、调整前照灯光束照射位置	符合 GB 7258 规定
27		线束及导线	检查发动机舱及其他可视的线束及导线	插接件无松动、接触良好。导线布置整齐、固定牢靠，绝缘层无老化、破损，导线无外露。导线与蓄电池桩头连接牢固，并有绝缘套
28	车架车身	车架和车身	检查车架和车身	车架和车身无变形、断裂及开焊现象，连接可靠，车身周正。发动机罩锁扣锁紧有效。车厢铰链完好，锁扣锁紧可靠，固定集装箱箱体、货物的锁止机构工作正常
			检查车门、车窗启闭和锁止	车门和车窗应启闭正常，锁止可靠。客车动力启闭车门的车内应急开关及安全顶窗机件齐全、完好有效
29		支承装置	检查、润滑支承装置，校紧连接螺栓、螺母	完好有效，润滑良好，安装牢固

续表

序号	作业项目		作业内容	技术要求
30	车架车身	牵引车与挂车连接装置	检查牵引销及其连接装置	牵引销安装牢固，无损伤、裂纹等缺陷，牵引销颈部磨损量符合规定
			检查、润滑牵引座及牵引销锁止、释放机构，校紧连接螺栓、螺母	牵引座表面油脂均匀，安装牢固，牵引销锁止、释放机构工作可靠
			检查转盘与转盘架	转盘与转盘架贴合面无松旷、偏歪。转盘与牵引连接部件连接牢靠，转盘连接螺栓应紧固，定位销无松旷、无磨损，转盘润滑
			检查牵引钩	牵引钩无裂纹及损伤，锁止、释放机构工作可靠

三、二级维护的检验

二级维护的检验包括过程检验和竣工检验。二级维护过程中应始终贯穿过程检验，并记录二级维护作业过程或检验结果，维护项目的技术要求应符合技术标准和车辆维修资料等相关技术文件规定。二级维护作业完成后应进行竣工检验并填写二级维护竣工检验记录单，竣工检验合格的车辆，由汽车维护企业签发维护竣工出厂合格证。二级维护竣工检验项目及技术要求见表 1–1–5。

表 1–1–5　二级维护竣工检验项目及技术要求

序号	检验部位	检验项目	技术要求	检验方法
1	整车	清洁	全车外部、车厢内部及各总成外部清洁	检视
2		紧固	各总成外部螺栓、螺母紧固，锁销齐全有效	检查
3		润滑	全车各个润滑部位的润滑装置齐全，润滑良好	检视
4		密封	全车密封良好，无漏油、无漏液和无漏气现象	检视
5		故障诊断	装有车载诊断系统（OBD）的车辆，无故障信息	检测
6		附属设施	后视镜、灭火器、安全锤、安全带、刮水器等齐全完好、功能正常	检视
7	发动机及其附件	发动机工作状况	在正常工作温度状态下，发动机起动三次，成功起动次数不少于两次，柴油机三次停机均应有效，发动机低、中、高速运转稳定、无异响	路试或检视
8		发动机装备	齐全有效	检视
9	制动系	行车制动性能	符合 GB 7258 规定，道路运输车辆符合 GB 38900 规定	路试或检测
10		驻车制动性能	符合 GB 7258 规定	路试或检测

续表

序号	检验部位	检验项目	技术要求	检验方法
11	转向系	转向机构	转向机构各部件连接可靠，锁止、限位功能正常，转向时无运动干涉，转向轻便、灵活，转向无卡滞现象	检视
			转向节臂、转向器摇臂及横直拉杆无变形、裂纹和拼焊现象，球销无裂纹、不松旷，转向器无裂损、无漏油现象	
12		转向盘最大自由转动量	最高设计车速不小于 100 km/h 的车辆，其转向盘的最大自由转动量不大于 15°，其他车辆不大于 25°	检测
13	行驶系	轮胎	同轴轮胎应为相同的规格和花纹，公路客车（客运班车）、旅游客车、校车和危险品运输车的所有车轮及其他机动车的转向轮不得装用翻新的轮胎，轮胎花纹深度及气压符合规定，轮胎的胎冠、胎壁不得有长度超过 25 mm 或深度足以暴露出帘布层的破裂和割伤以及凸起、异物刺入等影响使用的缺陷	检查、检测
14		转向轮横向侧滑量	符合 GB 7258 规定，道路运输车辆符合 GB 38900 规定	检测
15		悬架	空气弹簧无泄漏、外观无损伤。钢板弹簧无断片、缺片、移位和变形，各部件连接可靠，U 形螺栓、螺母扭紧力矩符合规定	检查
16		减振器	减振器稳固有效，无漏油现象，橡胶垫无松动、变形及分层	检查
17		车桥	无变形、表面无裂痕，密封良好	检视
18	传动系	离合器	离合器接合平稳，分离彻底，操作轻便，无异响、打滑、抖动和沉重等现象	路试
19		变速器、传动轴、主减速器	变速器操纵轻便、挡位准确，无异响、打滑及乱挡等异常现象，传动轴、主减速器工作无异响	路试
20	牵引连接装置	牵引连接装置和锁止机构	汽车与挂车牵引连接装置连接可靠，锁止、释放机构工作可靠	检查
21	照明、信号指示装置和仪表	前照灯	完好有效，工作正常，性能符合 GB 7258 规定	检视、检测
22		信号指示装置	转向灯、制动灯、示廓灯、危险报警灯、雾灯、喇叭及反射器等信号指示装置完好有效	检视
23		仪表	各类仪表工作正常	检视
24	排放	排气污染物	汽油车采用双怠速法，应符合 GB 18285 规定。柴油车采用自由加速法，应符合 GB 3847 规定	检测

四、质量保证

汽车维护企业对竣工检验合格的汽车签发维护竣工出厂合格证。汽车维护质量保证期，自维护竣工出厂之日起计算，一级维护质量保证期为车辆行驶不少于 2 000 km 或者 10 日，二级维护质量保证期为车辆行驶不少于 5 000 km 或者 30 日，以先达到者为准。

单元 2　曲柄连杆机构的维护与故障诊断排除

课题 1　曲柄连杆机构的维护

知识概述：

曲柄连杆机构是往复活塞式发动机将热能转换为机械能的主要机构。曲柄连杆机构的作用是将燃气作用在活塞顶部的压力转变为曲轴的旋转运动而对外输出动力。发动机工作过程中，燃料燃烧产生的气体压力直接作用在活塞顶部，推动活塞做往复直线运动，经活塞销、连杆和曲轴将活塞的往复直线运动转换为曲轴的旋转运动。发动机产生的动力大部分由曲轴后端的飞轮传给传动系统中的离合器，还有一部分通过曲轴前端的齿轮和带轮驱动其他机构和系统。

曲柄连杆机构由机体组、活塞连杆组和曲轴飞轮组三部分组成，如图 1-2-1 所示。

曲柄连杆机构的维护项目主要有气缸盖的拆装和曲轴轴承间隙的检查与调整。

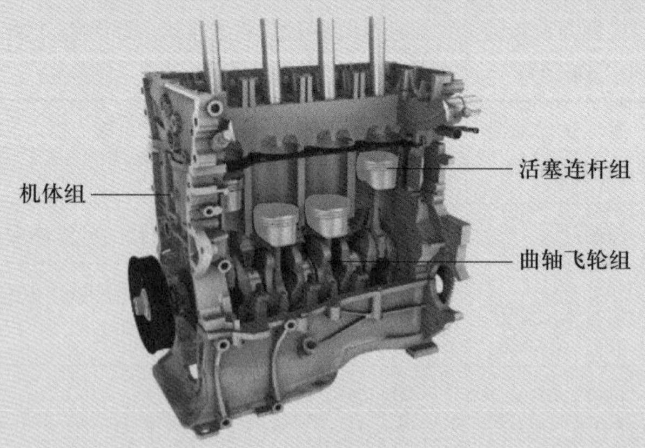

图 1-2-1　曲柄连杆机构的组成

气缸盖的作用是封闭气缸上部，并与活塞顶部和气缸壁一起构成燃烧室。气缸盖内部制有冷却水套，气缸盖下端面的冷却液孔与气缸体的冷却液孔相通，利用循环冷却液来冷却燃烧室等高温部分。气缸盖上还装有进排气门座，气门导管孔和火花塞。气缸盖拆装的主要注意事项是气缸盖螺栓的旋松、拧紧顺序及拧紧力矩。

发动机曲轴的轴承间隙、轴向间隙过小，会使曲轴运转的阻力增大，造成起动困难，同时曲轴主轴承容易发热、膨胀，甚至卡死；曲轴的轴承间隙、轴向间隙过大，曲轴会发生松旷、前后窜动和冲击，产生异响，主轴承内的润滑油不容易保持，因此加速机件的磨损。

项目1 气缸盖的拆装与维护

实训要求

1. 掌握气缸盖螺栓的拆卸、拧紧方法。
2. 掌握气缸盖的维护方法。

主要实训器材

实训发动机、常用修理工具、发动机拆装台架。

实训内容

（一）气缸盖的拆卸

1. 拆下正时带前护罩。	

2. 拆下凸轮轴正时齿轮后护罩。	
3. 拆下气门室盖压条螺母，拧下机油加注口盖，取下气门室盖压条，最后取下气门室盖。	
4. 取出气门室盖密封垫。	
5. 拆卸气缸盖螺栓。	

注意：按照右图中编号1～10的顺序分2～3次拧下气缸盖螺栓。如果不按正确顺序拆除螺栓，有可能损坏气缸盖。	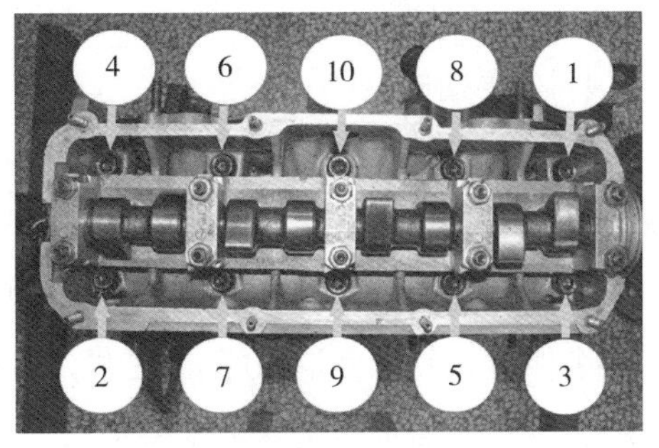
6. 依次用吸棒取出气缸盖螺栓。 注意：每个螺栓对应的位置不能有误。	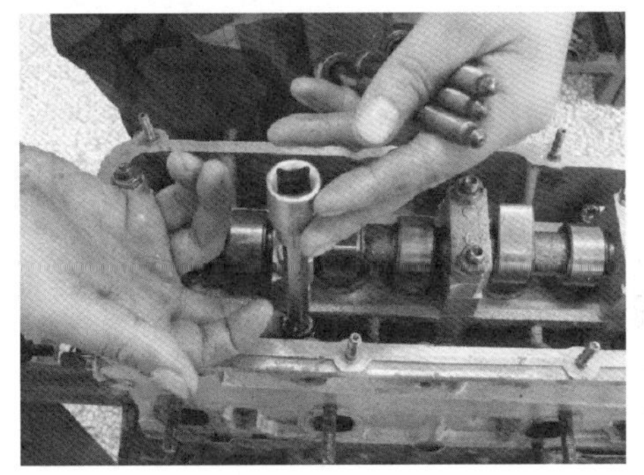
7. 拆下气缸盖。 注意：若气缸盖粘住，可用木锤轻击气缸盖四周使其松动，不准用旋具或撬棒插入缝口硬撬，以免损坏气缸垫或刮伤气缸体、气缸盖平面。	
8. 取下气缸垫。	

（二）气缸盖积炭的清除

1. 化学清除法

化学清除法是指以按一定比例配制的化学溶液为原料消除积炭的方法。化学溶剂的主要成分有苛性钠（NaOH）、碳酸钠（Na_2CO_3）、重铬酸（$K_2Cr_2O_7$）、硅酸钠（Na_2SiO_3）、水玻璃、肥皂和水。具体方法是将所配制的溶液加热到 95 ~ 100 ℃，然后将零件放入其中浸泡 60 min 左右，待积炭充分软化后，再用刷子将零件上的积炭刷干净，最后用热水清洗并用压缩空气吹干。

2. 物理清除法

物理清除法是针对积炭较厚处常采用的一种方法。

（1）拆下气缸盖、气门、进排气管后，可先用煤油软化积炭。

（2）用刮刀除去被软化了的积炭。

（3）清除完毕再用柴油或汽油清洗干净。

（4）在不取下活塞，清除气缸体缸口和活塞顶部积炭时，可使活塞处于上止点位置，在活塞与气缸壁缝隙处涂抹一层润滑脂，以防止积炭掉入缝隙中，再进行刮除。

（5）刮完活塞顶部及气缸体上平面等处后，将积炭和润滑脂一并去除，并擦洗干净。

（三）气缸盖的安装

1. 全面清洁气缸盖下平面和气缸体上平面及气缸垫。

2. 在气缸垫两平面涂上一层薄润滑油，装于气缸体上。铸铁气缸盖的气缸垫翻边应朝上；铝合金气缸盖的气缸垫翻边应朝下。

3. 装上气缸盖。

注意：每个气缸盖的定位孔要与气缸体上的定位销对准。同时，气缸垫也是以定位销定位的，以保证气缸孔、水道、油道孔、螺栓孔均能准确对准。

4. 在气缸盖螺栓的螺纹部位涂少量润滑油，旋入螺栓。

5. 用原厂规定的力矩分 2 ~ 3 次逐渐拧紧螺栓。螺栓紧固顺序如图 1-2-2 所示。

图 1-2-2　气缸盖螺栓紧固顺序

项目2　曲轴轴承间隙的检查与调整

<table>
<tr><td colspan="2">实训要求
1. 掌握曲轴轴承间隙的检查与调整方法。
2. 掌握曲轴轴向间隙的检查与调整方法。</td></tr>
<tr><td colspan="2">主要实训器材
实训发动机、常用修理工具、塞尺、塑料间隙规、发动机拆装台架。</td></tr>
<tr><td colspan="2">实训内容</td></tr>
<tr><td>1. 用手转动曲轴，若阻力较大，说明曲轴轴承间隙过小；若阻力较小，说明间隙过大。</td><td></td></tr>
<tr><td>2. 拆下曲轴轴承盖紧固螺栓，取下轴承盖。</td><td></td></tr>
<tr><td>3. 用干净的抹布擦净轴瓦表面和曲轴主轴颈的油污。</td><td>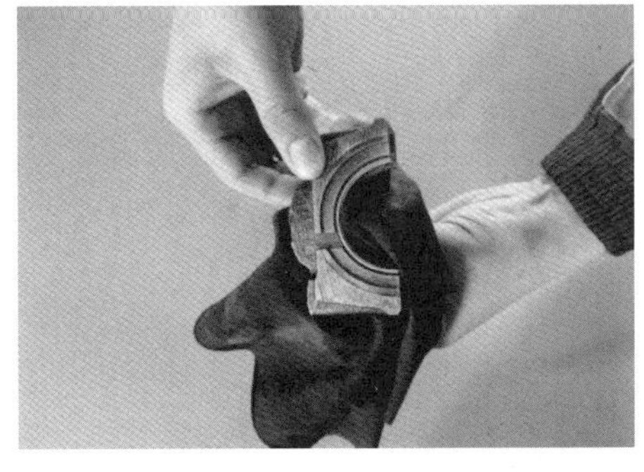</td></tr>
</table>

4. 将塑料间隙规沿曲轴轴向放置在轴颈上。	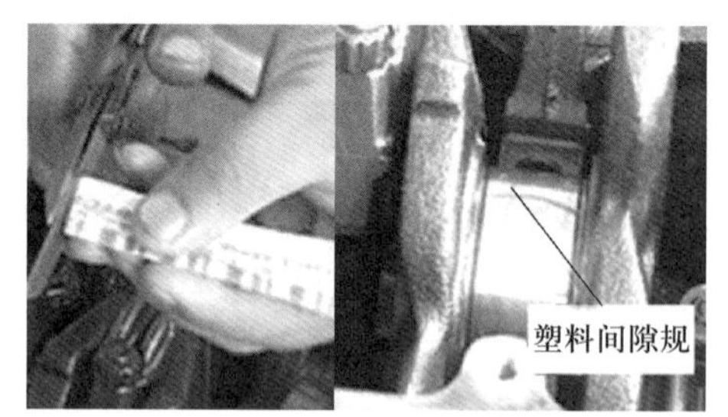
5. 安装轴承盖，按规定力矩拧紧螺栓。	
6. 拆下轴承盖，测量其宽度，并与标准值比较。若不符合维修手册要求，应更换轴瓦。	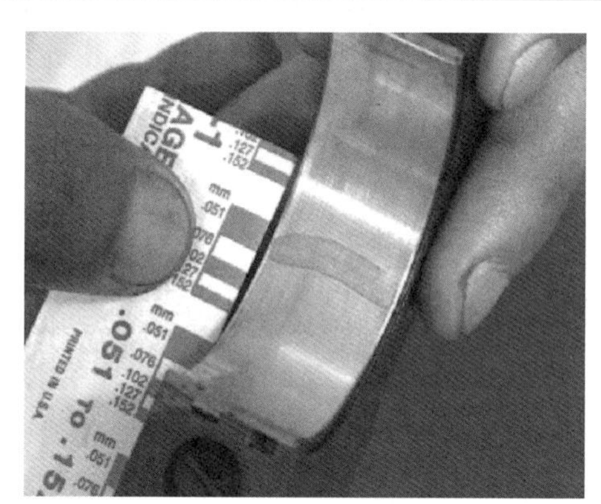
7. 安装时，在轴瓦表面涂抹干净的润滑油，然后安装好。	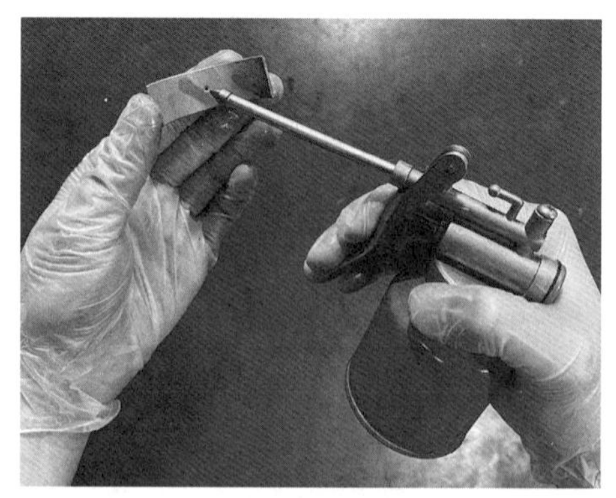

8. 检查曲轴轴向间隙时，先用胶布包住旋具头部，随后用旋具前后撬动曲轴。	
9. 用塞尺测量曲柄臂与止推垫片之间的间隙。如果磨损超过极限值，应更换止推垫片。	

课题 2　曲柄连杆机构的故障诊断与排除

项目 1　发动机曲轴轴承异响的故障诊断与排除

实训要求
1. 掌握发动机曲轴轴承异响的故障现象、原因。 2. 掌握发动机曲轴轴承异响的故障排除方法。
主要实训器材
实训发动机、常用修理工具、机械故障听诊器。

故障现象

1. 曲轴轴承异响是一种沉重、发闷的金属敲击声，当转速或负荷突然变化时声响明显。

2. 当汽车加速或上坡行驶时，声响更加突出。

3. 汽车减速时，会出现沉重的“噹噹”声，发动机本身有振抖现象，并且机油压力明显降低。

故障原因

1. 轴承盖固定螺栓松动。
2. 曲轴轴颈与轴承磨损严重、配合松旷。
3. 轴承合金烧毁或脱落。
4. 曲轴将要折断。
5. 曲轴弯曲变形。
6. 曲轴轴向间隙过大。

故障诊断与排除

1. 在机油加注口听察，反复变换发动机转速，当突然加速或减速时，用机械故障听诊器在气缸体曲轴位置听察，若有明显的“噹噹”金属敲击声，转速变化时声响明显，则可断定为曲轴轴承异响，如图 1-2-3 所示。

2. 利用单缸断火法听察声响无变化，而相邻两缸断火试验时，声响明显减弱，说明故障在两缸之间的曲轴轴承处，如图 1-2-4 所示。

3. 发动机温度越高，声响越明显，高转速时，声响变得杂乱，则可能是曲轴弯曲变形。

4. 发动机高速运转时，机体有较大的抖动，载重爬坡时，有振动感，机油压力明显下降，说明曲轴轴颈与轴承配合间隙过大或轴承合金脱落。

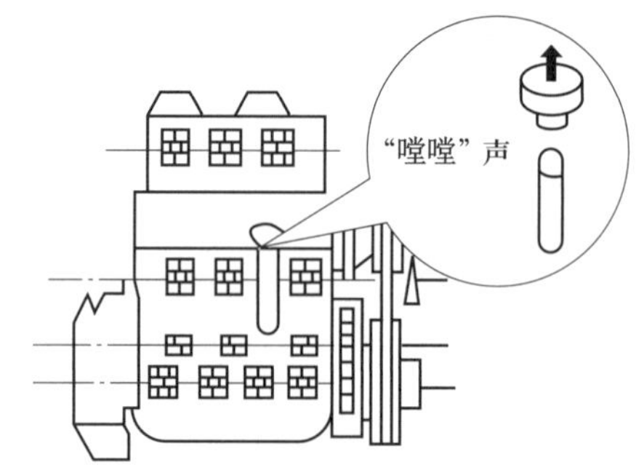

图 1-2-3　曲轴轴承异响的诊断

a)

5. 若踩下离合器踏板，声响减轻或消失，则为曲轴轴向间隙过大。

6. 若发动机转速不高，机体却振抖较大，甚至有摆动、摇晃现象，同时发出沉闷的“嘭嘭”金属敲击声，说明曲轴将要折断。

b）

图 1-2-4　断火试验法

a）单缸断火法　b）两缸断火法

项目 2　发动机连杆轴承异响的故障诊断与排除

实训要求

1. 掌握连杆轴承异响的故障现象、原因。
2. 掌握连杆轴承异响的故障排除方法。

主要实训器材

实训发动机、常用修理工具、机械故障听诊器。

故障现象

连杆轴承异响是一种较重而短促的金属敲击声。怠速时，声响较小；中速时，较为明显；突然加速时，发动机转速升高，响声清脆而短促；断火后，声响明显减弱或消失；当负荷增加时，声响加剧。

故障原因

1. 连杆轴承盖的连接螺栓松动。
2. 连杆轴承合金烧毁或脱落。
3. 连杆轴承和轴颈磨损严重。
4. 连杆轴承润滑不良。

故障诊断与排除

1. 发动机怠速运转时，连杆轴承异响为短促的“嗒嗒”声，发动机由怠速升至中速时，声响连续且更清晰。随着转速的升高，敲击声更为突出，若在机油加注口处听察，声响为清脆的“噹噹”声，诊断过程及听察部位如图 1–2–5 所示。

2. 若单缸断火时声响减弱或消失，且在复缸时声响又立刻出现，说明是该缸的连杆轴承异响。

3. 若声响混杂，出现“咯嘮、咯嘮”或“哗啦、哗啦”的声响，再用断火法检查单缸和双缸，若声响减弱或消失，说明多缸连杆轴承和轴颈磨损严重或连杆轴承盖的连接螺栓松动。

4. 当发动机温度变化时，在任何转速下都发出有节奏的“铛铛”声，且气缸盖抖动强烈，做断火和复火试验都一样，则可断定是轴承合金层烧毁、熔化或脱落。

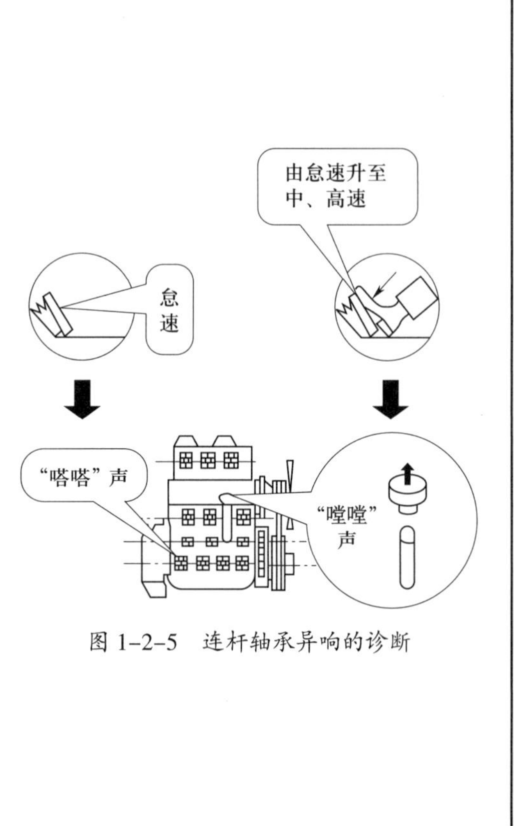

图 1–2–5　连杆轴承异响的诊断

项目 3　活塞敲缸故障的诊断与排除

实训要求

1. 掌握活塞敲缸的故障现象、原因。
2. 掌握活塞敲缸的故障排除方法。

主要实训器材

实训发动机、常用修理工具、机械故障听诊器。

（一）发动机冷态时活塞敲缸

1. 故障现象

（1）发动机冷车起动并怠速运转时，在气缸上部发出清晰、明显、有规律的“嗒嗒”声，中速以上运转时，声响消失。

（2）当发动机温度低时，声响明显，正常工作温度下，声响减弱或消失。

（3）单缸断火，声响消失。

（4）发动机火花塞跳火一次，异响两次。

2. 故障原因

（1）活塞与气缸壁磨损，造成间隙过大（初期）。

（2）起动时润滑不良。

（3）机油压力过低，导致气缸壁润滑不良。

3. 故障诊断与排除

（1）发动机在冷车起动后，发出有节奏的“嗒嗒”声，将发动机转速控制在响声明显的范围内（怠速），观察机油加注口处是否冒烟，排气管处是否冒蓝烟，并用机械故障听诊器在机油加注口的气缸壁处听其是否有振动的敲击声。若有以上情况，则为活塞敲缸异响，诊断过程及观察部位如图 1-2-6 所示。

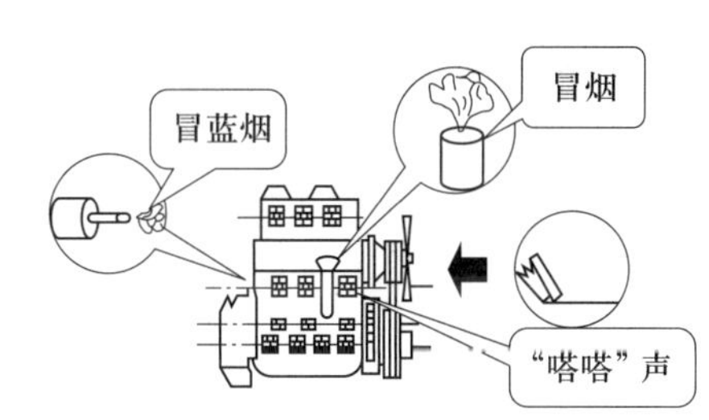

图 1-2-6　活塞敲缸响的诊断

（2）逐缸断火试验。若某缸断火后声响减弱或消失，复火时声响明显增大，声响增大一两声后又恢复到原来的声响，当发动机温度升高后，声响由弱至消失，则说明活塞裙部与气缸壁敲击产生声响。诊断过程及诊断部位如图 1-2-7 所示。

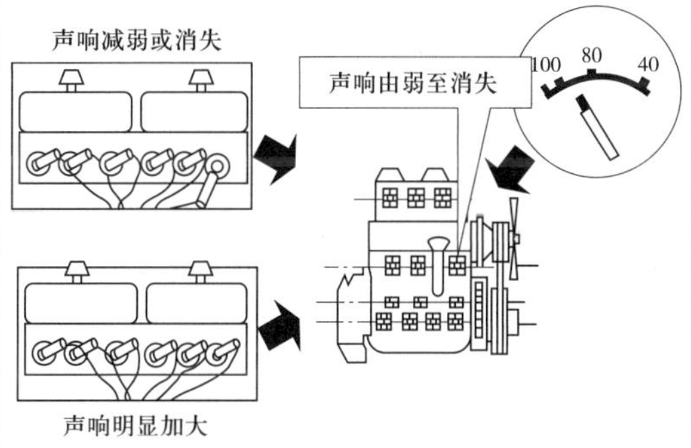

图 1-2-7　逐缸断火试验法

（3）若多只活塞敲缸，将异响的气缸断火，原来的声响会减弱。将怀疑有敲击声的气缸上的火花塞拆卸下来，向缸内注入少量机油，慢慢摇转发动机，使机油附于气缸壁和活塞之间，然后起动发动机听察声响。

若敲缸声减弱或消失，但不久后又出现，说明该气缸异响。诊断过程及诊断部位如图 1-2-8 所示。

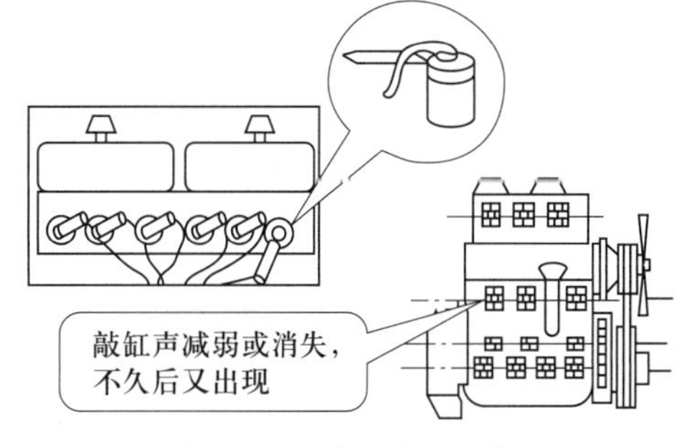

图 1-2-8　向缸内注入机油

若敲击声仅发生在冷车工作时，发动机温度升高后消失，仍可继续使用，视情修理。

（二）发动机热态时活塞敲缸

1. 故障现象

（1）发动机高速运转时发出连续的“嘎嘎”金属敲击声。

（2）温度升高，声响加重。

（3）发动机怠速运转时发出“嗒嗒”声，机体伴有抖动现象。

（4）发动机火花塞跳火一次，异响两次。

（5）当某缸断火时，声响加重。

2. 故障原因

（1）连杆轴颈与主轴颈不平行，连杆弯曲或连杆衬套轴向偏斜。

（2）活塞与气缸壁间隙过小。

（3）活塞销装配过紧，导致活塞变形。

（4）活塞磨损和变形使其圆度过小，或活塞呈反椭圆状。

（5）活塞环背隙、端隙过小。

3. 故障诊断与排除

（1）发动机温度低时无异响，温度上升后，发动机中、高速运转，发出有节奏的“嘎嘎”声，且温度越高，声响越大。利用单缸断火试验，声响没有变化，说明连杆变形或连杆装配位置不准，应拆下连杆进行弯扭曲检验。诊断过程及诊断部位如图 1–2–9 所示。

（2）发动机温度低时不响，温度上升后，使发动机怠速运转，出现“嗒嗒”声，且伴随着机体抖动，温度越高，声响越大。说明活塞变形或活塞环间隙过小，造成活塞与气缸壁的配合间隙过小或润滑不良，应更换活塞或活塞环。诊断过程及诊断部位如图 1–2–10 所示。

（3）利用单缸断火试验，声响反而加大，说明该缸活塞敲缸。

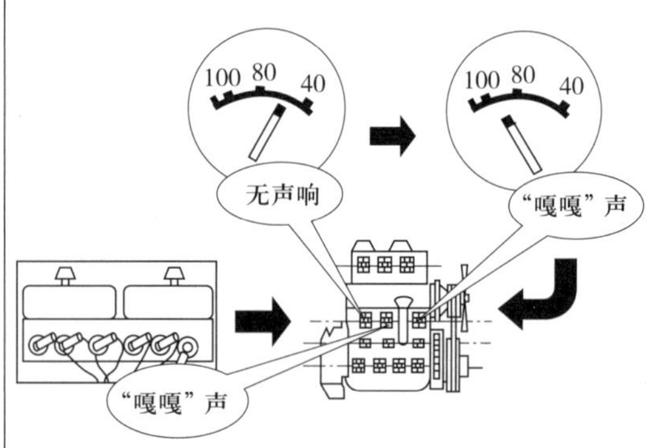

图 1–2–9　连杆变形诊断

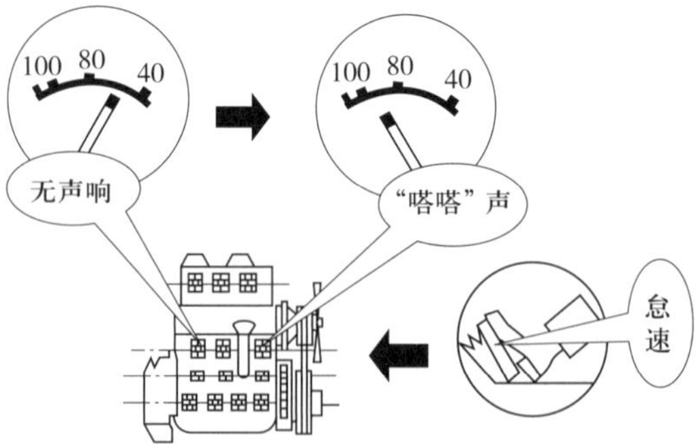

图 1–2–10　活塞变形或活塞环间隙过小诊断

（三）发动机冷、热态时活塞均敲缸

1. 故障现象

（1）发动机低速运转时发出有节奏且强弱分明的“铛铛”声，此声响有时会短暂消失，但很快又出现，转速升高后声响会消失。有时发动机低速运转有“嗒嗒”声响，转速升高后，声响消失。

（2）某缸断火，声响减弱或加重，并由有节奏的异响变为连续异响。

（3）发动机火花塞跳火一次，异响两次。

2. 故障原因

（1）活塞与气缸壁磨损，造成间隙过大。

（2）活塞裙部圆柱度超差。

（3）活塞销与连杆衬套、连杆衬套与连杆小头装配过紧。

（4）连杆轴承装配过紧。

3. 故障诊断与排除

（1）发动机冷、热态情况下，均有异响。

（2）利用单缸断火法试验。若某缸断火，声响减小，但不消失，说明该缸连杆与曲轴或活塞销装配过紧。

若某缸断火，声响由间断变为连续，说明活塞裙部圆柱度超差，使活塞头部撞击气缸壁，诊断过程及诊断部位如图 1-2-11 所示。

（3）若低速时有“嗒嗒”金属敲击声，转速升高后声响消失，说明活塞裙部圆柱度超差。

（4）拆开发动机气缸盖和油底壳，拆下发生敲缸声的气缸中的活塞连杆组件，测量气缸壁磨损后的尺寸及活塞裙部直径。若超出使用极限，应结合发动机修理，进行镗缸加工，并更换新的相同级别的活塞。

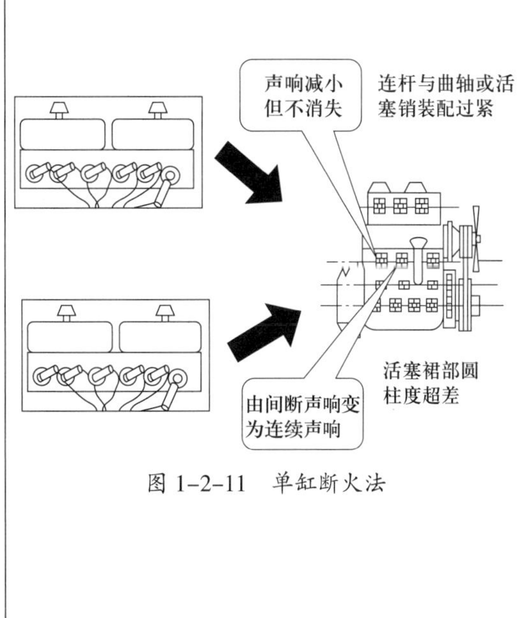

图 1-2-11　单缸断火法

单元 3　配气机构的维护与故障诊断排除

课题 1　配气机构的维护

知识概述：

配气机构的作用是按照发动机每一气缸内所进行的工作循环和点火顺序的要求，定时开启和关闭各气缸的进排气门，使可燃混合气及时进入气缸，并使废气从气缸排出。

配气机构由气门组（进气门、排气门、气门弹簧、气门锁片及气门油封等）和气门传动组（凸轮轴、液压挺杆组件、凸轮轴正时齿形带轮及正时齿形带等）组成。如图 1-3-1 所示。

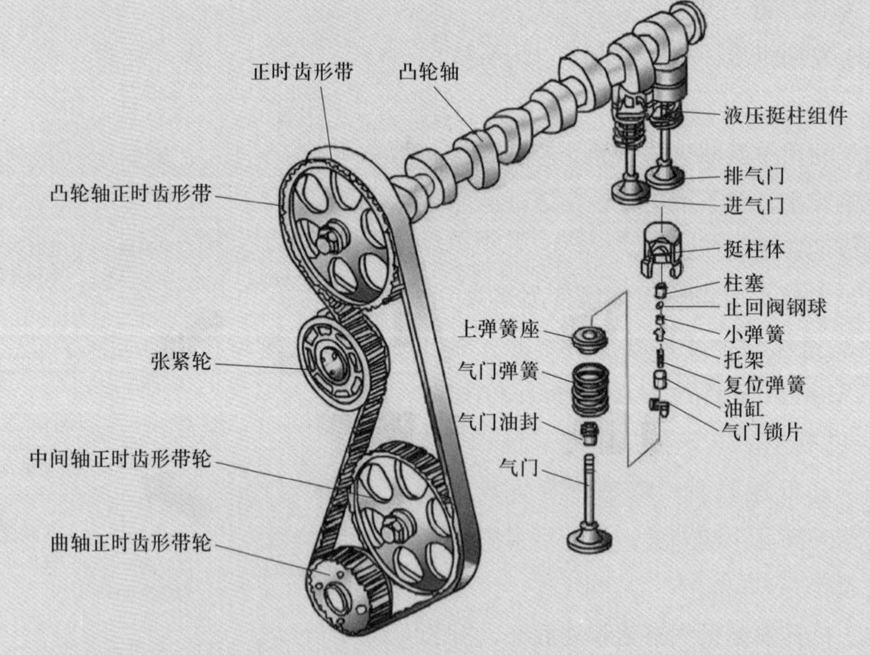

图 1-3-1　配气机构的组成

汽油发动机曲轴驱动凸轮轴一般是链传动（图 1-3-2）和传动带（图 1-3-3）传动两种方式。为防止链条振动，设有导链板和张紧装置，张紧装置有机械式和液压式。液压式张紧装置是发动机的润滑油进入液压腔，推动其内部活塞向外移动，使张紧轮压向链条。

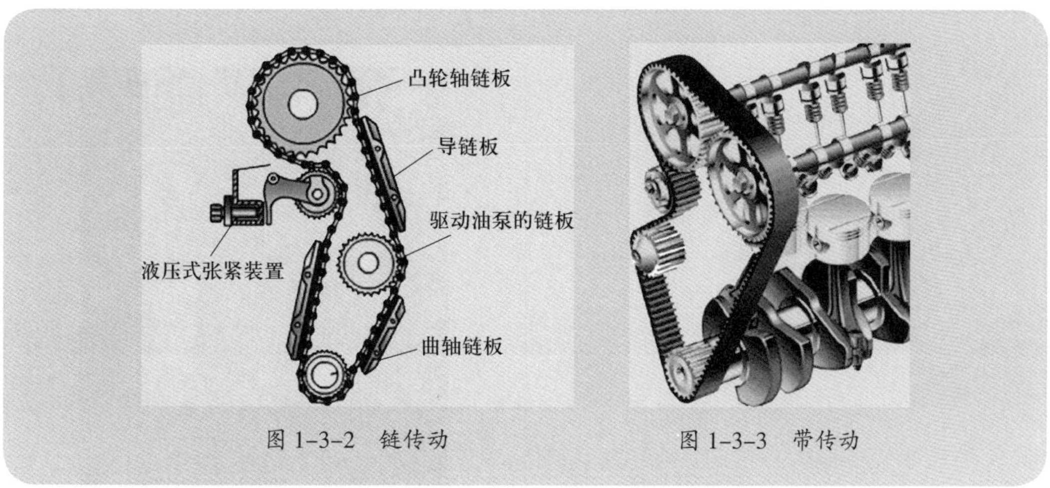

图 1-3-2　链传动　　图 1-3-3　带传动

项目　正时带和正时链的维护

<table>
<tr><td colspan="2">实训要求
1. 掌握正时链的检查与调整方法。
2. 掌握正时带的检查与调整方法。</td></tr>
<tr><td colspan="2">主要实训器材
实训发动机、弹簧秤、游标卡尺、常用修理工具。</td></tr>
<tr><td colspan="2">实训内容</td></tr>
<tr><td>1. 分别取下两侧的护罩搭扣，先稍用力提拉，然后取下护罩。</td><td></td></tr>
</table>

<table>
<tr><td>2. 拆下正时带中护罩。
注意：检查护罩上的上止点记号是否完好。</td><td></td></tr>
<tr><td>3. 用专用工具固定飞轮，依次拧下带轮四个固定螺栓，取下带轮（如连接较紧可用橡胶锤轻轻敲击）。
注意：检查带轮上的上止点记号是否完好。</td><td></td></tr>
<tr><td>4. 依次拧松下护罩的两个固定螺栓，拆下正时带下护罩。</td><td></td></tr>
</table>

5. 用专用工具固定张紧轮，拧松张紧轮固定螺栓，取下张紧弹簧，松开正时带张紧轮。	
6. 取下正时带。 注意：如果重复使用正时带，应在带上按发动机旋转的方向画一个方向箭头。	
7. 检查正时带有无断裂、油污、毛边等，如有应更换。	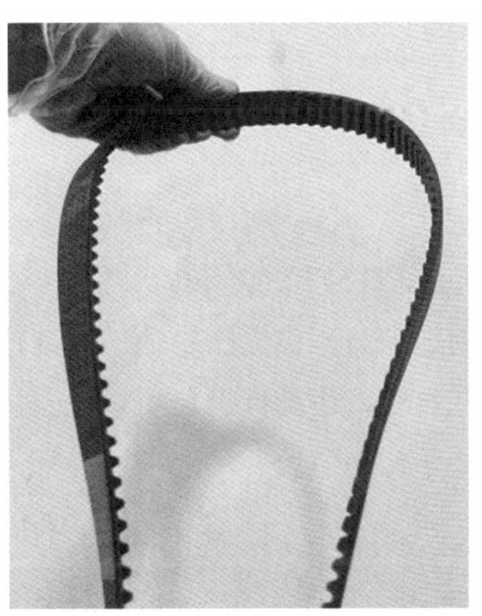

<table>
<tr><td>8. 调整正时带。
按与拆卸相反的顺序安装正时带，用拇指和食指捏住凸轮轴带轮和中间轴带轮之间的齿形带的中间位置，以刚好转动90°为合适。
说明：若正时带过松，可松开张紧轮固定螺母，转动张紧轮，直至松紧度合适为止。将曲轴转2~3圈后，复查确认。</td><td></td></tr>
<tr><td colspan="2">9. 正时链的拆卸方法与正时带相同。</td></tr>
<tr><td>10. 正时链条的检查。
测量链条长度。测量链条长度的方法是对链条施加一定的拉力拉紧后测量其长度。测量时的拉力为50 N，若超过规定值，应更换新链条。</td><td>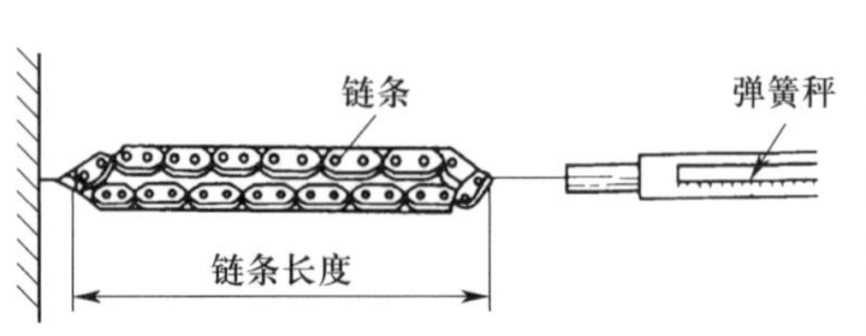
</td></tr>
<tr><td>11. 正时链轮的检查。
将链条分别包住凸轮轴正时链轮和曲轴正时链轮，用游标卡尺测其直径，直径不得小于允许值。</td><td>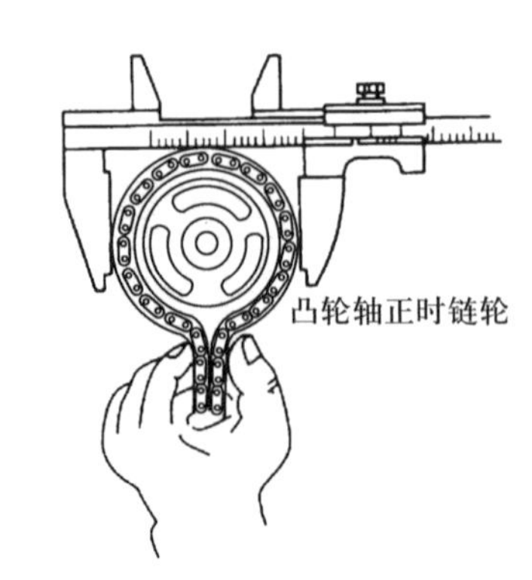
</td></tr>
</table>

课题 2　配气机构的故障诊断与排除

项目　气门异响故障的诊断与排除

实训要求

1. 掌握气门异响故障的现象、原因。
2. 掌握气门异响故障的排除方法。

主要实训器材

实训发动机、常用修理工具、机械故障听诊器、塞尺。

故障现象

1. 发动机怠速运转时，发出连续不断、有节奏的“嗒嗒”声。
2. 发动机转速升高时，声响也随着变大，而且变得有些杂乱。
3. 发动机温度变化时，声响无变化。

故障原因

1. 气门杆端部和调整螺钉或摇臂磨损。
2. 气门间隙调整不当。
3. 凸轮磨损过量，运转中挺柱跳动。
4. 气门座圈脱落。
5. 气门导管积炭过多而卡住气门。

故障诊断与排除

1. 在气门室盖处听察，声响随着发动机转速的变化而变化，并且为有节奏的“嗒嗒”声。若稍踩下加速踏板，声响更明显，且发动机温度变化或断火试验时声响无变化，说明气门异响，诊断过程如图 1–3–4 所示。

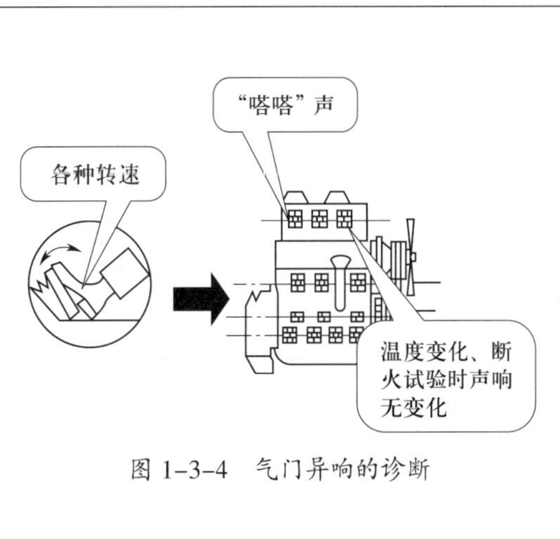

图 1–3–4　气门异响的诊断

2. 拆下气门室盖，检查气门间隙。 若气门间隙过大，应进行调整。 若气门间隙正常，说明气门杆端部润滑不良、气门与气门导管配合间隙太大或气门座圈松动。 3. 向异响的气门杆端部加少许机油，起动发动机并怠速运转。 若声响减弱或消失，说明是润滑不良所致，应疏通油道。 若声响不减弱，说明气门座圈松动，应拆下重新镶配，诊断过程如图 1-3-5 所示。	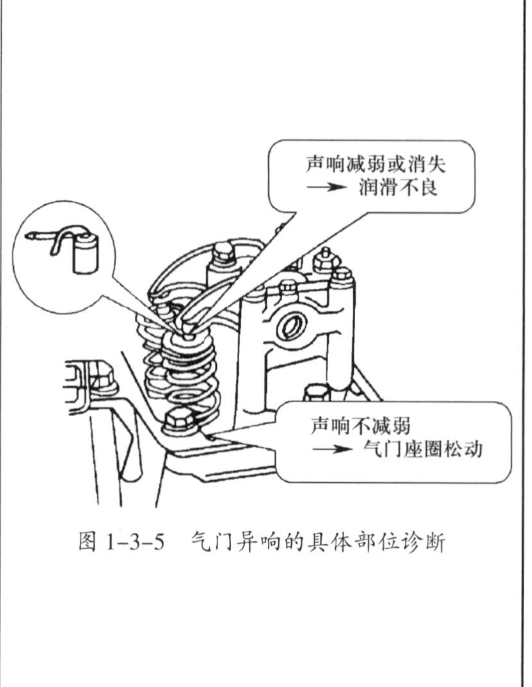 图 1-3-5　气门异响的具体部位诊断

单元 4　汽油发动机燃料供给系的维护与故障诊断排除

课题 1　空气供给系统的维护

知识概述：

电控汽油发动机燃料供给系的作用是根据发动机不同工况的要求，供给气缸不同浓度和数量的汽油和空气的可燃混合气，其由空气供给装置（空气流量计、怠速控制阀等）、燃油供给装置（燃油泵、燃油滤清器、油箱等）、电子控制装置（ECU）组成，如图 1-4-1 所示。

发动机工作时电控单元（ECU）读取进气流量（或进气歧管压力）、发动机转速、冷却液温度、进气温度、节气门位置等传感器输入的信息，然后将这些信息与存储在 ROM 存储器中的预置好的信息进行比较，从而确定在这种状态下发动机

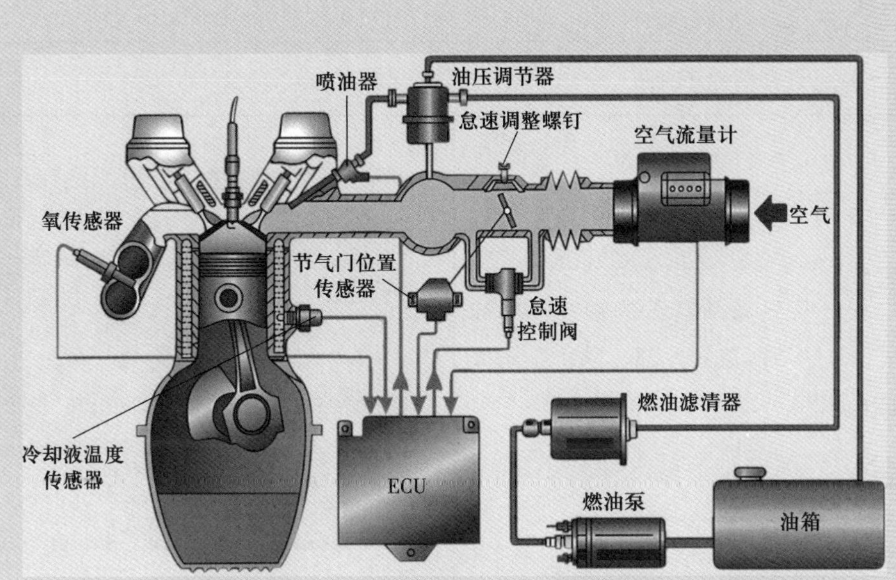

图 1-4-1　电控汽油发动机燃料供给系的组成

所需的油量和点火提前时间。由 ECU 发出喷油脉冲信号，通过控制喷油器喷油时间的长短来控制喷油量，实现对可燃混合气浓度的精确控制。一般来讲，进气流量（或进气歧管压力）和发动机转速是主参数，由它们可以确定在此工况下的基本燃油供给量和点火提前时间，其他几个参数对主参数起修正作用。

空气供给装置的作用是控制并测量吸入发动机的空气量，提供可燃混合气形成所需的空气，其主要由空气滤清器、空气流量计（或进气压力传感器）、节气门体、进气管、进气歧管和怠速控制阀等组成。

项目 1　空气滤清器及进排气装置的维护

实训要求

1. 掌握空气滤清器的维护方法。
2. 掌握进排气歧管及消声器的维护方法。

主要实训器材

实训汽车、常用修理工具、空气压缩机。

<table>
<tr><td colspan="2">实训内容</td></tr>
<tr><td colspan="2">（一）空气滤清器的维护</td></tr>
<tr><td>1. 松开空气滤清器盖的锁扣，用抹布擦拭空气滤清器盖的外部，防止杂质掉入，取出滤芯。</td><td>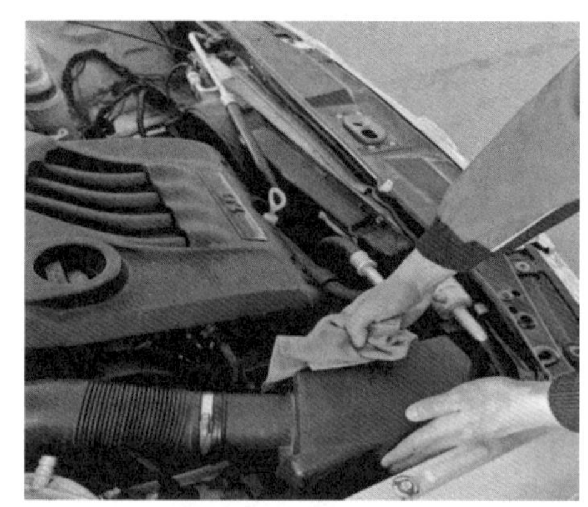</td></tr>
<tr><td>2. 外观检查：检查空气滤清器外壳有无凹陷、破损，若有应更换。</td><td></td></tr>
<tr><td>3. 通常车辆行驶 1 000 km 左右，应取出空气滤清器滤芯进行清洁。清洁滤芯时，用压缩空气从滤芯内侧开始，沿斜角方向上下均匀吹净滤芯内外表面的灰尘。若滤芯过脏、破裂或含油污，应更换滤芯。</td><td></td></tr>
</table>

<table>
<tr><td colspan="2">4. 车辆应按维修手册规定的里程或时间维护或更换滤芯。</td></tr>
<tr><td colspan="2">（二）进排气歧管及消声器的维护</td></tr>
<tr><td>1. 检查进排气歧管有无破裂、变形，歧管垫片是否烧穿，进排气管接口垫片处是否漏气。若进排气歧管破裂、垫片烧穿应更换新件；若进排气管接口垫片漏气应紧固连接螺栓或更换接口垫片。</td><td></td></tr>
<tr><td>2. 检查消声器外壳是否破裂，安装是否牢固，若消声器有破裂、漏气现象应更换新件。</td><td></td></tr>
</table>

项目 2　空气流量计的检测

实训要求 掌握空气流量计的检测方法。
主要实训器材 实训汽车、常用修理工具、数字万用表。

实训内容

（一）热线式空气流量计的检测

1. 热线式空气流量计目测检查

观察热线式空气流量计内部的热线有无断丝或脏污，护网有无堵塞或破裂。如有异常，应更换热线式空气流量计。

2. 热线式空气流量计自洁电路的检查

就车检查热线式空气流量计的自洁电路可按下述方法进行：

（1）起动发动机并加速到 2 500 r/min 以上。

（2）使发动机怠速运转，拆下空气流量计进口处的空气滤清器和进气管。

（3）关闭点火开关，从空气流量计进口处观察其内的热线是否能在熄火 5 s 后被加热至发出红光，并持续 1 s。

若不符合要求，可进一步检查电控单元 ECU 与空气流量计之间的线路及空气流量计。

3. 空气流量计工作状况的检查

拆下空气流量计，按空气流量计电源电压调整稳压电源的电压，并接至与空气流量计相应的电源接线柱上（注意电源极性应正确），用电压表测量信号输出端的电压，如图 1-4-2 所示。当用电吹风将空气吹入空气流量计时，信号输出端的电压应平稳变化并与相应车型维修手册中的标准数值一致。若测量结果不符合要求，应更换空气流量计。

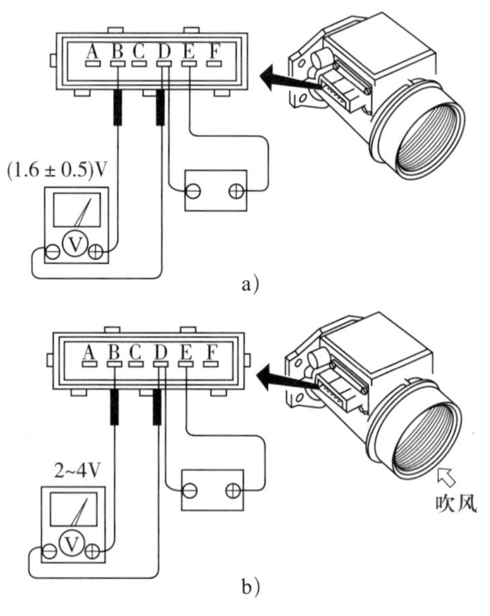

图 1-4-2　热线式空气流量计电压的测量
a）静态测量　b）动态测量

（二）进气压力传感器的检查

1. 进气压力传感器的目测检查

进气压力传感器在进行维护时应特别注意检查其控制线路和真空软管的连接状态是否良好，真空软管是否老化、破裂、堵塞。

2. 进气压力传感器输出电压的检测

就车检测进气压力传感器的输出电压信号，可按下述方法进行：

（1）从进气歧管处拔下连接进气压力传感器的真空软管，接通点火开关。

（2）在 ECU 线束插头处测量进气压力传感器暴露于大气中的输出电压，如图 1-4-3 所示。

（3）用手动真空泵通过真空软管抽气，使进气压力传感器处于低气压环境，从 13.3 kPa 一直增加到 66.7 kPa 为止。测量不同真空度下进气压力传感器的输出电压，并与标准值比较。如不符合要求，应做进一步检查。

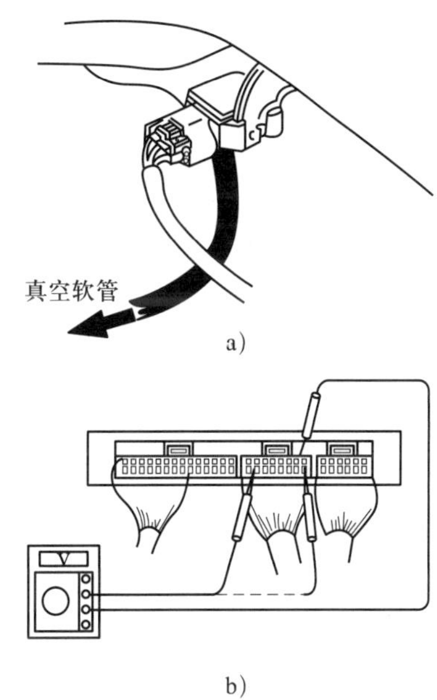

图 1-4-3　进气压力传感器输出电压的测量
a）传感器位置　b）输出电压测量

项目 3　节气门体的维护

实训要求

掌握节气门体的维护方法。

主要实训器材

实训汽车、常用修理工具、数字万用表、专用角度规、塞尺、软毛刷、空气压缩机。

实训内容

（一）就车检查节气门体

图 1–4–4　检查节气门联动部件

1. 扳动节气门操纵臂，将节气门开至最大后放松，检查节气门联动部件动作是否灵活，如图 1–4–4 所示。

2. 检查节气门位置传感器

（1）对于开关型节气门位置传感器，可拆下传感器插头，在节气门限位杆和限位螺钉之间插入塞尺，用数字万用表测量各接线柱之间的导通状况或电阻值，如图 1–4–5 所示。若不符合规定应调整或更换节气门位置传感器。

图 1–4–5　开关型节气门位置传感器的检查

（2）对于线性输出型节气门位置传感器，可在节气门限位杆和限位螺钉之间插入塞尺，用数字万用表电阻挡测量 IDL、V_{TA}、V_{CC} 对 E_2 接线柱间的电阻值，如图 1–4–6 所示。若电阻值不符合规定值，应调整或更换节气门位置传感器。

图 1–4–6　线性输出型节气门位置传感器的检查

（二）车下检查节气门体

1. 用软毛刷和清洗液将节气门的各铸件及通道清洗干净，并用压缩空气吹净各通道。

注意：不要清洗节气门位置传感器。

2. 检查节气门最小开度

将节气门完全关闭，此时节气门限位螺钉和节气门杆间应无间隙，如图 1–4–7 所示。

3. 检查节气门位置传感器

用专用角度规使节气门分别处于不同状况时相对应的角度（包括节气门全闭角 6°），用数字万用表检查传感器各接线柱间的导通状况，如图 1–4–8 所示。

图 1–4–7　节气门最小开度的检查

图 1–4–8　节气门各接线柱的导通检查

（三）怠速控制阀的检查

1. 就车检查怠速控制阀

对于脉冲电磁阀式怠速控制阀，可在发动机怠速运转过程中拔下控制阀上的线束插头，此时发动机的怠速转速应有所变化。否则，说明怠速控制阀工作不正常。

对于步进电动机式怠速控制阀，可检查发动机熄火后的一瞬间怠速控制阀有无发出“嗡嗡”的工作声音，若能发出“嗡嗡”声，说明怠速控制阀良好。也可以拔下怠速控制阀的线束插头，待发动机起动后再插上，若此时发动机转速有变化，说明怠速控制阀工作正常。

2. 车下检查怠速控制阀

从车上拆下怠速控制阀进行检查时，先测量怠速控制阀的电阻。脉冲式怠速控制阀只有一组线圈，其电阻值为10～15 Ω；步进电动机式怠速控制阀通常有2～4组线圈，各组线圈的电阻值为25～35 Ω，如图1–4–9所示。检测时可依次测量B_1—S_1、B_1—S_3、B_2—S_2和B_2—S_4各接线柱间的电阻。若所测电阻值不符合要求，应更换怠速控制阀。

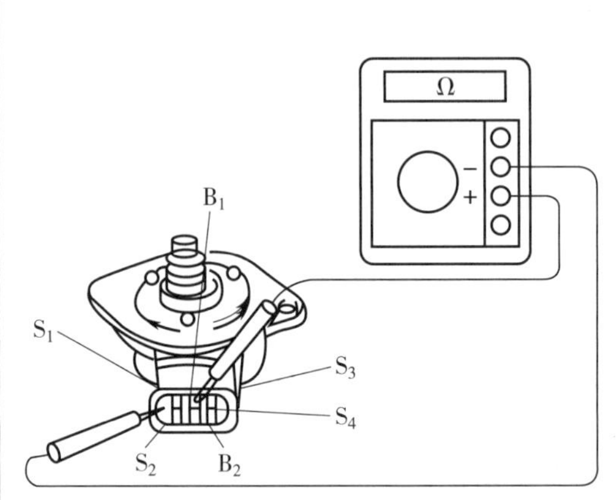

图1–4–9 测量怠速控制阀的电阻

检查怠速控制阀步进电动机的工作性能时，可用蓄电池以一定顺序给怠速控制阀的各端供电，使步进电动机转动，检查阀芯地伸出和缩回。各类型怠速控制阀步进电动机绕组形式和接线柱的布置形式不同，基本检查方法是：将蓄电池正极接至B_1和B_2，负极按S_1、S_3、S_2、S_4的顺序依次接触各绕组接线端，此时怠速控制阀的步进电动机应转动，阀芯也随之向外伸出，如图1–4–10a所示；再将蓄电池的负极按S_4、S_2、S_3、S_1的顺序接触各绕组，步进电动机将朝相反的方向旋转，阀芯将随之向内缩回，如图1–4–10b所示。

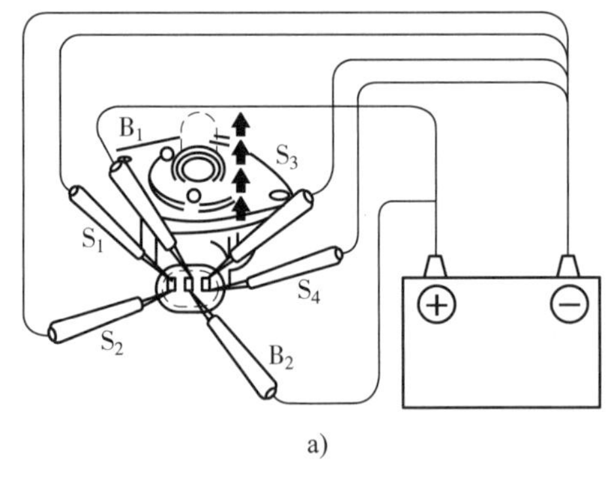

a)

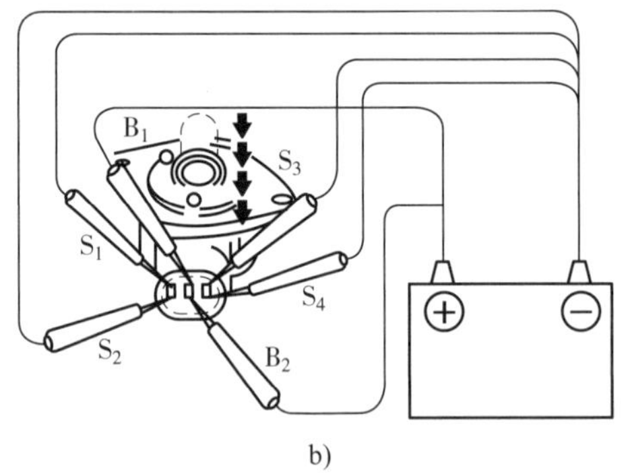

b)

图1–4–10 步进电动机的检查

注意：怠速控制阀的检查与维护过程中，应注意清除针阀与阀座锥面上的积炭，但不要将怠速控制阀浸在清洗液中，否则会损坏怠速控制阀的步进电动机；针阀与阀座锥面上的某些亮点是正常的，并不是接触不良；将拆下的电源线或电子控制单元上的插头装回时应进行检查。

不同车型的怠速控制阀的检查方法不同。

课题 2　燃油供给系统的维护

知识概述：

汽油机燃油供给系统的作用是根据发动机的工况要求，配制出一定数量和浓度的可燃混合气，进入气缸燃烧，并将燃烧后的废气从气缸内排出。

汽车常见的燃油供给系统由燃油箱、电动燃油泵、供油总管、燃油滤清器、脉动阻尼器、燃油分配管（油轨）、喷油器、燃油压力调节器、回油管和活性炭罐等组成。按回油方式的不同，燃油供给系可分为外部回油供油系统和内部回油供油系统两种类型，如图 1-4-11 所示。

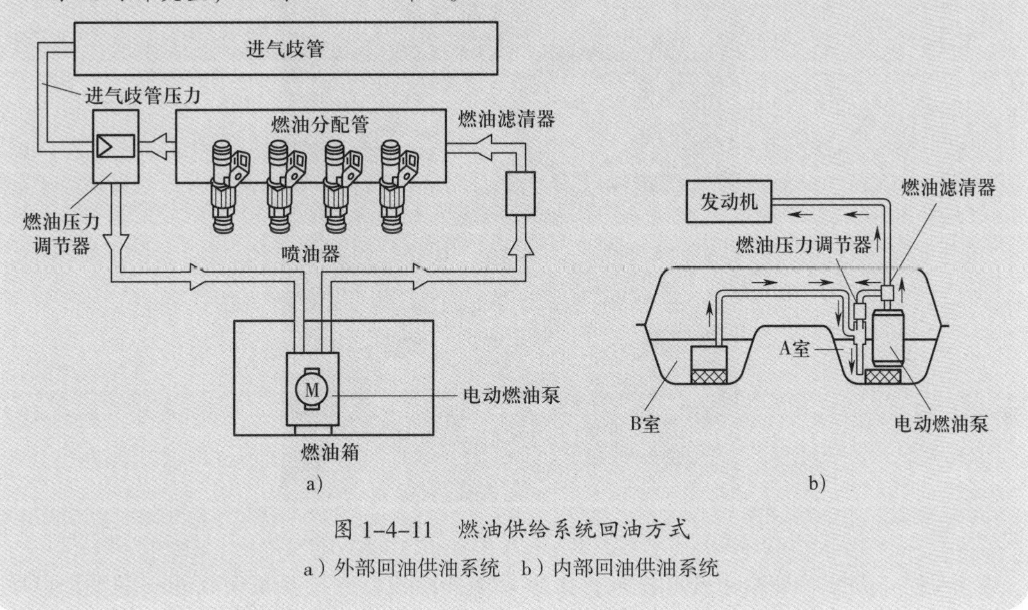

图 1-4-11　燃油供给系统回油方式

a）外部回油供油系统　b）内部回油供油系统

项目 1　电控汽油喷射系统燃油压力的检查与调整

实训要求
掌握电控汽油喷射系统燃油压力的测量方法及操作要点。
主要实训器材
实训汽车、常用修理工具、燃油压力表。
实训内容
（一）燃油压力表的安装
1. 燃油系统卸压 为有利于发动机的再次起动，在发动机熄火后，电控燃油系统中的燃油管路内仍

保持有较高的燃油压力，在拆卸管路安装燃油压力表时应先释放管路内的油压，以免松开油管接头时大量燃油喷出，造成人身伤害或火灾。燃油系统卸压时，应按以下步骤进行：

（1）拔下电动燃油泵的继电器（或拔下电动燃油泵的电源插头）。

（2）起动发动机。

（3）待发动机自行熄火后，再转动点火开关起动发动机 2～3 次，直至发动机完全不能起动，燃油系统完成卸压。

（4）关闭点火开关，装上电动燃油泵的继电器。

2. 拆下蓄电池负极电缆。

3. 在燃油管道上选择燃油压力表便于安装和观察的部位（如燃油滤清器油管接头、分配油管进油接头处），将燃油压力表串联到管路内，如图 1–4–12 所示。

图 1–4–12　燃油压力表的安装

注意：在拆下油管时应用棉布包住油管接头，或在连接器下面放置一容器，以防燃油溅到发动机上。

4. 重新接上蓄电池负极电缆。

（二）系统静态油压的测量

打开点火开关（不起动发动机），电动燃油泵运转，测量燃油压力，其正常油压应为 300 kPa 左右。

（三）系统保持油压的测量

静态油压测量结束后，过 5 min 再观察燃油压力表指示的油压，此时的压力称为燃油系统保持压力，其值应不低于 147 kPa。若油压过低，应进一步检查电动燃油泵的保持压力、燃油压力调节器的保持压力及喷油器有无泄漏。

（四）发动机运转时燃油压力的测量

起动发动机并使其怠速运转，打开燃油压力表阀门，其指示的系统压力应为（250 ± 20）kPa。

缓慢打开节气门，测量节气门接近全开时的燃油压力。

从燃油压力调节器上拔下真空软管，并用手堵住，如图 1–4–13 所示。使发动机怠速运转，测量此时的燃油压力，该压力应与节气门全开时的燃油压力基本相等。

图 1–4–13　燃油压力的测量

（五）燃油压力表的拆卸

系统油压测量完毕，先释放燃油系统的油压，小心地拆下燃油压力表，再连接燃油管路，接好蓄电池负极电缆，按要求预置燃油系统的油压，检查油管各处有无漏油。

项目 2　电动燃油泵的检查

实训要求

掌握电动燃油泵的检查方法。

主要实训器材

实训汽车、常用修理工具、数字万用表、发光二极管。

<table>
<tr><td colspan="2">实训内容</td></tr>
<tr><td>1. 接通点火开关，不起动发动机，用手触摸电动燃油泵，应能感到其工作。</td><td>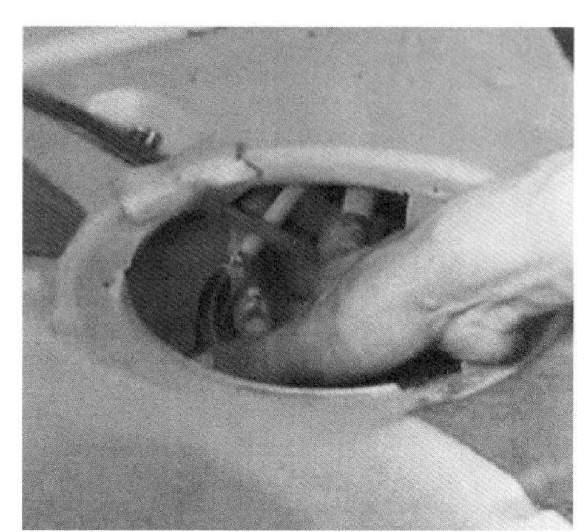</td></tr>
<tr><td>2. 如果电动燃油泵不工作，应检查电动燃油泵熔丝。</td><td></td></tr>
<tr><td>3. 熔丝正常，将发光二极管的一端接地，另一端接熔丝插座。起动发动机，测试灯应闪亮。如果测试灯不亮，应检查线路。</td><td></td></tr>
</table>

4. 若熔丝和线路无故障，则应检查电动燃油泵继电器。	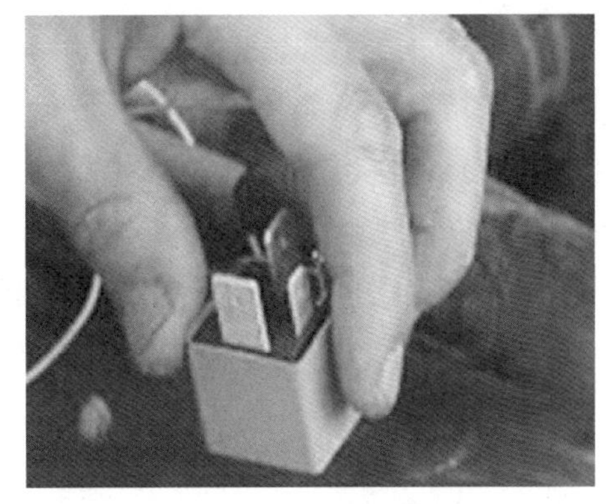
5. 检查时，关闭点火开关，取下电动燃油泵继电器，继电器内部电路和引脚编号印在外壳上，检查时用数字万用表电阻挡测量 30 和 87 引脚间的电阻，阻值应为无穷大。	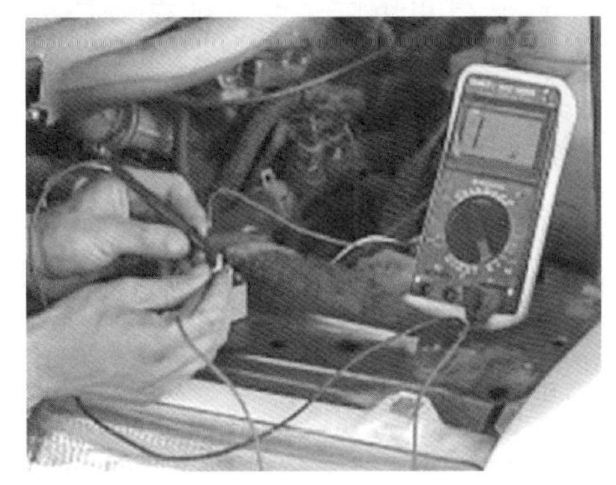
6. 将 12 V 直流电压接在 85 和 86 引脚上，此时应听到继电器“咔哒”的吸合声。	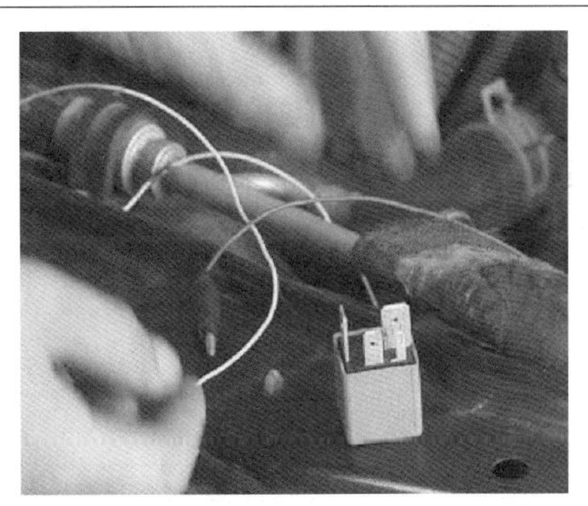
7. 用数字万用表检测 30 和 87 引脚间的电阻，阻值应接近 0 Ω，否则应更换继电器。	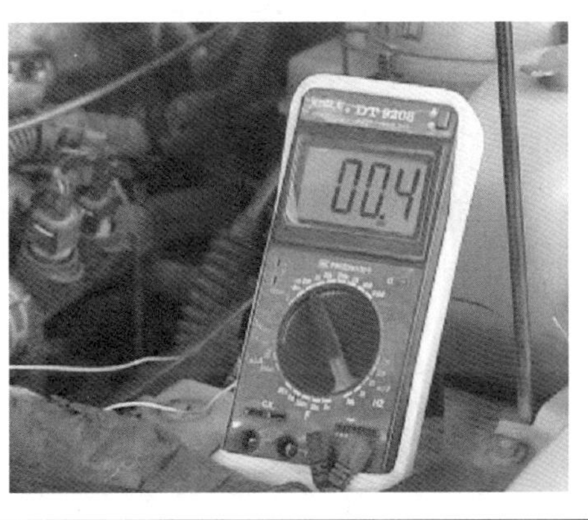

8. 若熔丝和继电器无故障，应检测电动燃油泵的供电。检测时关闭点火开关，松开电动燃油泵插头连接器，用数字万用表电压挡测量电动燃油泵连接器（A）两插孔间的电压，电压应高于 11 V。	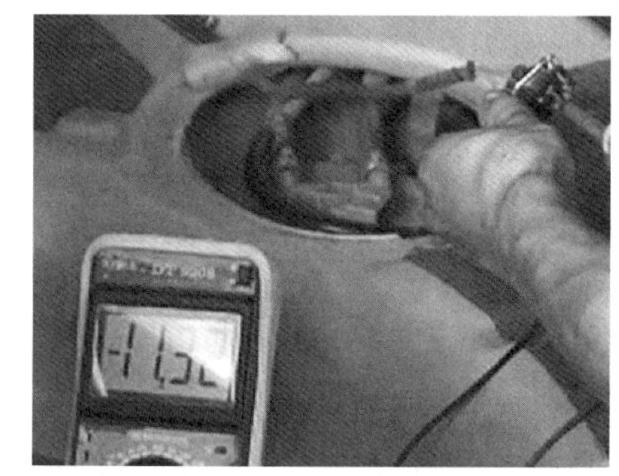
9. 若供电电压正常，检查电动燃油泵电动机绕组的电阻，用数字万用表测量电动燃油泵连接器（B）上两端子间的电阻，阻值应为 5~10 Ω。若电阻为无穷大，说明绕组断路；若电阻为 0 Ω，说明电动机内部有短路故障。这两种故障均应更换电动燃油泵。	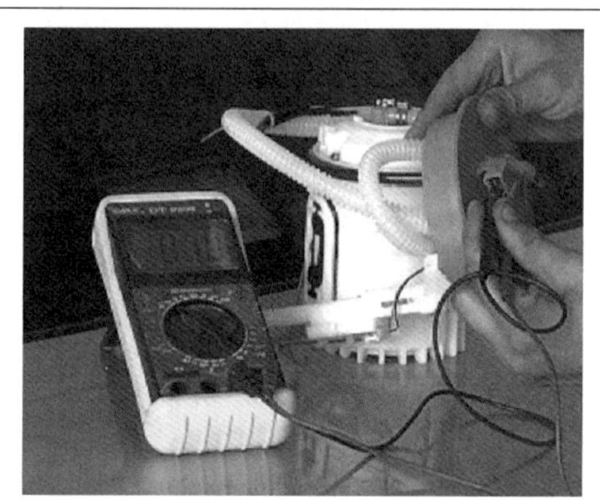

项目 3　喷油器的维护

实训要求	
掌握喷油器的维护方法。	
主要实训器材	
实训汽车、常用修理工具、数字万用表、量杯、发光二极管、超声波清洗仪、机械故障听诊器、故障诊断仪。	
实训内容	
1. 检测喷油器时，起动发动机怠速运转，用手触摸喷油器，应感觉有规律的振动。	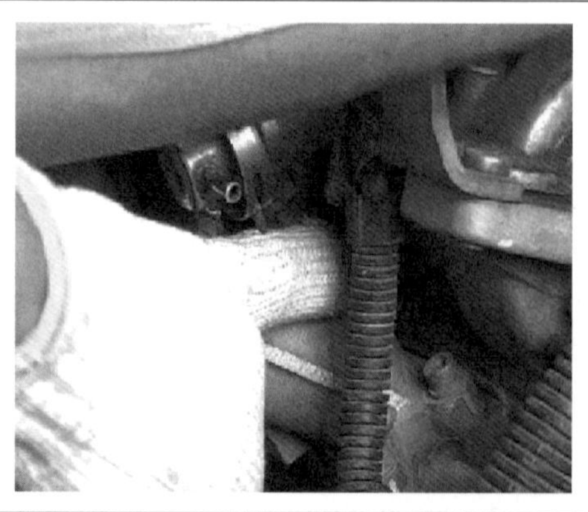

<table>
<tr><td>2. 用机械故障听诊器与喷油器接触，应能听到有节奏的工作声音，否则说明喷油器工作不正常，应对喷油器和输入信号进行检查。</td><td></td></tr>
<tr><td>3. 检测喷油器电磁线圈时，将发动机熄火，拔下喷油器线束插头，用数字万用表电阻挡测量喷油器端子的电阻值，20 ℃时阻值应为 12～16 Ω，否则应更换喷油器。</td><td>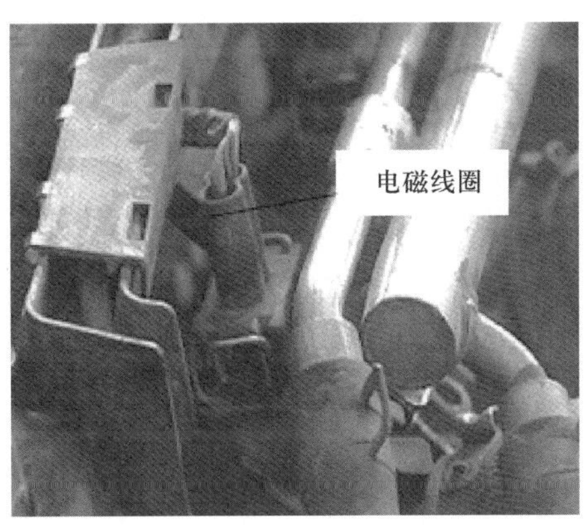
</td></tr>
<tr><td>4. 检测喷油器信号时，将发光二极管接到喷油器导线插头上，起动发动机，测试灯应闪烁。如果不亮或不闪烁，说明控制回路有故障，可检查喷油器至 ECU 的线路和 ECU 输出信号是否有故障，也可用示波器检测波形，对控制电路进行检查。</td><td>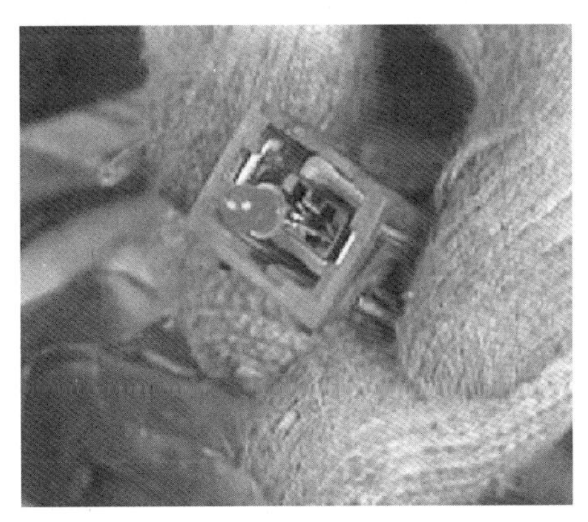</td></tr>
<tr><td colspan="2">5. 检测喷油器的喷油量。电动燃油泵运转，用专用连接线依次连接各喷油器和蓄电池，使喷油器喷油。用量杯测量一定时间内的喷油量。每个喷油器测试 2～3 次，喷油量通常为 50～60 mL /15 s，同一台发动机各缸喷油器的喷油量之差应小于总喷油量的 10%。如喷油量不符合标准，应清洗或更换喷油器。</td></tr>
</table>

<table>
<tr><td colspan="2">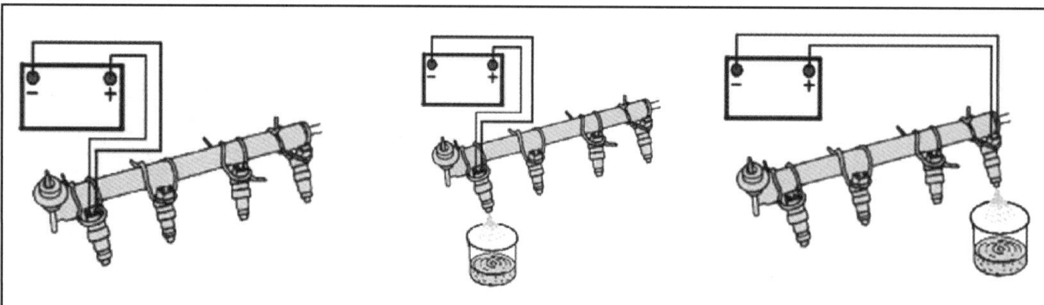</td></tr>
<tr><td colspan="2">6. 用故障诊断仪检测时，将故障诊断仪插头连接到故障诊断仪插座上，打开点火开关，选择“元件测试”功能，选择第一缸喷油器，用手触摸第一缸喷油器应能感到或听到多次“咔哒”声。用同样的方法检测其他喷油器。</td></tr>
<tr><td>7. 清洗喷油器。用超声波清洗仪清洗喷油器时，取下喷油器，连接供电插头，将喷油器放入超声波清洗仪中。</td><td></td></tr>
<tr><td>8. 打开超声波清洗仪开关，开始清洗，清洗过程需要 10 min，通常清洗 2 遍。</td><td>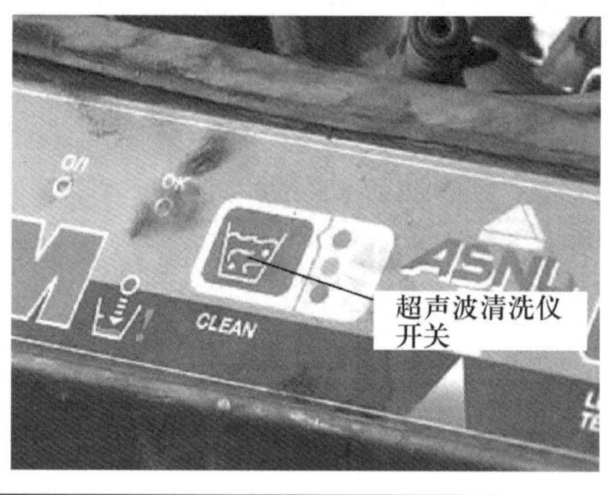</td></tr>
</table>

项目 4　燃油滤清器的更换

实训要求
掌握燃油滤清器的更换方法。
主要实训器材
实训汽车、常用修理工具。

<table>
<tr><th colspan="2">实训内容</th></tr>
<tr><td>1. 更换燃油滤清器时，先完成燃油系统卸压再拆下固定螺栓。</td><td></td></tr>
<tr><td>2. 拆下两端的进油管和出油管。</td><td>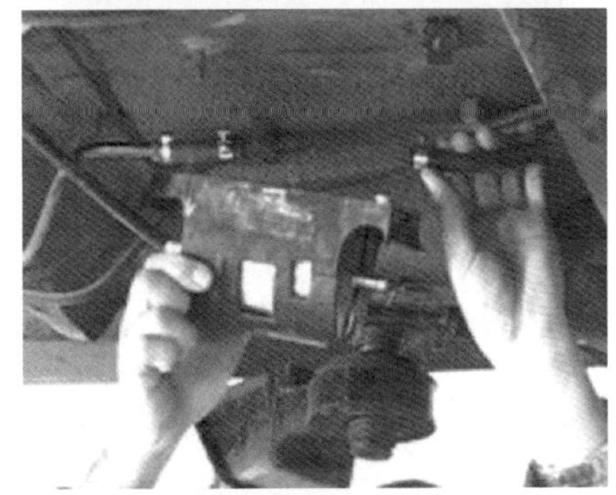</td></tr>
<tr><td>3. 安装新燃油滤清器时应注意箭头方向指向汽油的流动方向。</td><td></td></tr>
<tr><td>4. 安装。</td><td>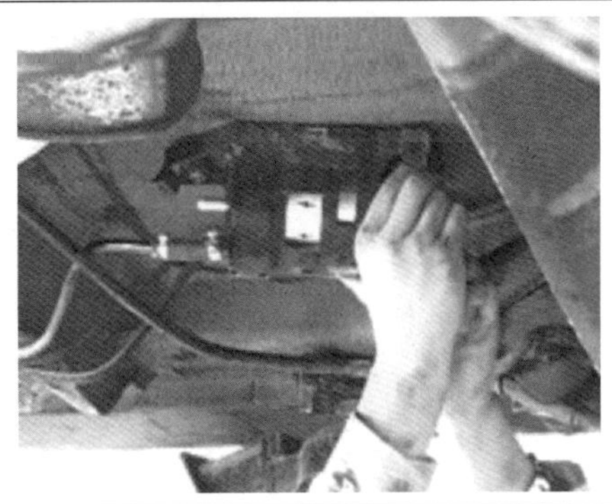</td></tr>
</table>

课题 3　燃料供给系的故障诊断与排除

项目 1　用故障诊断仪读取故障码

实训要求

1. 掌握故障诊断仪的使用方法。

2. 能用故障诊断仪正确调出故障码。

主要实训器材

实训汽车、常用修理工具、故障诊断仪。

实训内容

（一）一般测试条件

1. 打开汽车点火开关。

2. 汽车蓄电池电压应为 12 V，故障诊断仪的额定电压为 DC 12 V。

3. 节气门应处于关闭状态。

4. 点火正时和怠速应在标准范围，冷却液温度和变速器油温达到正常工作温度（冷却液温度 90～110 ℃，变速器油温 50～80 ℃）。

（二）选择测试接头和诊断座

故障诊断仪配有多种测试接头，根据诊断界面的提示选择相应的测试接头。不同车型的诊断座位置不同，找到正确的诊断座进行测试。

（三）设备连接

使用诊断连接线或具有蓝牙功能的连接装置插接到诊断接口上，并连接故障诊断仪。

（四）进入诊断系统

1. 连接好故障诊断仪后，打开点火开关，启动故障诊断仪进入主菜单，选择汽车诊断模块，进入故障测试界面。

注意：故障诊断仪的汽车诊断程序是以该车型的车标图形为按钮，点击某汽车相应的车标即可对该车进行诊断。

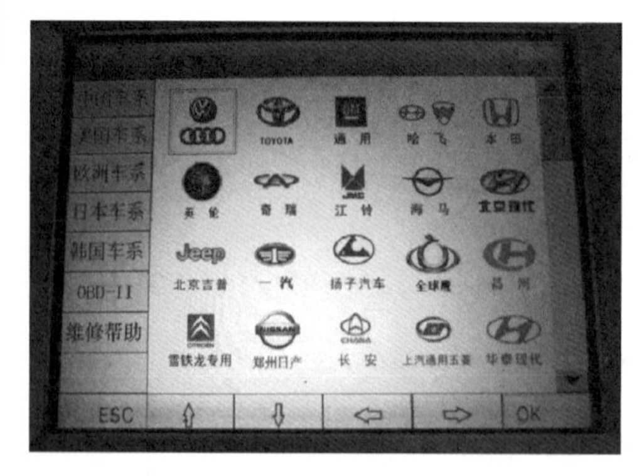

2. 选择相应的车型图标进行车辆故障测试。	
3. 点击“选择系统”栏进入下一级操作界面。	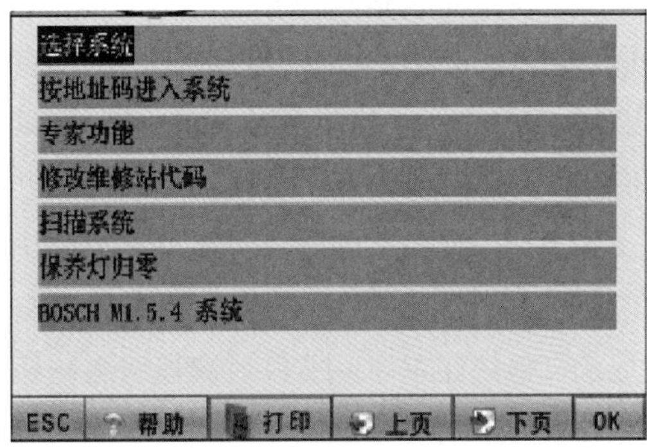
4. 选择“01- 发动机”，将显示汽车电脑版本号，按任意键进入系统诊断界面。	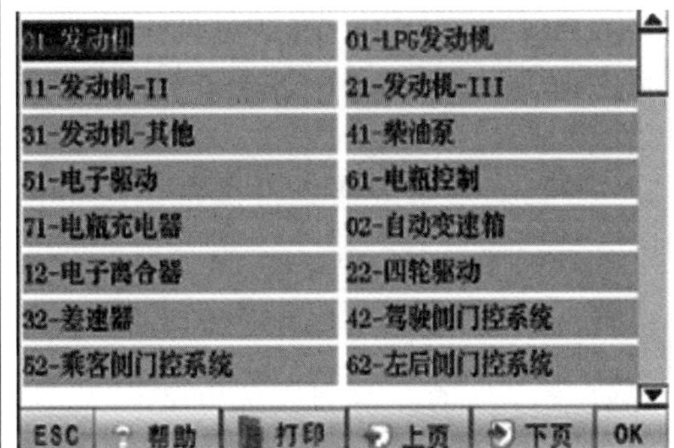
5. 读取汽车电脑版本号 在系统功能选择菜单中选择“01- 读取车辆电脑版本号”。 此项功能可读取被测试汽车系统的电脑版本信息，包括版本号、CODING 号、服务站代码等相关信息。一般更换车辆控制单元时，需要读出原控制单元信息并记录，以作为购买新控制单元的参考，对新控制单元进行编码时，需要原控制单元信息。 有些车型存在多屏信息，按任意键或点击屏幕将会显示下一屏相关信息，按 ESC 键返回上一级。	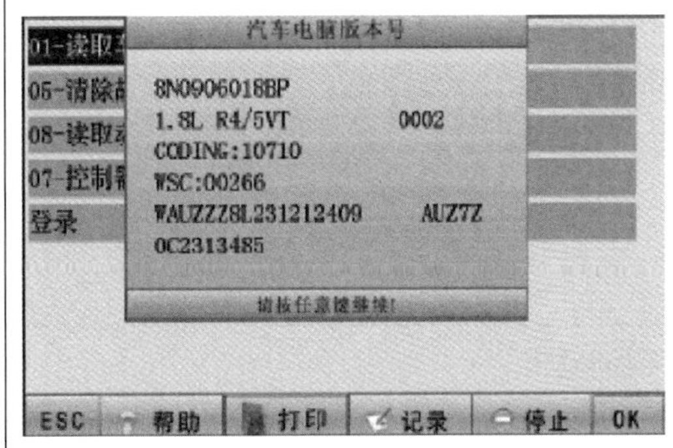

6. 读取故障码 在系统功能选择菜单中选择“02- 读取故障码”，系统开始检测 ECU 随机存储器（ROM）中存储的故障内容，测试完毕，屏幕显示出测试结果。 通过滚动条滚动屏幕查看所有故障码信息，若所测试系统无故障码，则屏幕显示“系统正常”，按 ESC 键返回上一级菜单。	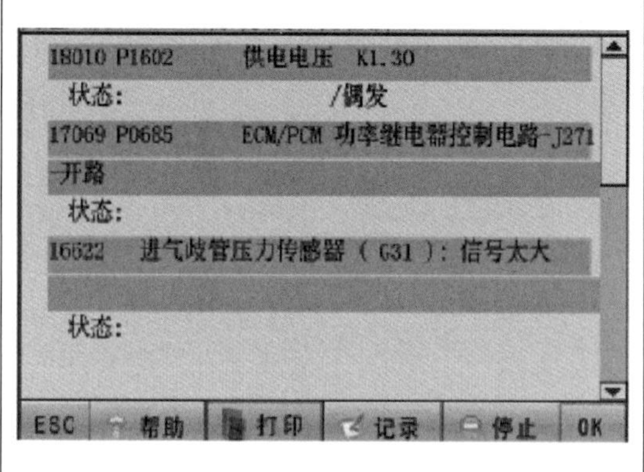
7. 清除故障码 在系统功能选择菜单中选择“05- 清除故障码”进入操作界面。 此项功能可以清除被测试汽车系统 ECU 内存储的故障码，一般车型应严格按照常规顺序操作：先读取故障码并记录（或打印），然后再清除故障码，试车，再次读取故障码进行验证，维修后清除故障码，再次试车确认故障码不再出现。 注意：当前硬性故障码是不能被清除的，如果是氧传感器、爆震传感器、混合气修正、气缸失火等故障码虽然能立即清除，但在一定周期内还会出现，必须彻底排除故障之后故障码才不会再出现。	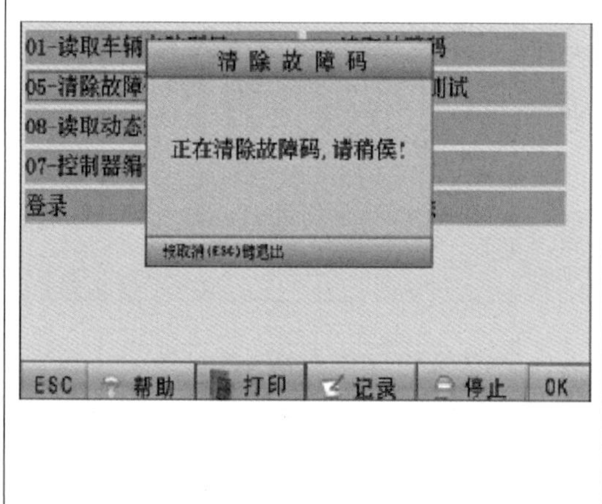

项目 2　电控汽油喷射发动机起动困难故障的诊断与排除

实训要求
1. 掌握电控汽油喷射发动机起动困难故障的现象、原因。 2. 掌握电控汽油喷射发动机起动困难故障的排除方法。
主要实训器材
实训发动机、常用修理工具、数字万用表、故障诊断仪、燃油压力表。

故障现象

起动时曲轴转动速度正常，但需要较长时间才能起动，或有明显起动现象却不能起动。

故障原因

1. 空气供给装置有漏气部位。
2. 燃油供给装置供油压力太低。
3. 空气滤清器滤芯堵塞。
4. 冷却液温度传感器工作不良。
5. 空气流量计故障。
6. 怠速控制阀或旁通空气阀工作不良。
7. 喷油器漏油或雾化不良。
8. 点火正时不正确。

故障诊断与排除

对于起动困难的故障，应分清是在冷车时出现还是在热车时出现，或者不论冷车、热车均出现。

冷车起动困难是指冷车起动时需要几次才能起动，而热车起动时较容易着车。冷车起动困难的故障原因主要有冷起动喷油器不喷油、冷却液温度传感器故障、进气温度传感器故障、喷油器雾化不良、怠速控制阀或旁通空气阀故障，其诊断步骤如下：

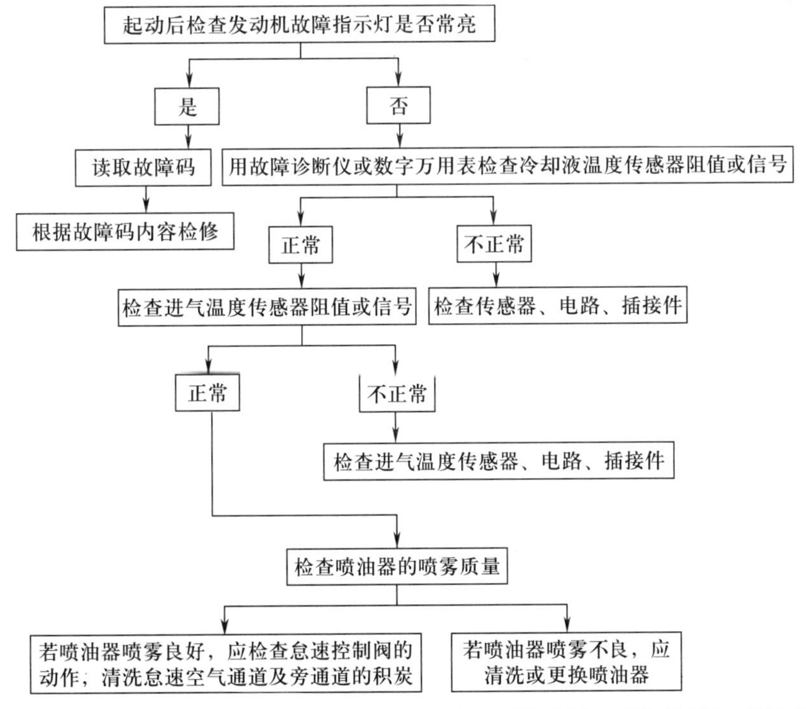

热车起动困难是指冷车起动正常，而热车起动困难，甚至不能起动。

热车起动困难的原因有冷却液温度传感器故障、进气温度传感器故障、个别喷油器漏油或严重雾化不良、怠速控制阀故障、燃油压力过高、点火线圈故障、点火控制器故障等，其诊断步骤如下：

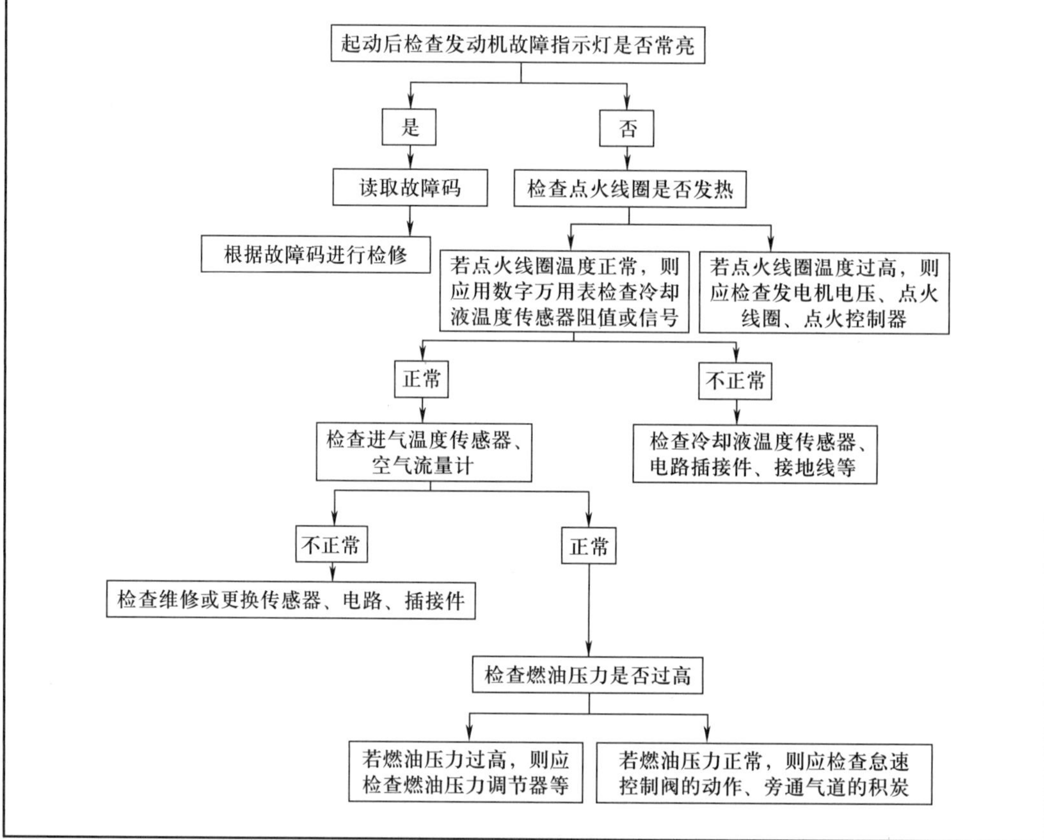

项目 3　电控汽油喷射发动机怠速过低故障的诊断与排除

实训要求

1. 掌握电控汽油喷射发动机怠速过低故障的现象、原因。
2. 掌握电控汽油喷射发动机怠速过低故障的排除方法。

主要实训器材

实训发动机、常用修理工具、数字万用表、故障诊断仪、燃油压力表。

故障现象

发动机起动正常，但不论冷车或热车，怠速转速过低，怠速运转不稳定，易熄火。

故障原因

1. 怠速控制阀或旁通空气阀工作不良。
2. 怠速空气通道堵塞。
3. 节气门位置传感器信号不正确。
4. 空气流量计或进气压力传感器信号不正确。
5. 供油压力过低。
6. 喷油器工作不良。
7. 空气供给装置有漏气部位。
8. 废气再循环装置工作不良。

故障诊断与排除

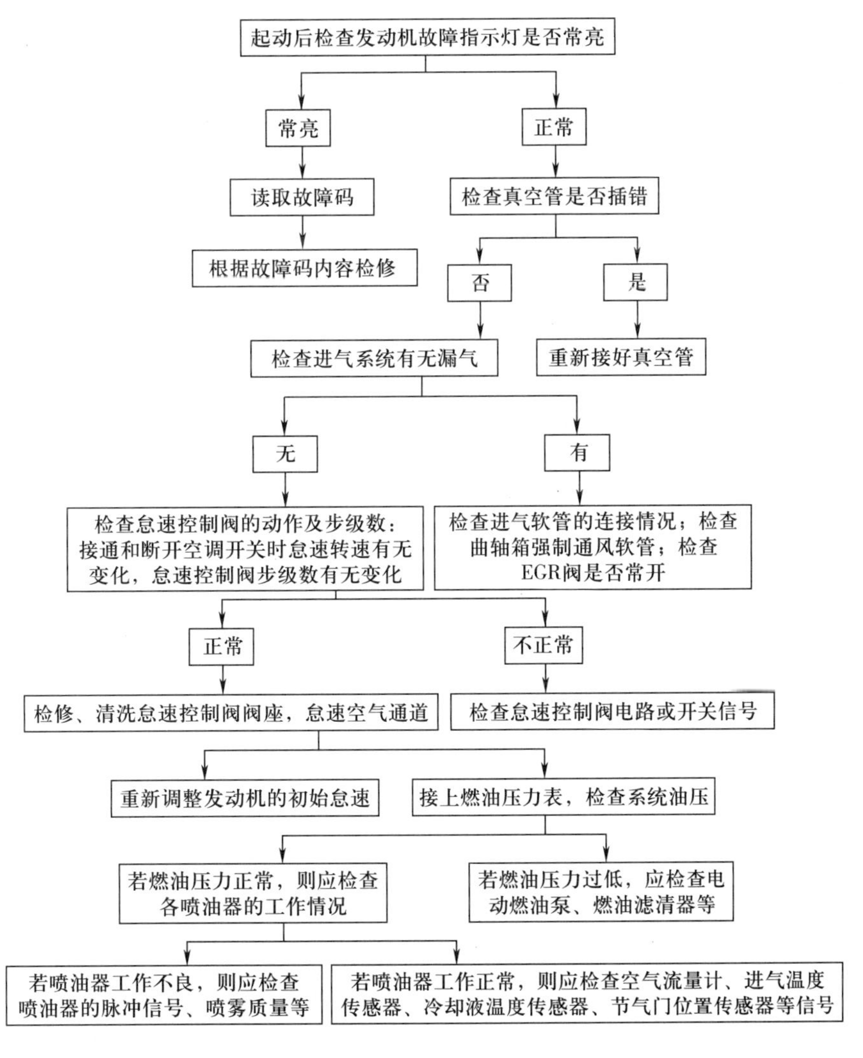

项目4　电控汽油喷射发动机怠速抖动与怠速不稳故障的诊断与排除

实训要求

1. 掌握电控汽油喷射发动机怠速抖动与怠速不稳故障的现象、原因。
2. 掌握电控汽油喷射发动机怠速抖动与怠速不稳故障的排除方法。

主要实训器材

实训发动机、常用修理工具、数字万用表、故障诊断仪、燃油压力表。

故障现象

怠速抖动现象是指发动机怠速运转时机体抖动且转速表指针上下快速抖动，怠速不稳现象是指怠速运转时发动机转速忽高忽低。

故障原因

1. 燃油系统油压过低。
2. 喷油器不喷油，雾化不良，各缸喷油器喷油量不平衡。
3. 传感器信号不正确，造成发动机 ECU 控制喷油信号与实际工况不匹配。
4. 废气排放控制系统工作不正常，造成发动机怠速工况时 EGR 阀漏气。
5. 怠速控制阀故障。
6. 发动机真空软管漏气。
7. 点火正时不正确。
8. 点火系故障。

故障诊断与排除

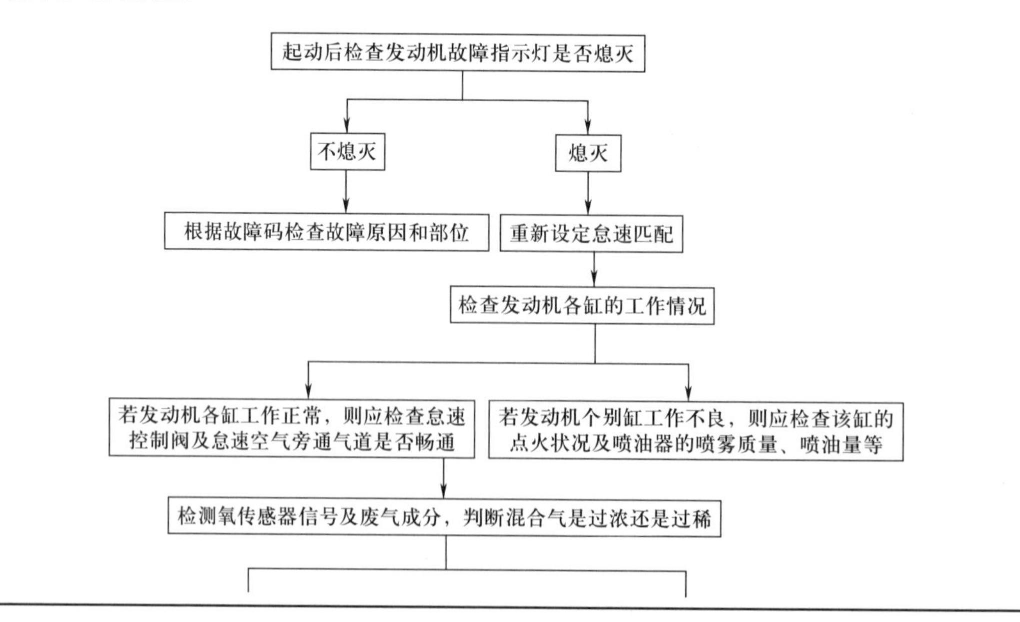

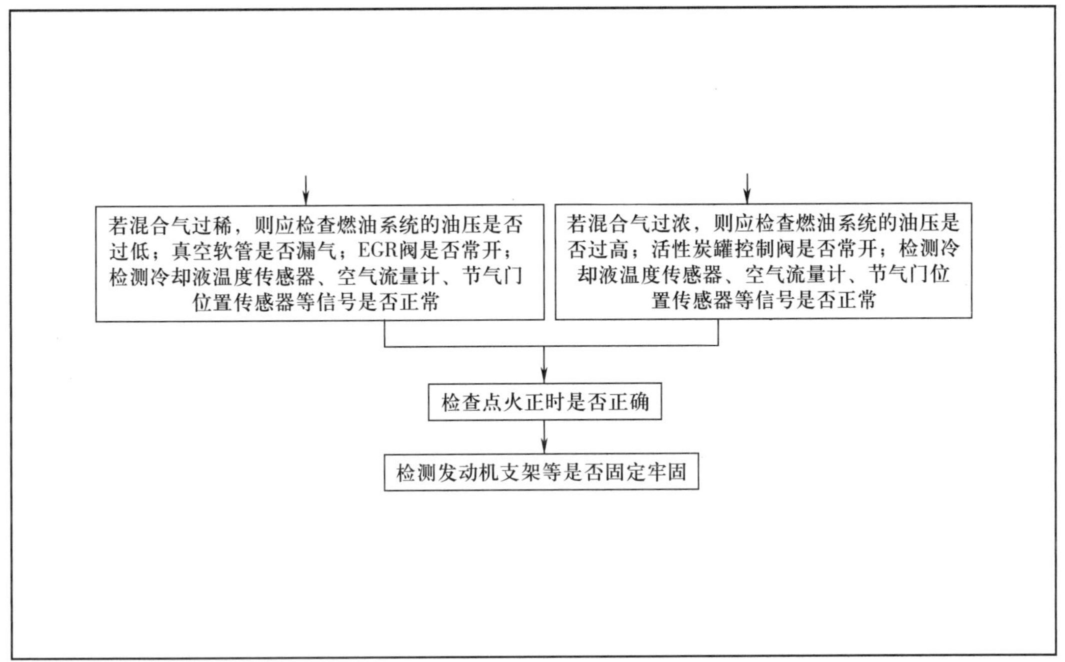

项目 5　电控汽油喷射发动机怠速过高故障的诊断与排除

实训要求

1. 掌握电控汽油喷射发动机怠速过高故障的现象、原因。
2. 掌握电控汽油喷射发动机怠速过高故障的排除方法。

主要实训器材

实训发动机、常用修理工具、数字万用表、故障诊断仪、燃油压力表。

故障现象

发动机冷车时能正常怠速运转，但热车后仍保持怠速，导致怠速过高。

故障原因

1. 节气门卡滞，关闭不严。
2. 旁通空气阀不能关闭。
3. 怠速控制阀故障。
4. 冷却液温度传感器、进气温度传感器、空气流量计信号错误。
5. 空调开关、动力转向器开关故障。
6. 发动机控制单元或怠速匹配设定不良。
7. 曲轴箱强制通风装置故障。

故障诊断与排除

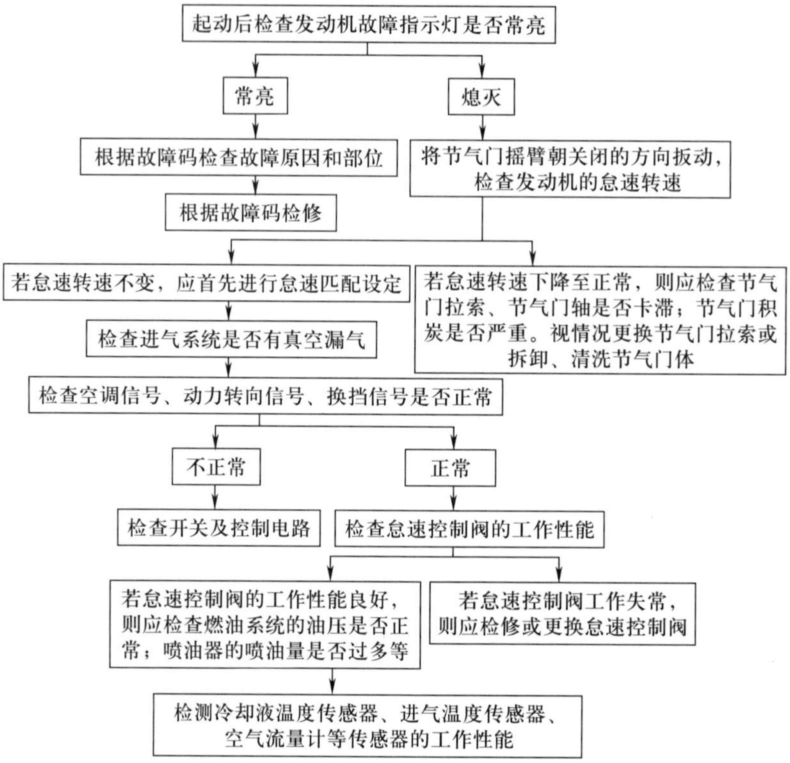

起动后检查发动机故障指示灯是否常亮

- 常亮
  - 根据故障码检查故障原因和部位
  - 根据故障码检修
- 熄灭
  - 将节气门摇臂朝关闭的方向扳动，检查发动机的怠速转速
    - 若怠速转速不变，应首先进行怠速匹配设定
      - 检查进气系统是否有真空漏气
      - 检查空调信号、动力转向信号、换挡信号是否正常
        - 不正常：检查开关及控制电路
        - 正常：检查怠速控制阀的工作性能
          - 若怠速控制阀的工作性能良好，则应检查燃油系统的油压是否正常；喷油器的喷油量是否过多等
            - 检测冷却液温度传感器、进气温度传感器、空气流量计等传感器的工作性能
          - 若怠速控制阀工作失常，则应检修或更换怠速控制阀
    - 若怠速转速下降至正常，则应检查节气门拉索、节气门轴是否卡滞；节气门积炭是否严重。视情况更换节气门拉索或拆卸、清洗节气门体

项目6　电控汽油喷射发动机动力不足、加速不良故障的诊断与排除

实训要求

1. 掌握电控汽油喷射发动机动力不足、加速不良故障的现象、原因。
2. 掌握电控汽油喷射发动机动力不足、加速不良故障的排除方法。

主要实训器材

实训发动机、常用修理工具、数字万用表、故障诊断仪、燃油压力表。

故障现象

1. 发动机无负荷运转时基本正常，但带负荷运转时加速缓慢，上坡无力，加速踏板踩到底时仍感到动力不足，转速不能提高，车速达不到最高车速。

2. 踩下加速踏板后发动机加速有迟滞现象，在加速过程中发动机有轻微的波动。

故障原因

1. 燃油系统油压过低。
2. 喷油器工作不良。
3. 传感器信号错误。
4. 进气系统中有漏气部位。
5. 废气再循环系统工作不正常。

故障诊断与排除

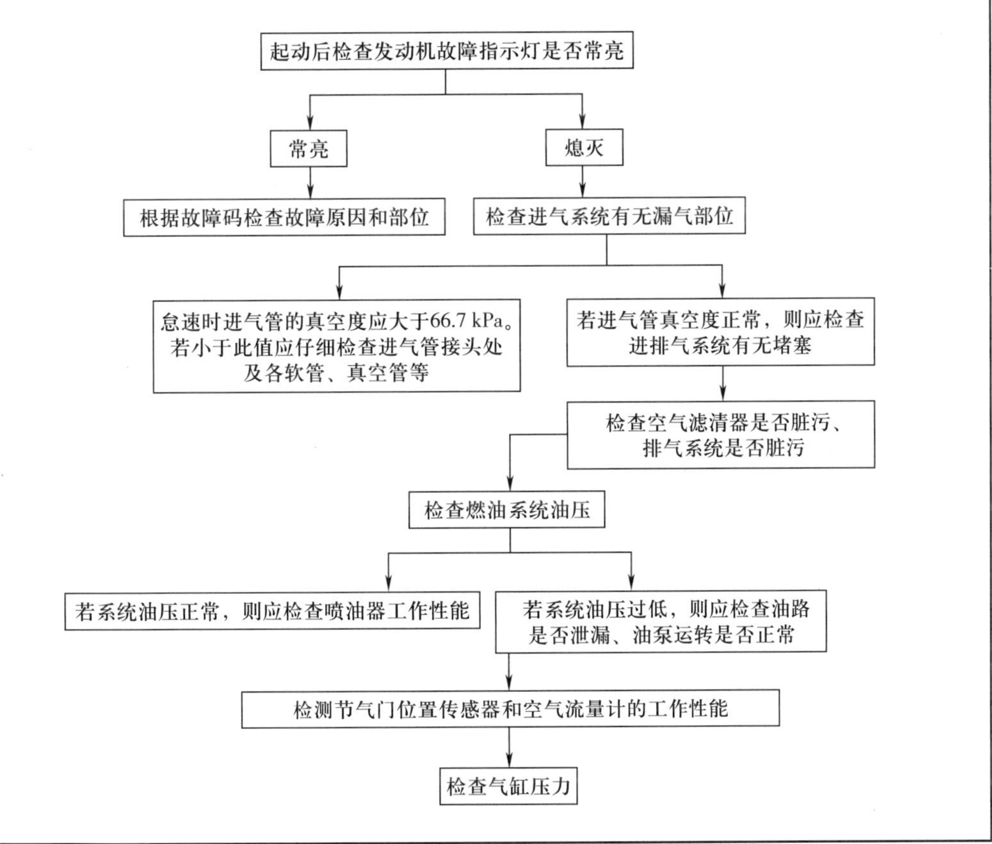

项目7　电控汽油喷射发动机油耗过高故障的诊断与排除

实训要求

1. 掌握电控汽油喷射发动机油耗过高故障的现象、原因。
2. 掌握电控汽油喷射发动机油耗过高故障的排除方法。

主要实训器材

实训发动机、常用修理工具、数字万用表、故障诊断仪、燃油压力表。

故障现象

发动机动力性能良好，但油耗过高，加速时排气管冒黑烟。

故障原因

1. 冷却液温度传感器失常。
2. 空气流量计或节气门位置传感器失常。
3. 燃油压力过高。
4. 喷油器漏油。

故障诊断与排除

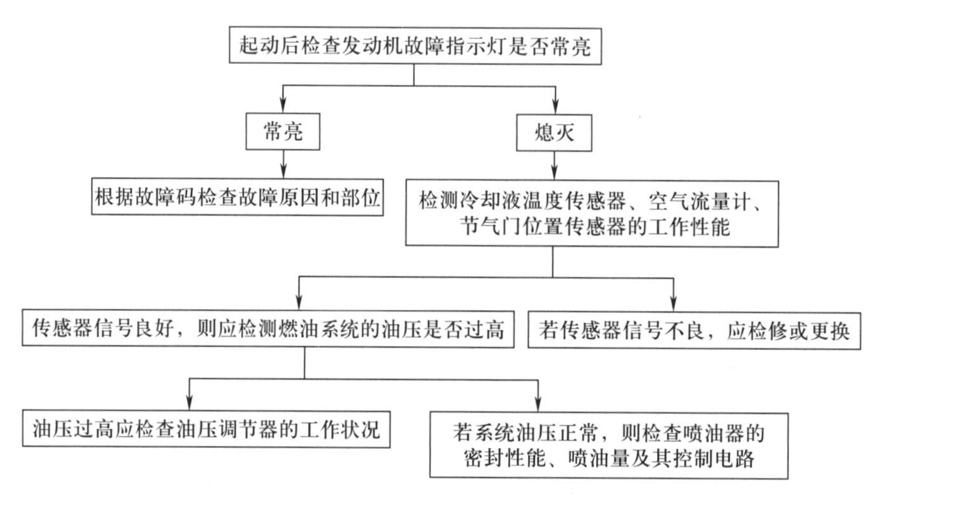

单元 5　冷却系的维护与故障诊断排除

课题 1　冷却系的维护

知识概述：

汽车发动机上多采用强制循环式水冷却系。水冷却系主要由散热器、冷却液泵、电动风扇、水套（在气缸盖或气缸体上制出的夹层空间）、节温器、水管和传感器等组成，如图 1–5–1 所示。

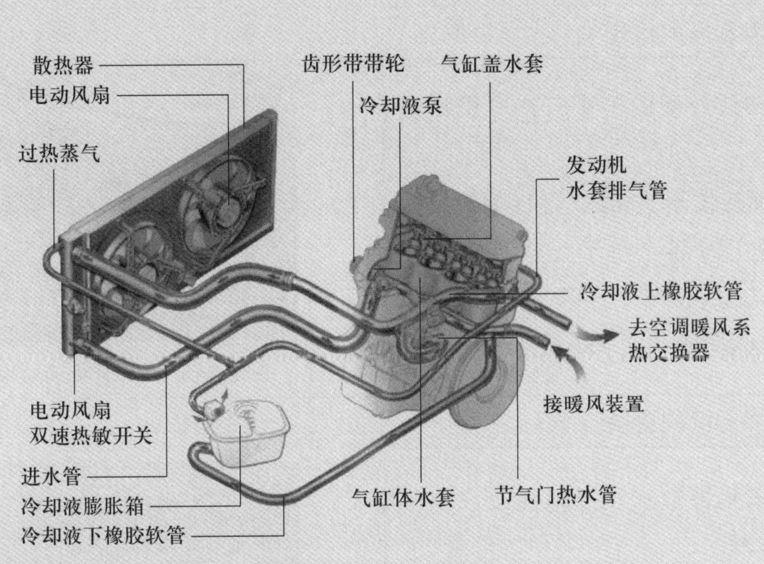

图 1-5-1　水冷却系

通常，冷却液在冷却系内的循环流动路线有两条，一条为小循环，另一条为大循环。

1. 水冷却系的小循环

冷却液经冷却液泵→气缸套→节温器后不经散热器，而直接由冷却液泵压入气缸套的循环称为水冷却系的小循环，其水流路线短，散热强度小。

2. 水冷却系的大循环

冷却液经冷却液泵→气缸套→节温器→散热器，又经冷却液泵压入气缸套的循环称为水冷却系的大循环，其水流路线长，散热强度大。

项目 1　冷却液的检查与更换

实训要求

1. 掌握冷却液的检查方法。
2. 掌握冷却液的更换方法。

主要实训器材

实训汽车、常用修理工具。

<table>
<tr><td colspan="2">实训内容</td></tr>
<tr><td colspan="2">（一）冷却液的检查</td></tr>
<tr><td>1. 冷却液液面的检查应在冷机状态下进行。
2. 液面应位于“MAX”和“MIN”两线之间，如图 1–5–2 所示。若液面低于“MIN”或“低（LOW）”线时，应添加冷却液至“MAX”或“满（FULL）”线。</td><td>
图 1–5–2　冷却液液面的检查</td></tr>
<tr><td colspan="2">（二）冷却液的更换</td></tr>
<tr><td>1. 将车辆停放在水平地面上，准备好盛水的容器。
2. 拧下散热器盖。
注意：若发动机处于热态，则不要急于将散热器盖拧下，以防热的冷却液喷出烫伤（图 1–5–3）。如急于打开，须在 15 min 后用较厚的布包住散热器盖，慢慢拧松散热器盖，待散热器卸压后再拧开散热器盖。
3. 将散热器上的放水开关拧开。无放水开关时可拆下散热器与冷却液泵间的连接软管，如图 1–5–4 所示。将冷却液盛于容器内，直至放净。
4. 装复连接软管。
5. 选择合适的冷却液，从散热器口加注冷却液，加满后装好散热器盖，如图 1–5–5 所示。
6. 起动发动机试运转，手摸散热器上部，感到热时表示发动机气缸体内的冷却液已流入散热器。停转发动机，打开散热器盖，若液面下降应再添加冷却液，直到冷却液液面达到最高标记处。</td><td>
图 1–5–3　热态下不得拧下散热器盖

图 1–5–4　拆下散热器下部的橡胶弯管接头
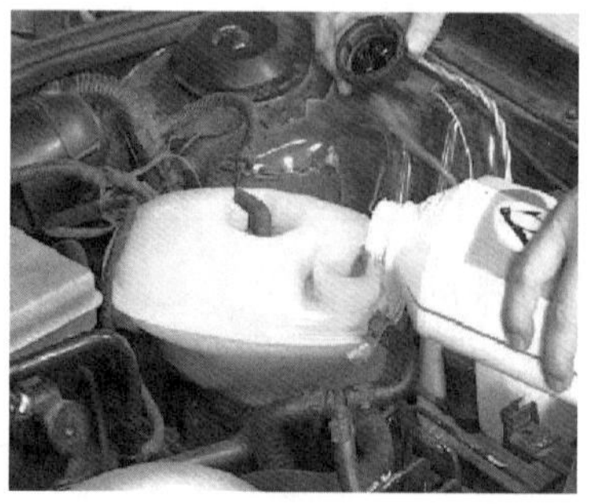
图 1–5–5　加注冷却液</td></tr>
</table>

项目 2　冷却液泵及节温器的维护

实训要求

1. 掌握冷却液泵的维护作业内容及操作要点。

2. 掌握节温器的维护作业内容及操作要点。

主要实训器材

实训汽车、常用修理工具。

实训内容

（一）冷却液泵传动带张紧力的检查与调整

1. 冷却液泵传动带张紧力的检查

传动带过松会引起打滑，使冷却液泵和发动机的转速下降，影响冷却液的循环；传动带过紧，会加速冷却液泵轴承、张紧轮轴承及冷却液泵传动带的磨损。

注意：检查冷却液泵传动带张紧力时，在带的中部用 40 N 的力按下带，其挠度应为 10～15 mm，如图 1-5-6 所示。

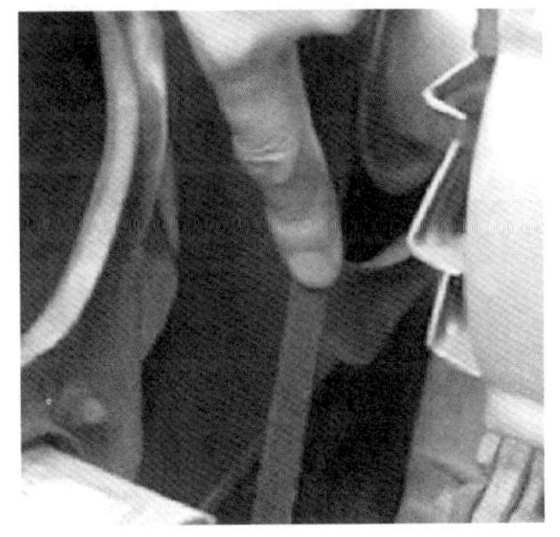

图 1-5-6　冷却液泵传动带张紧力的检查

2. 冷却液泵传动带张紧力的调整

松开发电机调节臂上的锁紧螺母，扳动装在枢轴上的惰轮或其构架上的部件使传动带达到规定的张紧力（图 1-5-7）。

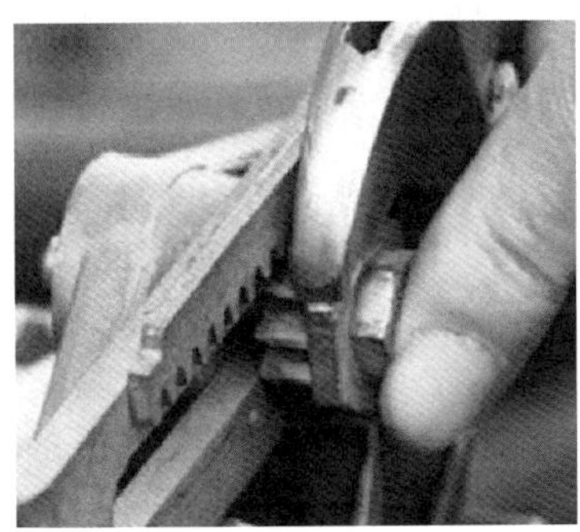

图 1-5-7　调整冷却液泵传动带张紧力

（二）冷却液泵的维护

1. 冷却液泵轴承的检查

将发动机停转，用手扳动冷却液泵轴，检查其有无旷量。若旷量较大，说明轴承间隙已超过标准，应更换轴承。

2. 冷却液泵水封的检查

发动机停转或运转状态下，观察冷却液泵的泄水孔。若泄水孔漏水，说明冷却液泵水封密封不严，应予以更换。

（三）节温器的检查

将拆下的节温器放在盛有冷水的器皿中，然后逐渐加热，如图 1-5-8 所示。记录节温器开始工作的温度以及阀门全开时的温度，并与标准值相比较，判断节温器的工作是否正常。	 图 1-5-8　节温器的检查

项目 3　散热器的维护

实训要求

掌握散热器的维护作业内容及操作要点。

主要实训器材

实训汽车、常用修理工具、测试器、蒸汽清洗机。

实训内容

（一）散热器的清洗

用水或蒸汽清洗机清洗掉散热器上的油污、泥土。

注意：如果用蒸汽清洗机，当心不要使散热器芯上的散热片发生变形。清洗时，如果蒸汽清洗机的喷嘴压力为 2.942～3.432 kPa，则应使散热器芯与蒸汽清洗机喷嘴之间的距离保持在 40～50 cm。

（二）散热器盖的检查

1. 将散热器盖与测试器装在一起，如图 1-5-9 所示。 2. 给测试器加压，直到测试器的安全阀打开为止。减压阀的开启压力应在 86.2～97.2 kPa。若压力过低，应更换散热器盖。	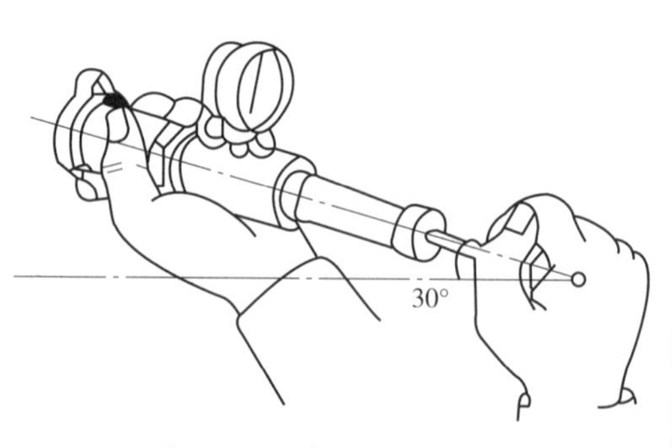 图 1-5-9　散热器盖的检查

<table>
<tr><td colspan="2">（三）散热器的检查</td></tr>
<tr><td>1. 检查散热器的散热片是否变形、断裂。
2. 密封性能的检查
散热器密封性能的检查方法是：
（1）将散热器注满冷却液并装上测试器，如图 1-5-10 所示。
（2）将测试器加压到 100 kPa 左右停止，检查压力是否下降。若压力保持不变，说明散热器密封性能良好；若压力下降，说明散热器有漏水之处，则应检查散热器外部有无漏水现象。</td><td>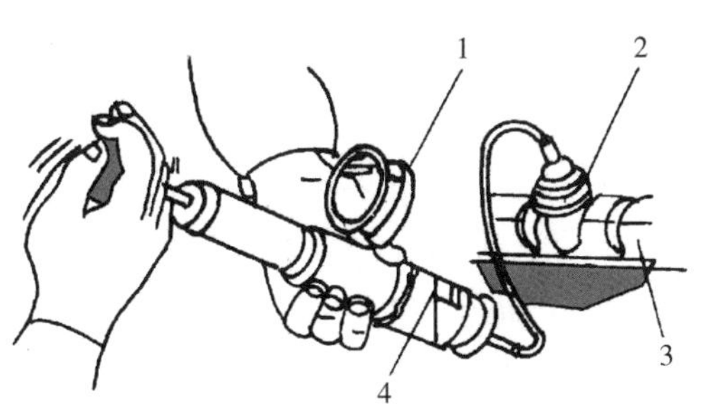

图 1-5-10　散热器的检查
1—压力表　2—散热器盖
3—散热器　4—测试器</td></tr>
<tr><td colspan="2">（四）冷却系的清洗</td></tr>
<tr><td colspan="2">1. 将旧冷却液放净，加注清水，拧上散热器盖，起动发动机怠速运转至正常温度，停机后将水放出。如果放出的水很脏，则应再次注入清水，重复 4～5 次，直到放出的水干净为止。
2. 当冷却系内的水垢较多时，可将专用清洗剂注入循环系统中。起动发动机运转至正常温度，再连续运转 20～30 min，然后使发动机熄火，排出专用清洗剂，换入清水，直至清洗干净。</td></tr>
</table>

课题 2　冷却系的故障诊断与排除

项目 1　冷却液充足但发动机过热故障的诊断与排除

实训要求
1. 掌握发动机过热故障的现象及原因。 2. 掌握发动机过热故障的排除方法。
主要实训器材
实训汽车、常用修理工具、冷却液盆。

故障现象

1. 发动机冷却液充足，但行驶过程中发动机无力，冷却液温度超过规定值。

2. 汽车行驶中发动机温度正常，但一停车冷却液立即沸腾。

故障原因

1. 散热器出水胶管老化吸瘪或内壁脱层堵塞。

2. 冷却风扇装反、扇叶角度变小或新换的风扇规格不匹配。

3. 冷却风扇不转，或风扇转速过低。

4. 节温器失效。

5. 水套内水垢过多，或分水管堵塞，分水不畅。

6. 散热器内芯管堵塞或散热片倾倒过多。

7. 冷却液泵损坏。

8. 气缸垫烧穿，使相邻两缸串通，或气缸体、气缸盖出现裂缝，使高温高压气体进入冷却系。

9. 点火时间延迟。

10. 混合气过稀或过浓。

11. 燃烧室积炭过多。

12. 车辆长时间大负荷工作。

故障诊断与排除

1. 检查冷却风扇转速是否过低。若冷却风扇转速过低，则应检查风扇的热敏开关、直流电动机、控制电路工作是否良好。

2. 风扇转速正常，则应检查风扇的风量。其方法是：风扇转动状态下，将一张薄纸放在散热器前面，若纸被牢牢地吸住，说明风量足够。否则，应检查风扇叶片方向是否装反；风扇叶片角度是否正确；集风罩是否损坏等。

3. 在风量充足的条件下，用手触试散热器和发动机的温度。若散热器温度低，而发动机温度高，说明冷却液循环不良。

逐渐提高发动机的转速，观察散热器出水管是否被吸瘪。若出水管被吸瘪，说明散热器堵塞严重，应进行清洗。

散热器出水管良好，则应拆下散热器的进水管，提高发动机的转速，冷却液应排出。否则，说明冷却液泵或节温器有故障。拆下节温器重复试验，若排水量明显增多，则应进一步检查节温器；若排水量不变，则应进一步检查冷却液泵的工作性能、气缸体内的水垢是否过多等。

4. 散热器进水管冷却液排出有力，则应检查散热器各部分温度是否均匀。如果散热器冷热极不均匀，则应检查散热器内芯管是否堵塞。

5. 若以上检查正常，在冷却液温度过高的同时，发动机动力明显下降，则应检查点火时间是否正确；混合气是否过稀、过浓；进排气门间隙是否过大；燃烧室积炭是否过多等。

6. 对于长期未清洗水垢的发动机，应检查水套内水垢是否过多。检查方法是：将冷却液全部放出，再加满冷却液并计量注入的体积。若比规定值明显减少，则减少的体积即为水垢所占据的容积。若水垢过多，应清洗发动机。

7. 若发动机及冷却液温度正常，而水温表指示冷却液温度过高，则应检查水温表、传感器及控制电路是否正常。

项目 2 发动机突然过热故障的诊断与排除

实训要求

1. 掌握发动机突然过热故障的现象及原因。
2. 掌握发动机突然过热故障的排除方法。

主要实训器材

实训汽车、常用修理工具、冷却液盆。

故障现象

1. 汽车行驶中，水温表指针很快指示到最高位置。
2. 发动机冷起动后，冷却液温度迅速升高并沸腾。加足冷却液后转为正常。

故障原因

1. 冷却风扇突然不转。
2. 节温器主阀门脱落。
3. 冷却液泵轴与叶轮松脱。
4. 冷却系严重漏水。
5. 气缸垫损坏，水套与气缸连通，高压气体进入水箱。

故障诊断与排除

1. 停车后检查冷却风扇转动是否正常。若不转，应检查热敏开关、风扇电动机及其控制电路是否正常。

将发动机熄火，用手触摸发动机和散热器，若感觉发动机温度高，而散热器温度低，说明冷却液泵轴与叶轮松脱或节温器失效，应更换；若感觉发动机与散热器温差不大，则应检查冷却液是否泄漏严重，查找泄漏部位，予以修复。

2. 汽车行驶途中，发动机温度升高，同时排气管有“突突”声，且发动机动力明显不足，可停车检查排气管及散热器、火花塞等。若排气管冒白烟且排出水珠；散热器口向外溢水或排气泡，且呈沸腾状态；某气缸火花塞电极处有水珠，说明气缸垫烧穿或气缸盖破裂，应更换。

项目 3　冷却液消耗异常故障的诊断与排除

实训要求 1. 掌握冷却液消耗异常故障的现象及原因。 2. 掌握冷却液消耗异常故障的排除方法。
主要实训器材 实训汽车、常用修理工具、冷却液盆。
故障现象 汽车行驶过程中冷却液消耗异常；或在冬天出车前，已加满冷却液，但行驶途中发现冷却液明显减少。
故障原因 1. 散热器及进出水管破裂漏水。 2. 冷却液泵水封损坏或叶轮垫圈磨损严重而泄漏。 3. 气缸垫水道孔与气缸窜通。
故障诊断与排除 1. 发动机运转状态下，首先检查冷却系外部是否泄漏。若有漏水部位，应紧固、维修、更换相关部件。 2. 若发动机外部无泄漏，则应检查排气管处的尾气状态。若尾气中含有水蒸气，且散热器盖处有冷却液溢出，拔出机油尺发现机油中有水，则为水套破裂或气缸垫水道孔破损，使冷却液进入气缸和曲轴箱。

单元 6　润滑系的维护与故障诊断排除

课题 1　润滑系的维护

知识概述：

润滑系一般由机油泵、油底壳、机油滤清器、散热器、各种阀、传感器和机油压力指示器等组成，如图 1-6-1 所示。机油泵将润滑油送到润滑部位后，机油再滴回油底壳，如此往复循环润滑。

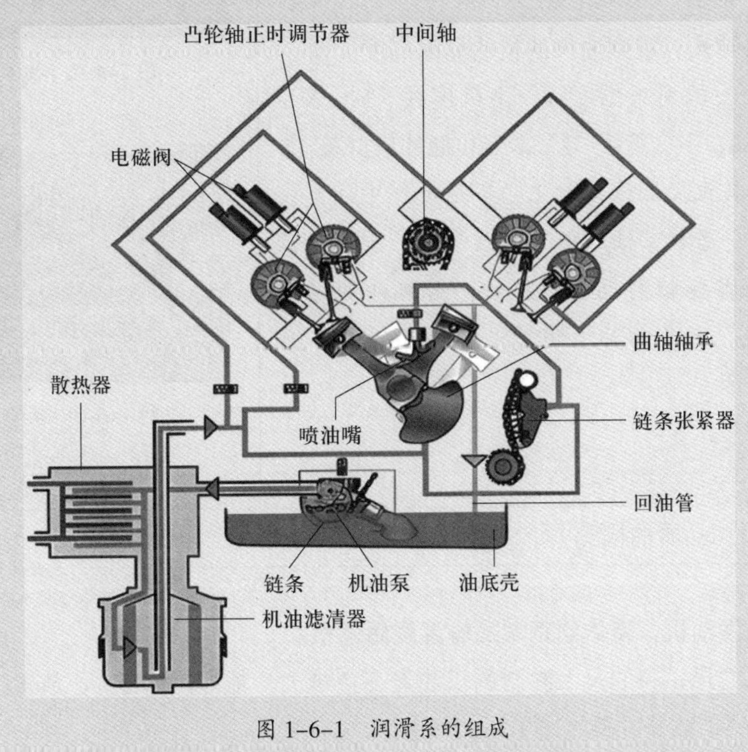

图 1-6-1　润滑系的组成

项目 1　机油（机油滤清器）的检查与更换

实训要求

1. 掌握机油油量、油质、油压的检查方法。
2. 掌握机油（机油滤清器）的更换方法。

主要实训器材

实训汽车、常用修理工具、冷却液盆、机油压力表、举升机。

实训内容

（一）机油油量的检查

1. 选择发动机起动前或停机 10～15 min 后，将车辆停放在平坦的地面上。

2. 拔出油尺，用洁净的软布擦去油尺上面黏附的机油，将油尺再次插入油底壳，如图 1–6–2 所示。

3. 拔出油尺，观察油尺的机油黏附高度。

4. 油尺上的两条刻度线，上刻度线“F”表示机油的最多量；下刻度线“L”表示机油的最少量。

注意：若机油油迹处于上、下刻度线中间，说明油量合适；若机油油迹低于下刻度线，则表示油量不足，应添加相同规格的机油；若机油油迹高于上刻度线，则表示油量过多，应适当放出，如图 1–6–3 所示。

图 1–6–2　插入油尺

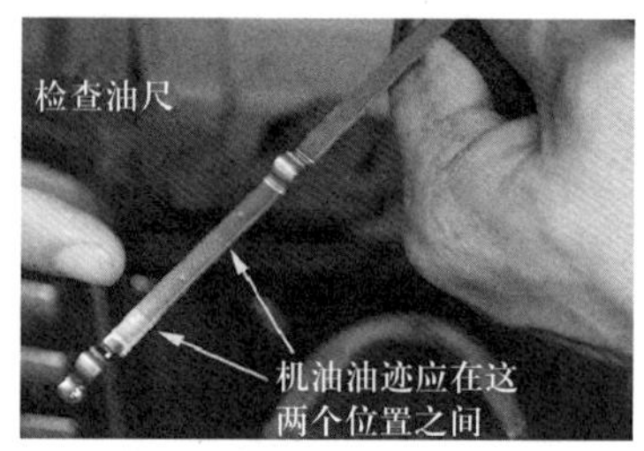

图 1–6–3　检查油尺

（二）机油品质的检查

1. 起动发动机，待达到正常工作温度后停机。

2. 拔出油尺，将油尺上黏附的机油滴在色纸上（最好是滤纸），放置一定的时间后观察油滴的扩散情况及油斑中心的颜色。

（1）油滴的核心部分呈深灰色、褐色且透明，则属正常，机油可继续使用，如图 1–6–4a 所示。

（2）若油滴呈乳液状且油滴的扩散范围较大，外围颜色较浅，说明机油中掺入了燃油或冷却液，机油已不能继续使用，应更换，如图 1–6–4b 所示。

（3）若油斑上积聚较多金属微粒或黑色沉淀物，说明机油已老化变质，应更换，如图 1–6–4c 所示。

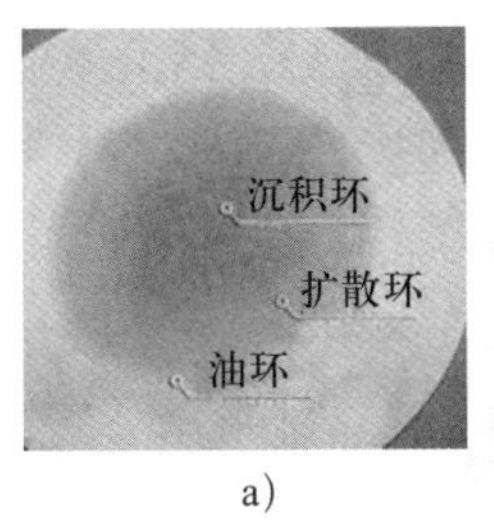

a)

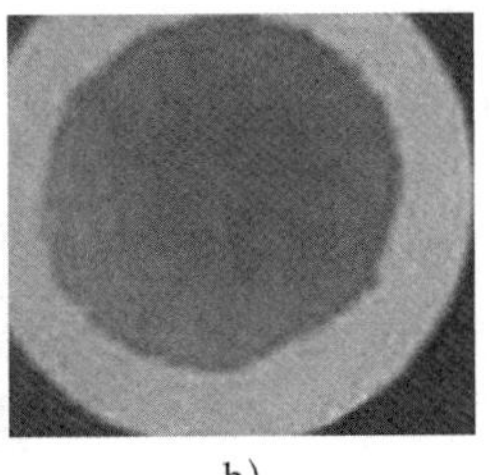
b)

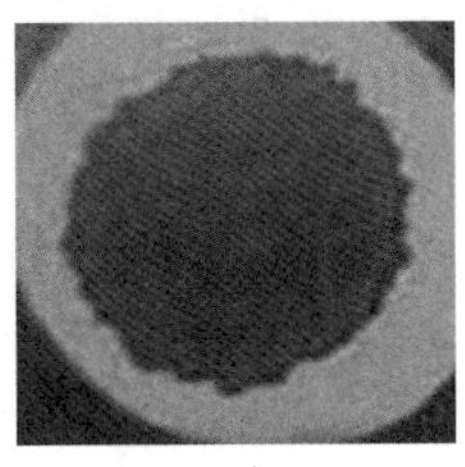
c)

图 1-6-4　机油品质的检查

（三）机油压力的检查

图 1-6-5　机油压力指示灯

起动发动机，使其运转至正常工作温度，在不同的运转工况下检查机油压力是否正常。

1. 车辆仪表盘装有机油压力指示灯，如图 1-6-5 所示，怠速工况时机油压力指示灯应熄灭。

2. 用专用的机油压力表检查时，可用专用工具拆下油压传感器，如图 1-6-6 所示。

3. 装上机油压力表，使发动机处于不同的运转工况，观察机油压力表的读数，如图 1-6-7 所示。

图 1-6-6　拆下油压传感器

图 1-6-7　机油压力的测量

（四）机油（机油滤清器）的更换	
1. 将车辆停放在平坦的地面上，起动发动机并使其处于热车状态，然后熄火，拧下机油加注口盖，将车辆升起。	
2. 拧下油底壳上的放油螺栓，趁热放出机油。	
3. 用专用工具拆卸机油滤清器，放净机油。	

4. 擦干净机油滤清器座。	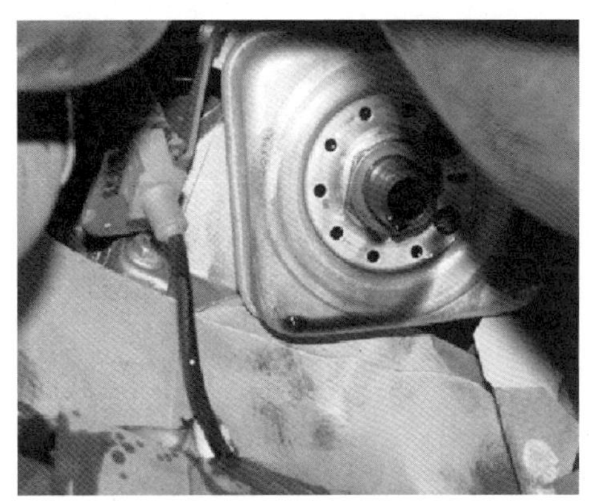
5. 将新机油滤清器装上之前，要先在机油滤清器密封圈表面涂抹一层机油。	
6. 安装新的机油滤清器。	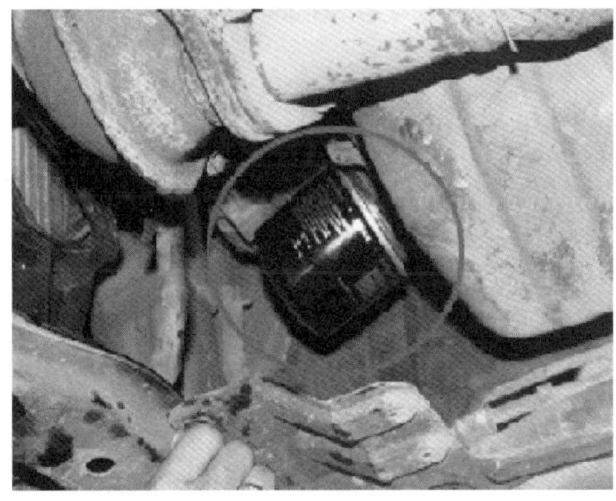

<table>
<tr><td>7. 拧紧油底壳的放油螺栓。</td><td>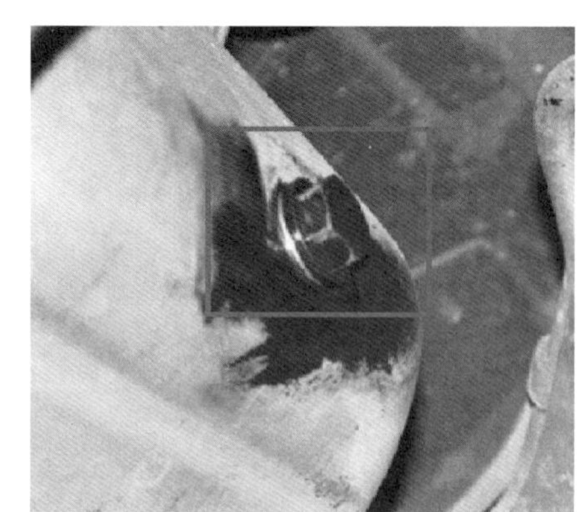</td></tr>
<tr><td>8. 按规定容量加注新鲜的机油。</td><td>
</td></tr>
<tr><td>9. 检查机油液面高度，应符合规定。</td><td>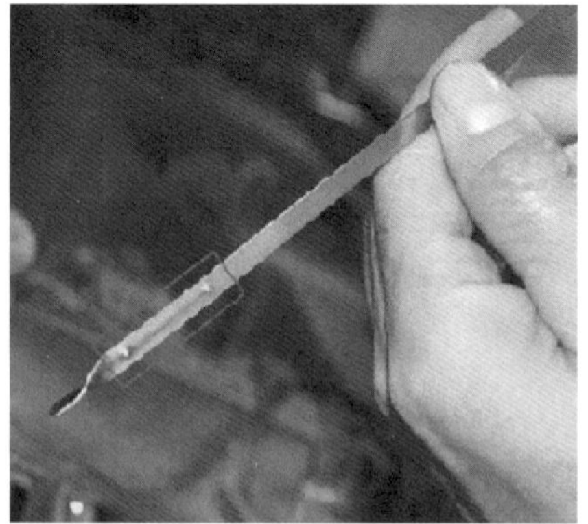</td></tr>
</table>

> 注意：发动机机油使用一定时间后，会逐渐失去润滑性能，必须及时更换。
>
> 机油更换周期一般为 5 000～12 000 km，但车辆运行条件不同，换油的周期也不相同。如车辆行驶在灰尘多的道路上、寒冷季节、潮湿地区等，应适当缩短换油周期。
>
> 除超出运行周期外，在运行中出现以下情况，也必须更换机油。
>
> （1）车辆走合期结束。
>
> （2）发现机油中有水或燃油，机油变质或机油黏度过小。
>
> （3）发动机出现轴承烧蚀或某机件严重磨损，机油中有大量金属屑。

项目 2　机油泵的检测

实训要求

掌握机油泵的检测方法。

主要实训器材

机油泵、常用修理工具、卡规、塞尺、直角尺、千分尺。

实训内容

1. 检查机油泵主、从动齿轮齿面是否有磨损，必要时予以更换。	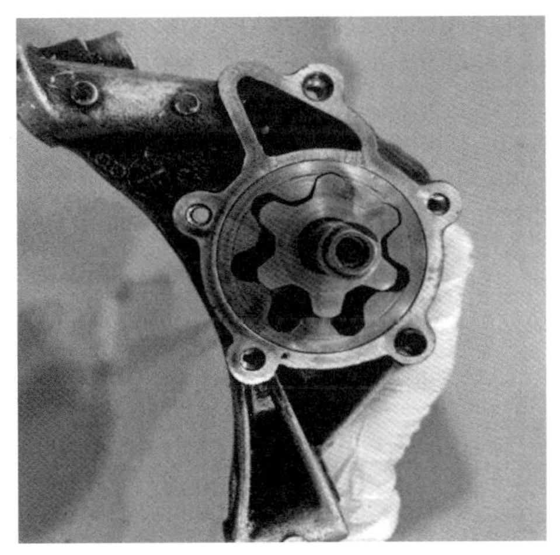

2. 将从动齿轮推向泵体的一侧，用塞尺测量机油泵内齿轮与机油泵壳体之间的间隙。如果间隙超过规定值，应更换从动齿轮、主动齿轮或泵体。	
3. 用塞尺测量小齿轮及内齿轮的齿顶与月牙板之间的间隙。如果超过规定值，应更换从动齿轮、主动齿轮或泵体。	
4. 用直角尺和塞尺测量小齿轮和内齿轮的端面与泵壳平面的端隙。如果间隙超过规定值，应更换从动齿轮、主动齿轮或泵体。	
5. 检查泵体衬套，将卡规卡在泵体衬套内。	

6. 用千分尺测量卡规的尺寸，如果超过最大值，应更换机油泵泵体。	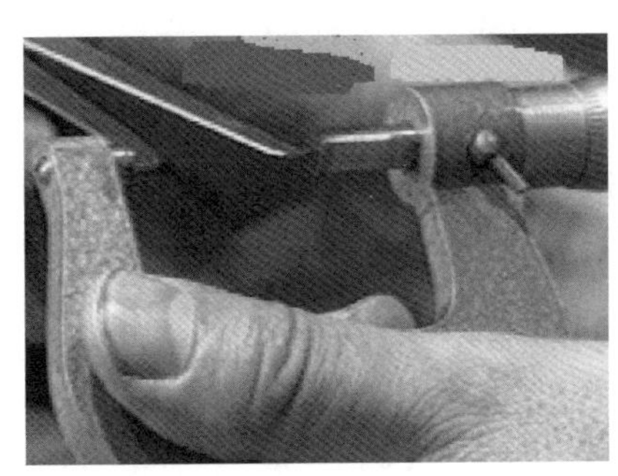

课题 2　润滑系的故障诊断与排除

项目 1　机油消耗异常故障的诊断与排除

实训要求
1. 掌握机油消耗异常故障的现象及原因。 2. 掌握机油消耗异常故障的排除方法。
主要实训器材
实训汽车、常用修理工具。
故障现象
1. 车辆正常行驶，但机油消耗量过多。 2. 排气管冒蓝烟。 3. 燃烧室积炭增多。
故障原因
1. 活塞与气缸壁间隙过大。 2. 活塞环弹力不足或磨损过量。 3. 扭曲环装反。 4. 气门杆油封损坏。 5. 进气门导管与气门杆间隙过大。 6. 曲轴箱通风不良。 7. 正时齿轮室、曲轴前后油封、凸轮轴后端油堵等密封不严漏油。 8. 油底壳或气门室盖密封不严漏油。

故障诊断与排除

1. 首先检查发动机外表是否有漏油痕迹。

（1）检查发动机油底壳周围是否有漏油痕迹，若有漏油痕迹，说明油底壳放油螺栓松动或衬垫损坏，应紧固或更换。

（2）检查发动机曲轴的前后端是否有漏油痕迹，若有漏油痕迹，应检查曲轴的前后油封是否损坏；曲轴带轮与油封接触面磨损是否严重；后轴承盖的回油孔是否堵塞等。

（3）检查发动机气门室盖密封衬垫处是否有漏油痕迹，若有漏油痕迹，应检查气门室盖螺栓是否松动，密封衬垫是否损坏等。

（4）检查润滑系的其他部件是否有漏油痕迹，若有漏油痕迹，则应先紧固其固定螺栓，再检查其密封衬垫是否损坏。

2. 上述检查过程中，若发现发动机有多处机油渗出，但又找不出明显的漏油处，则应检查曲轴箱通风装置，清理曲轴箱通风管道中流量控制阀处的积炭和结胶。

3. 若发动机外部无漏油痕迹，则应使发动机正常运转，检查排气管排出的废气颜色和机油加注口处是否有废气排出。

（1）若排气管冒蓝烟，同时机油加注口也向外冒蓝烟，则为活塞、活塞环与气缸壁磨损过大，活塞环的端隙、背隙和边隙过大，或扭曲环装反等情况，使机油窜入燃烧室燃烧造成。

（2）若排气管冒蓝烟，机油加注口不冒烟，而气门室盖向外窜烟，则应检查气门导管处的气门油封是否损坏，气门导管与气门杆的间隙是否过大等。

4. 在安装有散热器的发动机上，若在冷却系中发现有机油，则应检查散热器的散热片是否脱焊、腐蚀或破裂。

项目 2　机油变质过快故障的诊断与排除

实训要求

1. 掌握机油变质过快故障的现象及原因。
2. 掌握机油变质过快故障的排除方法。

主要实训器材

实训汽车、常用修理工具。

故障现象

1. 车辆行驶不足 12 000 km，机油出现了变脏、变色、变稀、机械杂质增多等现象。
2. 取样检查时，机油颜色变黑，用手指捻搓，感觉失去黏性并有杂质。
3. 机油呈乳浊状且有泡沫。

故障原因

1. 活塞与气缸壁间的间隙过大、活塞环密封不严造成漏气，废气漏入曲轴箱内与机油长时间接触，使机油变质加快。

2. 曲轴箱通风不良。

3. 发动机冷却不良或机油压力过低，造成摩擦表面温度过高，使得机油的温度过高，加速了机油的氧化变质。

4. 机油滤清器过脏堵塞。

5. 气缸垫或气缸体损坏，造成冷却液进入曲轴箱，使机油变质。

6. 发动机工作不良，未燃烧的燃料流入曲轴箱，造成机油黏度下降。

故障诊断与排除

1. 拔出油尺，将数滴机油滴在中性滤纸上，观察其扩散后的油迹。若油迹中心黑色较重且有很多杂质，说明机油含有较多的尘土、金属微粒和氧化物等。

2. 检查机油压力是否偏低，发动机是否经常处于高温，活塞与气缸壁间的间隙是否过大，曲轴箱通风装置工作是否良好等。

3. 若机油已经乳化，说明机油中掺进了水分。应拆下火花塞或喷油器，检查其表面是否有水珠，若有水珠，说明有水分进入气缸内参与燃烧。检查气缸垫是否损坏，水套与燃烧室是否相通，气缸套上的密封垫是否漏水等。

4. 若机油变质的同时，伴随着机油压力过低，应检查机油滤清器是否堵塞，机油滤清器旁通阀的弹簧是否过软，机油泵的供油能力是否下降等。

项目 3　机油压力过低故障的诊断与排除

实训要求

1. 掌握机油压力过低故障的现象及原因。

2. 掌握机油压力过低故障的排除方法。

主要实训器材

实训汽车、常用修理工具。

故障现象

发动机在正常温度和转速下运转时，机油压力报警灯持续报警。

故障原因

1. 机油量不足或机油黏度太低。

2. 机油泵齿轮、泵盖磨损或泵盖衬垫太厚，使供油压力过低，或机油泵壳体破裂漏油，机油泵轴与连接键销断裂。

<table>
<tr><td>
3. 机油集滤器滤网堵塞或集滤器漏油。
4. 内外管路或放油螺栓处漏油，曲轴主轴承、连杆轴承或凸轮轴轴承间隙过大。
5. 机油限压阀调整不当、关闭不严或弹簧折断，或燃烧室内未燃烧的气体漏入油底壳内，使机油的黏度下降。
6. 气缸垫或气缸体损坏，使冷却液漏入油底壳，将机油稀释，机油压力传感器连接导线断路或接触不良。
</td></tr>
<tr><td>
故障诊断与排除
行车中，应随时观察机油压力报警灯，若发现机油压力报警灯闪亮，则应立即熄火、停车检查。
1. 拔出油尺，检查机油量及品质。若机油液面低于“MIN”或“L”线以下，说明机油量不足，应及时加至标准。若机油颜色无变化，而黏度降低，且有燃油气味，说明机油中掺进了燃油；若机油呈乳浊状并有泡沫，说明机油中掺进了水分，应查明漏水部位并修复，再更换机油。
2. 检查机油压力传感器的工作状况
检查机油压力传感器的连接导线是否松脱。若连接良好，则应将传感器端的导线拆下，并将其接地，接通点火开关，观察机油压力传感器的状态。
在仪表指示灯正常的条件下，检查机油压力传感器工作是否良好。测量传感器的电阻值，应符合要求。
3. 若上述检查正常，则应拧松机油压力传感器，起动发动机，观察连接螺纹孔处机油的流动情况。若机油流出有力，则应进一步检查机油压力的示值是否准确；若机油流出无力，应检查润滑系工作部件的工作状况。
（1）若机油限压阀安装在发动机气缸体的外部，可停熄发动机，将其拆卸下来并检查限压阀的技术状况。检查限压阀的调整弹簧是否太软、折断或调整不当；检查限压阀柱塞是否磨损、钢球密封是否严密。
（2）检查机油滤清器的滤芯和旁通阀是否堵塞。
（3）拆下油底壳，检查机油集滤器滤网是否过脏，机油泵限压阀的技术状况是否良好，各连接管路是否漏油，机油泵的工作性能是否良好等。
4. 若发动机已接近或超过大修间隔里程，则应检查曲轴主轴承、连杆轴承、凸轮轴轴承间隙是否过大，其他压力润滑部位的零件配合间隙是否过大等。
</td></tr>
</table>

模块二 底盘维护与故障诊断排除

单元1 离合器的维护与故障诊断排除

课题1 离合器的维护

知识概述：

离合器位于发动机与手动变速器之间，其主动部分与发动机的飞轮连接，从动部分与变速器连接。在汽车从起步到行驶的整个过程中，驾驶员可根据需要踩下和松开离合器踏板，使发动机和变速器逐渐接合或暂时分离，以切断或传递发动机向变速器输出的动力。

汽车离合器类型较多，按工作原理不同，离合器可分为摩擦式和液压式，其中摩擦式离合器应用广泛。按从动盘的数目不同，摩擦式离合器可分为单盘式和双盘式；按压紧弹簧的形式不同，又可分为螺旋弹簧式和膜片弹簧式。膜片弹簧式离合器应用比较广泛。

实训要求

掌握离合器的维护作业内容及操作要求。

主要实训器材

实训汽车、钢直尺、润滑脂加注器、常用修理工具、游标卡尺、百分表及表座、刀口尺。

实训内容

（一）检查

1. 首先检视离合器输油管有无破损、漏油、老化，如图 2–1–1 所示，若有应更换输油管；检视储油罐内的液面是否在规定位置。

2. 检查离合器踏板自由行程

用钢直尺支在驾驶室的底板上，量出踏板完全放松时的高度，其倾斜度以钢直尺与踏板踩下时的弧线相切为准。用手轻推离合器踏板，感觉阻力增大时，停止推压，测量其踏板面的高度。两次测量之差即为离合器踏板自由行程，如图 2–1–2 所示。

图 2–1–1　检视离合器输油管

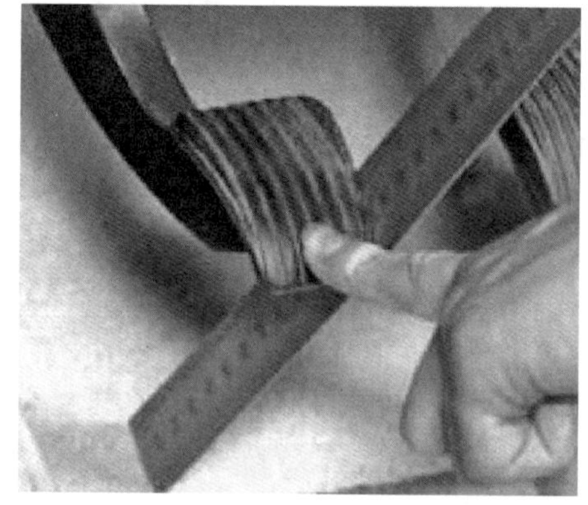

图 2–1–2　测量离合器踏板自由行程

3. 检查离合器的分离状况

通常可用变速器换挡试验，具体操作方法是：起动发动机，踩下离合器踏板换挡。如果换挡困难或换低速挡未抬离合器踏板就有起步、熄火现象，即为离合器分离不彻底或不分离。若很容易换挡为离合器分离彻底。

4. 踩下并放松离合器踏板，检查离合器操纵机构及踏板复位弹簧的弹力，应活动灵活、无松旷且踏板回位正常。若明显松旷或不能复位，应调整或更换复位弹簧，并视情况拆检液压操纵系统。

（二）调整

1. 液压操纵式离合器踏板自由行程的调整

液压操纵式离合器的操纵机构一般是调整主缸推杆的长度，从而调整离合器踏板自由行程。先将主缸推杆锁紧螺母旋松，然后转动主缸推杆，调整后应将锁紧螺母旋紧，如图 2-1-3 所示。

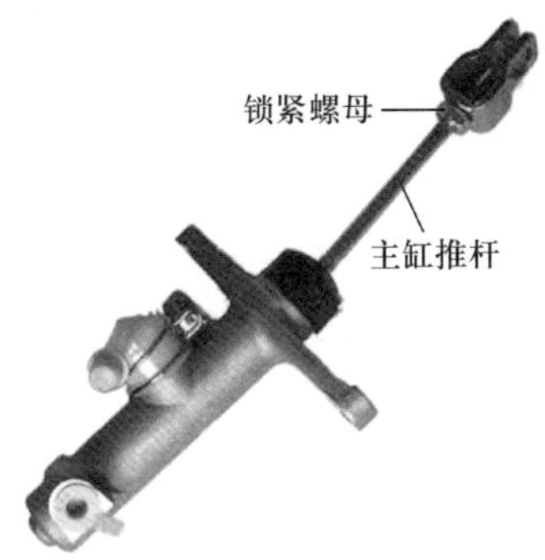

图 2-1-3　调整主缸推杆的长度

注意：有些车辆的操纵机构具有自调装置，可以免除离合器踏板自由行程的调整。

2. 机械绳索式离合器踏板自由行程的调整

旋松离合器钢索上的锁紧螺母，旋动调整螺母，使离合器踏板自由行程达到 15～20 mm，最后旋紧锁紧螺母，如图 2-1-4 所示。

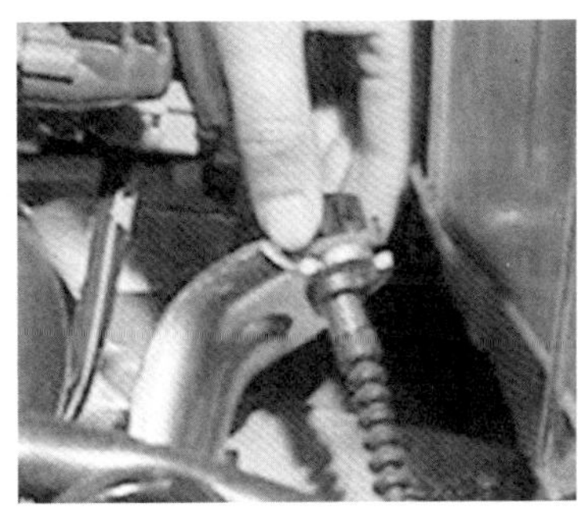
图 2-1-4　机械绳索式离合器踏板自由行程的调整

3. 液压操纵系统空气的排放

注意：操作时须由两人配合进行。

（1）取下工作缸放气塞胶套（图 2-1-5），在放气塞上接一根长度适宜的胶管，把胶管的另一端放在盛有适量制动液的容器中的液面以下。

图 2-1-5　工作缸

（2）检查储液罐内的液面是否在规定位置。

（3）一人踩离合器踏板数次，然后用力将踏板踩下至最大行程，并保持不动。

<table>
<tr><td>

（4）另一人松开放气塞，油液及空气从胶管中流出，然后拧紧放气塞（图 2–1–6）。

（5）如此重复操作数次，直至从胶管流出的油液中没有空气为止。

（6）拧紧放气塞，取下胶管，装回放气塞胶套。

（7）往储液罐内添加制动液至规定位置。

注意：在排气操作过程中，要时刻注意观察储液罐中液面的高度，不足时应及时添加，以防止空气混入而再重复上述操作。

4. 润滑

（1）用润滑脂加注器向离合器踏板轴加注润滑脂，直至有少量润滑脂挤出为止。

（2）对于含油分离轴承，如果转不动或阻力很大，应更换分离轴承。

</td><td>

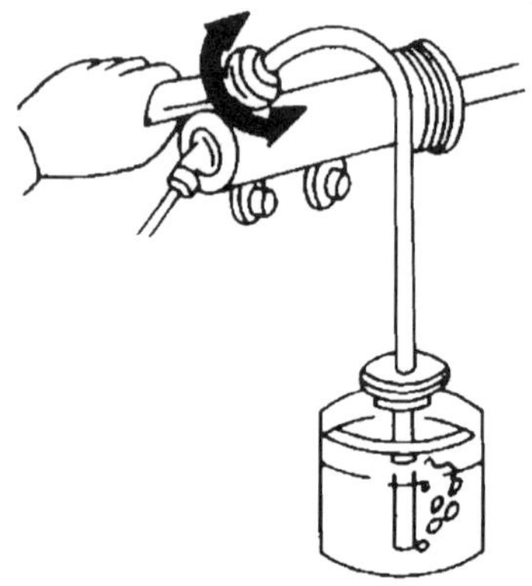

图 2–1–6 液压操纵系统空气的排放

</td></tr>
<tr><td colspan="2">（三）离合器从动盘总成的检查</td></tr>
<tr><td>

1. 检查离合器从动盘总成

（1）检视从动盘摩擦衬片不得有破损、烧蚀，铆钉不得松动，否则应更换从动盘。

（2）使用游标卡尺测量从动盘的厚度和铆钉头的深度，如图 2–1–7 所示，铆钉头的最小深度不得小于 0.3 mm。

</td><td>

图 2–1–7 从动盘的厚度和铆钉头的深度检查

</td></tr>
</table>

（3）用百分表测量从动盘总成的端面跳动量，如图 2–1–8 所示，其值应不大于 0.4 mm，否则应予更换。

（4）用百分表测量从动盘花键径向间隙。

2. 检查离合器膜片弹簧磨损深度与宽度，如图 2–1–9 所示。深度磨损极限为 0.6 mm，宽度磨损极限为 0.5 mm，超过极限，应更换离合器从动盘。

3. 检查离合器压盘工作面

（1）工作面不应有沟槽、裂纹。

（2）用刀口尺和塞尺检查压盘工作面的平面度误差应符合要求，否则需更换。

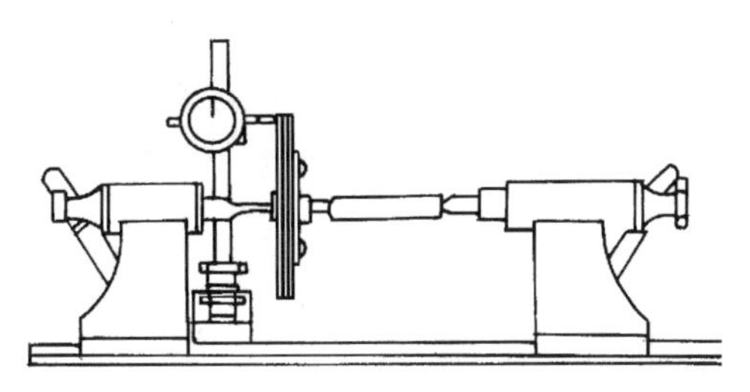

图 2–1–8　从动盘总成端面跳动量的检查

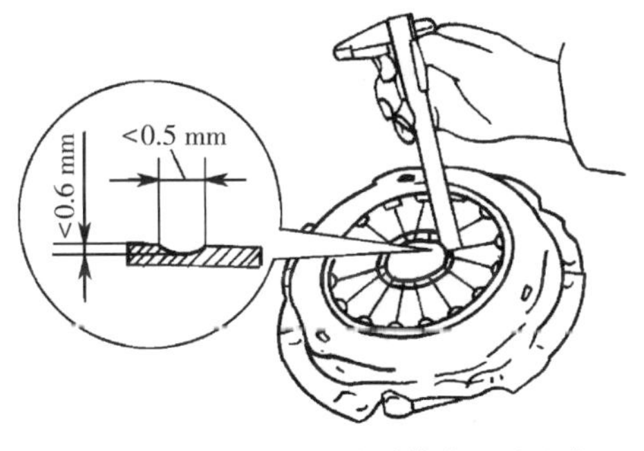

图 2–1–9　离合器膜片弹簧磨损的检查

课题 2　离合器的故障诊断与排除

项目 1　离合器打滑故障的诊断与排除

实训要求

1. 掌握离合器打滑故障的现象及原因。
2. 掌握离合器打滑故障的排除方法。

主要实训器材

实训汽车、常用修理工具、游标卡尺。

故障现象

1. 汽车起步时，完全放松离合器踏板，汽车仍不能行走。
2. 汽车加速时，车速和发动机转速不同步。
3. 汽车重载、上坡时打滑较明显，严重时可嗅到离合器摩擦片的焦臭味。

故障原因

1. 离合器踏板自由行程过小或没有，使压盘处于半分离状态。
2. 膜片弹簧过软或折断。

3. 离合器摩擦片磨损过薄、表面硬化、铆钉外露或摩擦片沾有油污。

4. 离合器盖、飞轮连接螺栓松动。

5. 离合器压盘磨损严重或变形。

故障诊断与排除

1. 检查离合器踏板自由行程。如不符合要求，应予以调整。

2. 若离合器踏板自由行程符合要求，应拆下离合器盖，检查离合器盖、飞轮连接螺钉是否松动，如有松动，应予以紧固。

3. 若离合器盖、飞轮连接无松动，再检查离合器膜片弹簧内端高度是否一致。如不符合要求，应调整膜片弹簧的高度。

4. 若上述检查良好，应拆下离合器总成，检查离合器摩擦片。若摩擦片磨损严重或铆钉外露，应予以更换；若摩擦片有油污，应用专用清洗剂清洗并烘干，然后找出油污来源，予以排除。

5. 若摩擦片良好，则应分解离合器，检查膜片弹簧。若膜片弹簧变形或弹力过弱，应予以更换。

6. 检查离合器压盘或发动机飞轮表面的平面度误差。若变形过大，应予以修理或更换。

项目 2　离合器分离不彻底故障的诊断与排除

实训要求

1. 掌握离合器分离不彻底故障的现象及原因。

2. 掌握离合器分离不彻底故障的排除方法。

主要实训器材

实训汽车、常用修理工具、游标卡尺、钢直尺。

故障现象

1. 汽车起步时，将离合器踏板踩到底仍感到挂挡困难，虽强行挂上挡，但未放松踏板，汽车就向前移动或发动机自行熄火。

2. 换挡困难或挂不上挡，或挂挡时变速器发出齿轮撞击声。

故障原因

1. 离合器踏板自由行程过大。

2. 膜片弹簧内端不在同一平面上。

3. 从动盘翘曲，铆钉松脱或新更换的摩擦片过厚。

4. 从动盘装反。

5. 飞轮或压盘工作面翘曲变形。

6. 膜片弹簧变形或损坏。

7. 从动盘花键孔与变速器输入轴花键齿锈蚀或有油污，使从动盘移动困难。

8. 液压操纵式离合器的操纵系统漏油或有空气。

故障诊断与排除

1. 检查离合器踏板自由行程。若踏板自由行程过大，应予以调整。

2. 若踏板自由行程符合要求，应拆下离合器盖，检查膜片弹簧内端高度是否一致。若不一致，应予以调整。

3. 膜片弹簧式离合器应检查膜片弹簧分离杠杆是否过软、磨损过多或折断。若过软或有折断，应予以更换。

4. 若新换离合器摩擦片过厚，可在离合器盖与飞轮间增加适当厚度的垫片予以调整，但各垫片厚度应一致。

5. 若经上述检查调整后仍无效，应将离合器拆下，检查从动盘是否装反。若装反，应重新组装。

6. 检查从动盘在变速器输入轴花键齿上移动是否灵活，若有锈蚀和油污应清除。检查从动盘有无铆钉松脱或翘曲变形现象，若有应予以修复或更换。

7. 经上述检查调整后仍无效，应分解检查离合器总成，分别检查膜片弹簧、离合器压盘及发动机飞轮表面，必要时予以修理或更换。

8. 对于液压操纵式离合器，经检查调整后仍分离不彻底，应检查操纵系统有无漏油现象，并排除操纵系统内的空气。

（1）首先将主缸储油罐内加满油液并在离合器盖上接上一打气筒对油液加以微小压力。

（2）在工作缸放气塞上接一软管，另一端放入盛有油液的玻璃杯内。

（3）用打气筒对油液施加压力，同时将放气塞拧松半圈，由于空气压力，迫使油管及工作缸内的油液夹着空气放出。主缸内油液应随放随加，直到无气泡冒出为止。也可以由一人在驾驶座上迅速反复地踩下、松开离合器踏板至最高位置，另一人在车下将放气塞拧松进行排气，反复进行也可将液压系统中的空气排净。

项目 3　离合器异响故障的诊断与排除

实训要求

1. 掌握离合器异响故障的现象及原因。
2. 掌握离合器异响故障的排除方法。

主要实训器材

实训汽车、常用修理工具、钢直尺。

故障现象

1. 发动机怠速运转，踩下或松开离合器踏板有异响。
2. 发动机运转过程中，踩下或松开离合器踏板均有异响。

故障原因

1. 分离轴承损坏或润滑不良。
2. 从动盘减振弹簧折断或松旷，摩擦片破裂、铆钉松动或外露，花键毂铆钉松动。
3. 膜片弹簧与离合器盖连接松旷或膜片弹簧疲劳、折断或脱落。
4. 离合器踏板复位弹簧、分离轴承座复位弹簧过软、折断或脱落。
5. 分离轴承与膜片弹簧之间无间隙。
6. 离合器压盘与离合器盖连接松旷。

故障诊断与排除

1. 发动机怠速运转，离合器处于接合状态，用手拉离合器踏板，观察是否有回程。若有回程且响声消失，说明离合器踏板复位弹簧弹力不足或折断、脱落，应更换或装复。
2. 检查离合器踏板自由行程是否符合标准。
3. 起动发动机并怠速运转，轻轻踩下离合器踏板，使分离轴承与膜片弹簧内端恰好接触。若此时发出“沙沙”声，说明分离轴承润滑不良或损坏，应加注润滑油或更换。
4. 将离合器踏板踩到底，若听到“哗哗”的金属滑磨声，则应拆下离合器检查。若分离轴承不转，说明分离轴承损坏，应更换。
5. 在踩下离合器踏板的过程中并无响声，但踩到底时发出“咔啦、咔啦”声，且随着发动机转速的升高而加重，中速稳定运转时声响明显减弱，抬起踏板后声响消失，说明离合器压盘与离合器盖连接松旷，应拆下离合器修复。

6. 汽车在行驶中，当离合器在接合或分离的瞬间，发出“咔”或“吭”的响声，特别是重载车起步时尤为明显，说明从动盘花键毂与变速器第一轴配合松旷或从动盘减振弹簧折断或松旷，应视情况更换从动盘或变速器第一轴。

7. 当刚踩下或刚抬起离合器踏板时，即离合器处于恰要分离或恰要接合时，若听到有“咔哒”的碰击声，说明从动盘摩擦片或从动盘与花键毂的铆钉松动，应更换从动盘；若听到有金属刮研声，说明从动盘摩擦片的铆钉外露，应更换从动盘。

单元 2　变速器的维护与故障诊断排除

课题 1　变速器的维护

知识概述：

1. 手动变速器

手动变速器由变速传动机构和变速操纵机构组成。变速传动机构的主要作用是改变转矩、转速和旋转方向；变速操纵机构的主要作用是控制传动机构实现变速器传动比的变换。

变速传动机构分为二轴式手动变速器和三轴式手动变速器。

二轴式手动变速器只有输入轴和输出轴，如图 2-2-1 所示。

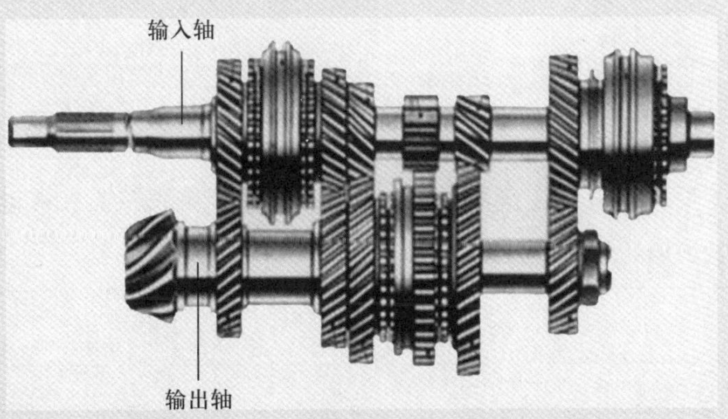

图 2-2-1　二轴式手动变速器的结构

三轴式手动变速器主要由输入轴、输出轴、中间轴、倒挡轴、同步器及轴上的齿轮组成，具有五个前进挡和一个倒车挡，第五挡为直接挡，如图 2-2-2 所示。

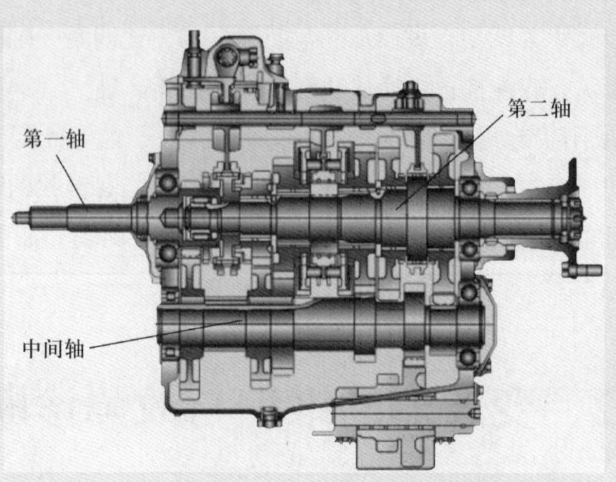

图 2-2-2　三轴式手动变速器的结构

手动变速器故障率较低，很少会涉及维修，只需要按时换油保养即可。手动变速器每间隔两年或 24 000 km 更换一次变速器油。

2. 自动变速器

自动变速器主要由液力变矩器、行星齿轮变速机构、液压控制系统、电子控制系统等组成。变速器内部有很多电磁阀、传感器和线路，常规保养时需要对自动变速器进行检测，以确保变速器处于最佳工作状态。

项目 1　变速器油的检查与更换

实训要求

掌握变速器油的检查、更换方法。

主要实训器材

实训汽车（手动、自动变速器式的各一辆）、常用修理工具、手动变速器油、自动变速器油、长颈漏斗、齿轮油加注器、油盆、专用清洗油。

实训内容

（一）手动变速器

1. 清洁

（1）清洁变速器外部，检查变速器壳及各端盖、油封有无裂纹或漏油现象。

（2）注意通气孔的清洁，要畅通无阻。

2. 变速器油量的检查

（1）将汽车停放在平坦的地面上，变速器油要保持常温。

（2）清除加油螺栓周围的油污，拆下加油螺栓，如图 2-2-3 所示。

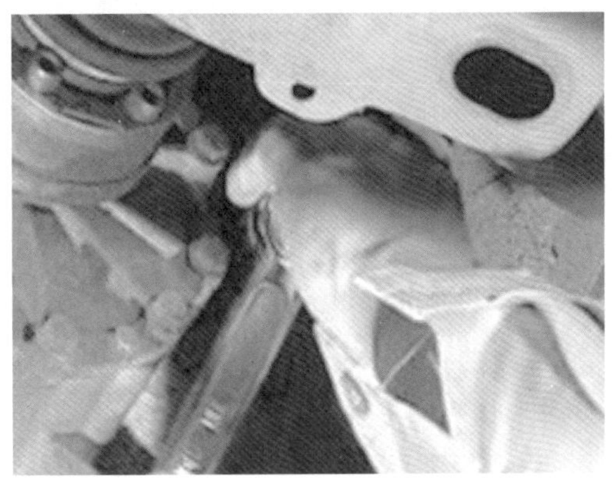

图 2-2-3　拆下加油螺栓

（3）用手或用一根细杆插入加油孔检查变速器油液面。变速器油液面与加油孔下边缘平齐或略低于加油孔下边缘（不超过 10 mm），如图 2-2-4 所示。

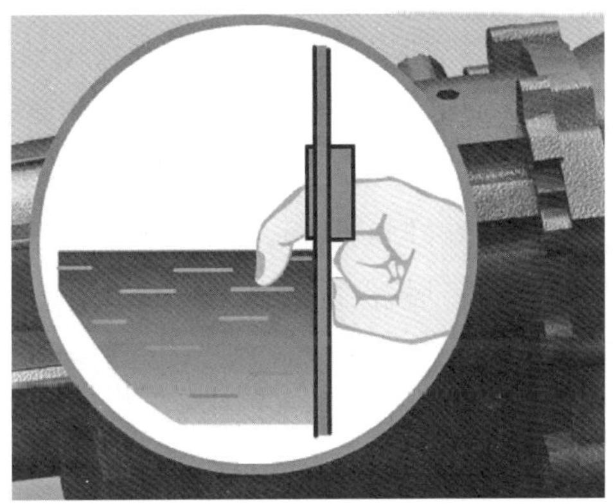

图 2-2-4　检查变速器油液面

（4）若变速器油不足，应用齿轮油加注器或用长颈漏斗添加。

3. 变速器油质的检查

检查变速器油质量，用手指碾压变速器油，如果变速器油稠度降低，说明润滑油失效；如果变速器油中有杂质或变黑，说明变速器油变质，应更换，如图 2-2-5 所示。

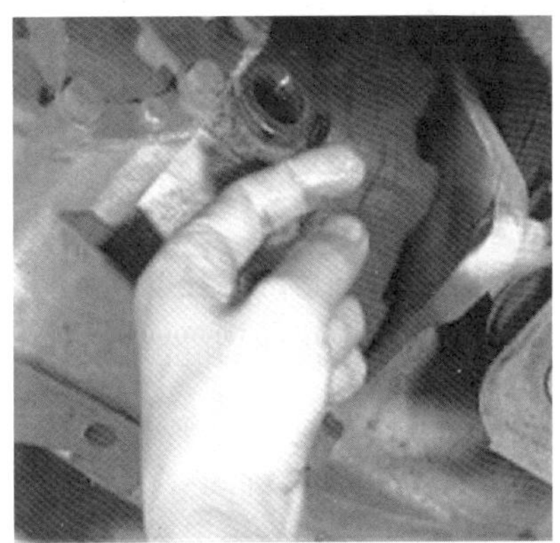

图 2-2-5　检查变速器油质量

4. 变速器油的更换

（1）使汽车行驶一段时间，待油温升高后，将汽车停放在平坦的地面上，在变速器放油螺栓下面放一油盆。

（2）旋松放油螺栓，趁热放出变速器油。放净后，再旋紧放油螺栓，如图 2-2-6 所示。

（3）按规定添加变速器油。

（4）旋紧加油螺栓。

注意：一般情况下，变速器油的更换每隔 24 000 km 进行一次。

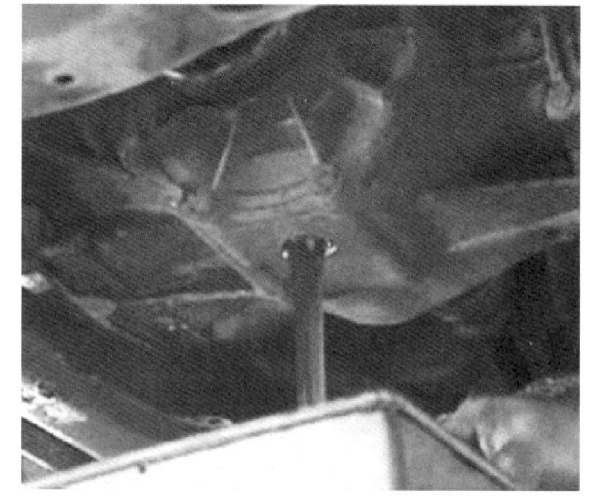

图 2-2-6　放净变速器油

（二）自动变速器

1. 液位高度的检查

一般汽车每行驶 10 000 km 检查一次自动变速器液位高度。

（1）使被检车辆行驶一段距离（或将换挡手柄置入 P 挡或 N 挡，使发动机在怠速状态下至少运转 1 min），发动机和变速器达到正常工作温度 70～80℃。

（2）车辆停放在平坦的地面上，采取驻车制动。

（3）踩住制动踏板，将换挡手柄拨至 P 挡或 N 挡后起动发动机。

（4）发动机保持怠速运转，将换挡手柄依次推入所有挡位，并在每一个挡位上停留片刻，最后将手柄推至 P 挡。

（5）拉出油尺，用干净的纸或布擦拭干净后再将油尺放回套管。

注意：油尺插入要到位。

（6）拉出油尺检查自动变速器油液面位置。如果液面低于规定的范围，应补加与原规定型号相符的油液至规定范围。

注意：对没有放油螺栓的自动变速器，油加多时，可从加油管处向外吸。

2. 油质的检查

一般用手指沾少许油液并捻搓，查看是否有渣粒存在，并嗅一嗅油液气味。

油液应为鲜红色、无臭味、无残渣。若油液变色（如极深的暗红色或褐色，或颜色清淡）或有类似膏状物覆盖在油尺上时应更换油液，如图 2-2-7 所示。

3. 更换油液或滤清器

汽车行驶 50 000 km 时，自动变速器一般要换用新油和换用新的滤清器。有的变速器不用滤清器而用滤网，要清洗滤网。更换油液或滤清器的方法如下：

（1）把油盆放在变速器下面，卸下放油螺栓。若没有放油螺栓，可先把变速器油底壳后半部的固定螺钉卸下，拧松前半部固定螺钉，让变速器油底壳倾斜，使油逐渐放出，最后再将变速器油底壳拆下。

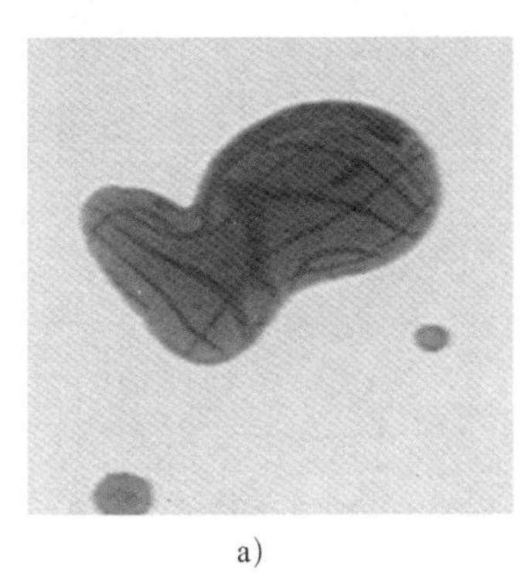
a)

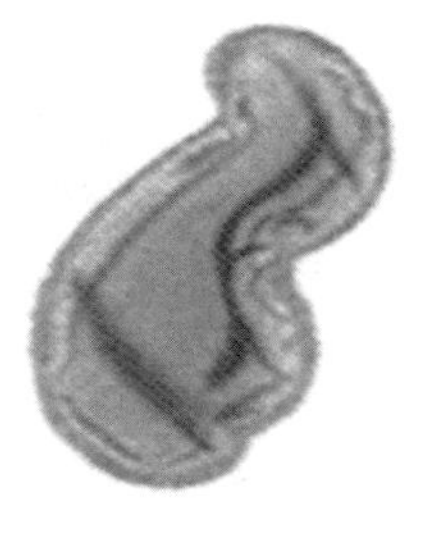
b)

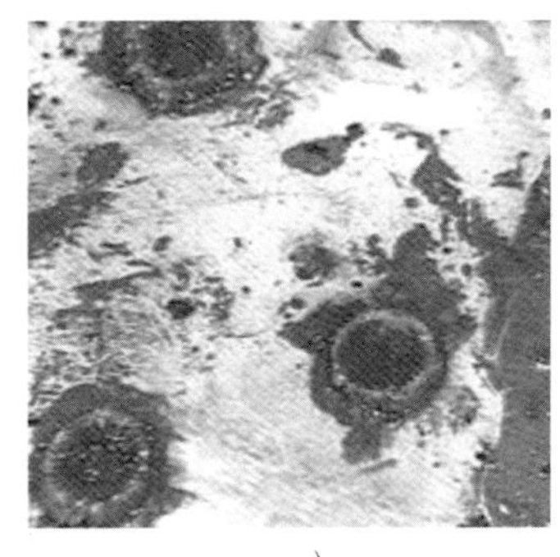
c)

图 2-2-7　油质的检查
a）正常　b）超期　c）杂质

（2）拆下变速器油底壳，倒出剩余的油液。对使用磁性放油螺栓或变速器油底壳内专门放置一块磁铁的，应将磁性放油螺栓或磁铁上的铁屑清洗干净后放回。

（3）拆下滤清器或滤网的固定螺栓，取下滤清器或滤网。

（4）将变速器油底壳清洗干净并吹干。

（5）装上新滤清器（若是滤网，清洗后可继续使用），拧紧固定螺栓。

（6）在油底壳上装上新的垫片。

（7）将油底壳装到自动变速器上，拧紧固定螺栓。

（8）按规定力矩拧紧放油螺栓，并注入原车型号的自动变速器油。

（9）按前述检查液位高度的方法检查液面。

项目 2　手动变速器的检查

实训要求

掌握手动变速器的检查方法。

主要实训器材

手动变速器、游标卡尺、塞尺、常用修理工具、台虎钳、撬棒、V 形架、百分表及表座。

实训内容

（一）变速器操纵机构的检查

1. 拆下变速器上盖，清洗干净。

2. 将变速器上盖固定在台虎钳上，用手推拨叉。若用较大的力猛一推才能够推到挡位，说明自锁良好；若用力不大就能推上挡位，则说明自锁装置失效，如图 2-2-8 所示。	 图 2-2-8　检查自锁装置
3. 某一拨叉已在挡位上，同时推动另一拨叉，若能推上挡位，说明互锁装置失效。 4. 用手拨动拨叉，检查拨叉在换挡轴上是否锁得牢固，拨叉在变速轨上不应有松旷现象，锁止螺钉不应松动，如图 2-2-9 所示。	 图 2-2-9　检查变速器拨叉是否锁牢
5. 检查拨叉是否变形，可用游标卡尺测量拨叉与同步器滑动齿套叉槽接合处的厚度及叉槽的配合间隙，也可用塞尺测量，如图 2-2-10 所示。	 图 2-2-10　检查拨叉是否变形

（二）变速器传动机构的检查

1. 将变速器中的润滑油放净，用专用清洗剂清洗干净。

2. 检查各齿轮齿面，不得有烧蚀、斑点及剥落现象，接合齿与其相配合的滑动齿轮磨损不得超过齿长的 15%，否则应更换齿轮。

3. 检查齿轮的啮合间隙，如图 2-2-11 所示。将百分表的测头垂直抵住齿轮齿面，来回转动齿轮，即可测出。

4. 检查变速器第一、二轴及中间轴的轴向间隙，如图 2-2-12 所示。将百分表的测头垂直抵住各轴端，用撬棒来回撬动与轴固定的齿轮端面，使轴做轴向移动，观察百分表读数，其轴向间隙均不得大于 0.30 mm。

图 2-2-11　检查齿轮的啮合间隙

图 2-2-12　检查变速器第一、二轴及中间轴的轴向间隙

5. 将塞尺插入齿轮的端面，检查齿轮的端面间隙，如图 2–2–13、图 2–2–14 所示。

图 2–2–13　用塞尺检查齿轮的端面间隙（一）

图 2–2–14　用塞尺检查齿轮的端面间隙（二）

6. 同步器的检查

（1）将同步器拆下并清洗干净。

（2）检视同步器锁环与锥盘的磨损情况。锁环与锥盘应无刮伤和严重磨损；锁环内锥面螺纹槽深不得小于 0.1 mm，否则应更换同步器。

图 2-2-15　检查同步器锁环的制动作用

（3）检查同步器锁环的制动作用，如图 2-2-15 所示。

在锁环内锥面涂少量齿轮油与外锥面接触并压紧，相对转动，松手后内锥面不应自动从锥面滑出。内外锥面的接触面积应大于 80%，否则应更换同步器。

（4）检查同步器的后备行程

1）锁销式惯性同步器的后备行程为锥盘的大端和锥环端面的高度差，如图 2-2-16 所示。

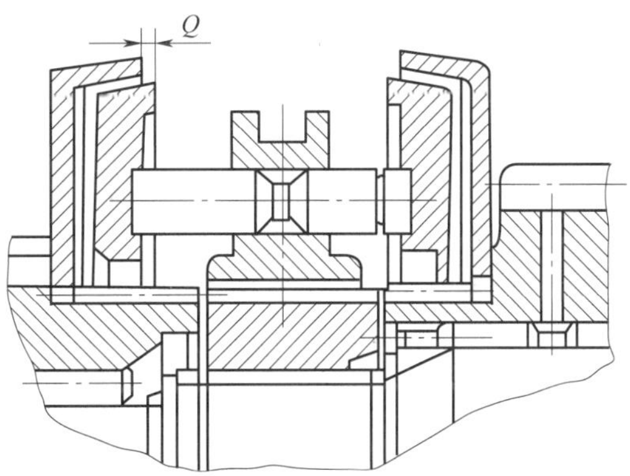

图 2-2-16　测量锁销式惯性同步器的后备行程

2）锁环式惯性同步器后备行程的测量是将同步锥、同步环压靠在一起，用塞尺测量同步环大端面与同步锥结合齿前端面之间的距离，如图 2-2-17 所示。

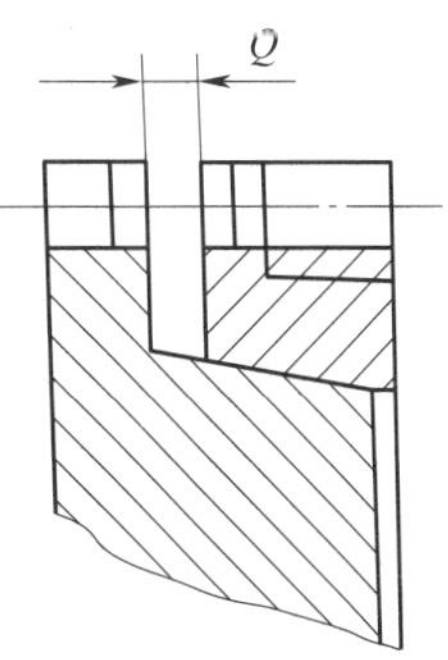

图 2-2-17　测量锁环式惯性同步器的后备行程

同步器的后备行程应不大于 1 mm，大于极限值时，应更换同步器。

（5）检查同步器锁销、齿套、定位销，不应有严重磨损，否则应更换。

<table>
<tr><td>

7. 变速器轴、轴承的检查

（1）将变速器轴的花键插入与之配合的齿轮或同步器，检查配合间隙，如图 2–2–18 所示。用手检查不应有松旷的感觉。也可用百分表检查，配合间隙应不大于 0.8 mm。用游标卡尺测量花键厚度，磨损量应不大于 0.4 mm。

（2）将变速器轴放在垫有平板的 V 形架上，用百分表测量变速器轴的直线度误差应不大于 0.07 mm。超过标准应校正或更换变速器轴，如图 2–2–19 所示。

（3）轴承清洗干净后，检查轴承内外圈滚道，滚动体上不得有点蚀、剥落，否则应更换轴承。

</td><td>

图 2–2–18　检查配合间隙

图 2–2–19　测量变速器轴的直线度

</td></tr>
<tr><td colspan="2">（三）调整</td></tr>
<tr><td>

1. 齿轮端面间隙的调整

选择可使轴向间隙最小的卡环或止推环，将其装在轴上，调整齿轮的端面间隙，如图 2–2–20 所示。

2. 第一、二轴及中间轴轴向间隙的调整

用增减各轴轴承盖垫片的厚度来调整，间隙过大则减少垫片，间隙过小则增加垫片，直到符合规定为止。

</td><td>

图 2–2–20　齿轮端面间隙的调整

</td></tr>
<tr><td colspan="2">（四）紧固</td></tr>
<tr><td colspan="2">按照顺序装复变速器，并按规定力矩拧紧各部位螺栓、螺母。</td></tr>
</table>

课题 2　变速器的故障诊断与排除

项目 1　手动变速器掉挡故障的诊断与排除

实训要求

1. 掌握手动变速器掉挡故障的现象及原因。
2. 掌握手动变速器掉挡故障的排除方法。

主要实训器材

实训汽车、常用修理工具。

故障现象

在行驶中，变速器自动跳至空挡位置。自动掉挡一般发生在中、高速负荷突然变化或车辆剧烈振动时。

故障原因

1. 变速器与离合器壳体固定螺栓松动。
2. 变速器自锁装置失效。
3. 变速操纵杆变形。
4. 变速器换挡拨叉翘曲变形或严重磨损，使齿轮挂挡不到位。
5. 同步器磨损严重或损坏。
6. 变速器齿轮、齿套磨损过量，沿齿长方向形成锥形。
7. 变速器输出轴花键齿与滑动齿轮或接合套花键齿槽磨损松旷。
8. 轴承磨损、松旷，使齿轮不能正确啮合而上下摆动。
9. 变速器中间轴轴向间隙过大。

故障诊断与排除

1. 检查变速器与离合器壳体固定螺栓是否松动，如松动，应予以紧固。如不松动，应拆下变速器盖，检查变速器齿轮是否磨成锥形。检视滑动齿轮和输出轴花键齿的配合情况，若磨损严重或配合松动，应更换磨损严重的零部件。

2. 上述检查正常，再检视变速操纵杆、拨叉是否磨损、变形。如磨损、变形，应修复或更换。

3. 拨叉和变速操纵杆正常，则应检查变速器自锁装置是否磨损严重。如磨损严重，则应予以更换。

4. 上述检查均正常，应将变速器拆下解体，检查轴承是否松旷。如轴承松旷，应更换。

5. 检查齿轮的轴向间隙和径向间隙。如超过规定极限，应予以更换。 6. 若轴承不松旷，应检查同步器是否损坏，衬套和锁环是否磨损、破碎。如有损坏，应更换同步器。 7. 若仍未发现故障，则应检查变速器输入轴与发动机的同轴度是否超限。检查时，旋松变速器固定螺栓，挂直接挡，松开驻车制动器，转动发动机，观察变速器与离合器壳体的接触面是否一致。如同轴度超限，应更换输入轴前轴承。

项目 2　手动变速器乱挡故障的诊断与排除

实训要求 1. 掌握手动变速器乱挡故障的现象及原因。 2. 掌握手动变速器乱挡故障的排除方法。
主要实训器材 实训汽车、常用修理工具。
故障现象 1. 在换挡时，挂不上所需要的挡位或挂上挡后不能脱回空挡。 2. 挂入的挡位与应挂入的挡位不符。 3. 一次挂入两个挡位。
故障原因 1. 变速操纵机构互锁装置损坏，不起作用。 2. 变速操纵杆弯曲变形，限位销松旷或折断。 3. 输出轴前端滚针轴承烧结，使输入轴和输出轴连成一体。 4. 同步器损坏，同步器锁环卡在锥面上。
故障诊断与排除 1. 若变速操纵杆能任意转动，表明其球节限位销磨短或脱落，或球节面严重磨损，应予以修理或更换。 2. 变速器能同时挂入两个挡，输出轴卡住不转。应拆下变速器盖，检查和修理变速器互锁装置。 3. 变速器不能挂入所需要的挡位，挂挡后不能脱回空挡。应拆下变速操纵杆，检查变速操纵杆下端弧形工作面和拨叉导块凹槽磨损是否过大。若过大，应予以修理。 4. 只有直接挡和空挡能行驶，其他挡均不能行驶。应拆下变速器检查输出轴前端滚针轴承是否烧结，如烧结，应予以更换。 5. 检查同步器的导块是否与同步器锁环卡滞（锁环式惯性同步器）。

项目 3　手动变速器异响故障的诊断与排除

实训要求

1. 掌握手动变速器异响故障的现象及原因。

2. 掌握手动变速器异响故障的排除方法。

主要实训器材

实训汽车、常用修理工具。

故障现象

变速器处于空挡位置或挂上某一挡位行驶时，有异响。

故障原因

1. 变速器缺油或油质变差。

2. 轴承磨损松旷或损坏。

3. 齿轮磨损过量，使啮合间隙过大。

4. 齿轮齿面金属剥落、轮齿断裂或修理后装配错位。

5. 输入轴、输出轴弯曲变形。

6. 同步器弹簧失效、锁块脱落。

7. 变速操纵杆下端工作面与拨叉凹槽磨损松旷。

8. 变速器定位不准、装配松动或操纵机构连接部位松动。

故障诊断与排除

1. 汽车行驶中有金属摩擦声，用手摸变速器壳有烫手感觉，应检查油质和油量。

2. 变速操纵杆置于空挡位置，发动机怠速运转时，有异响，踩下离合器踏板后声响消失，则应拆下变速器，检查输入轴后轴承和常啮合齿轮。对磨损严重或损坏的零部件，应予以更换。

3. 汽车在起步或换挡时，变速器发出强烈的金属摩擦声，在离合器完全接合后声响消失，应检查变速器输入轴前轴承，如磨损松旷，应予以更换。

4. 空挡时无异响，当挂入某一挡位时产生异响，应检查该挡位的齿轮啮合情况，必要时进行修理或更换。

5. 低速挡行驶时有异响，高速挡行驶时声响减弱或消失，应检查变速器输出轴后轴承的松旷程度，如松旷，应予以更换。

6. 用直接挡行驶时无异响，而其他挡均有异响，应检查变速器中间轴轴承和输出轴前端轴承，如磨损松旷，应予以更换。

7. 变速器各挡位行驶均有异响，且加速时声响更为明显，应分解变速器，检查变速器壳体、轴、齿轮、花键是否磨损或变形，必要时进行修理或更换。

8. 汽车行驶在不平路面时，变速操纵杆摆动且出现无节奏的声响，用手把住变速操纵杆手柄时，声响消失，应检查拨叉凹槽或变速操纵杆下端工作面磨损情况。如磨损过大，应修复或更换。

单元3　万向传动装置的维护与故障诊断排除

课题1　万向传动装置的维护

知识概述：

万向传动装置主要包括万向节和传动轴，对于传动距离较远的分段式传动轴，为了提高传动轴的刚度，还设置有中间支承，如图2–3–1所示。

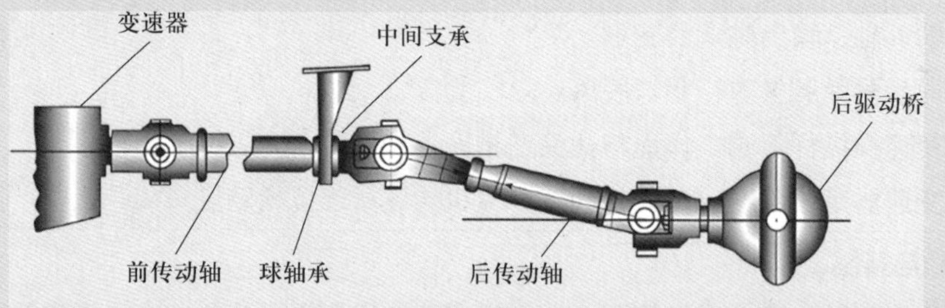

图2–3–1　万向传动装置的组成

万向传动装置中的故障很多情况下是由于润滑不良造成的，因此，为了使万向节能充分润滑，应定期通过各个油嘴向各润滑部位注入润滑油。注油时应注入充分，但不能损坏密封。

定期检查连接法兰是否松动，如法兰有松动，拆下万向节，检查传动轴和法兰之间的装置是否损坏，若法兰不能平整连接，应及时更换。同时检查万向节是否松动，如有松动应更换十字轴和轴承装置。

还应定期检查传动轴的花键部分，如严重磨损应及时更换。传动系统修理后，应对系统做动平衡配平，以防工作中由于动力不平衡造成传动系统振动。

每次拆下传动系统时，应将中间支承轴承也拆下，以检查其磨损情况。

<table>
<tr><td colspan="2">实训要求
掌握万向传动装置的维护作业内容及操作要点。</td></tr>
<tr><td colspan="2">主要实训器材
实训汽车、游标卡尺、V 形架、外径千分尺、百分表及表座、台虎钳、润滑脂加注器、常用修理工具。</td></tr>
<tr><td colspan="2">实训内容</td></tr>
<tr><td colspan="2">（一）检查</td></tr>
<tr><td>1. 检视传动轴应无变形、弯曲、裂纹等损伤，否则应修复或更换；用锤子敲击传动轴螺栓声音应清脆、不沙哑，否则应紧固。</td><td></td></tr>
<tr><td>2. 检查万向节轴承壳弹性垫圈不应松动，若有松动应更换弹性垫圈。</td><td>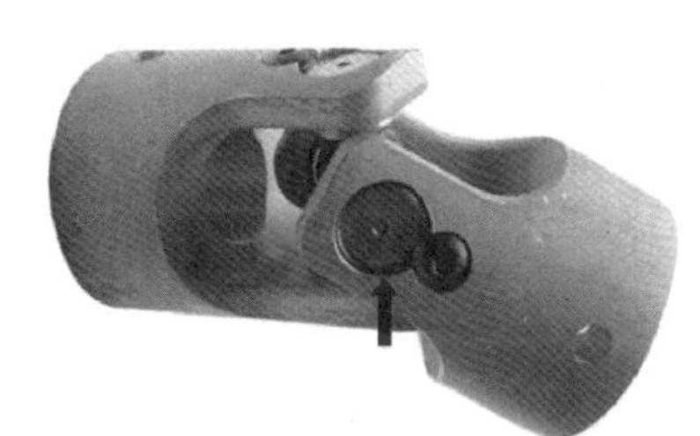</td></tr>
<tr><td>3. 起动发动机，挂入直接挡（支起后桥）高速运转，仔细察听运转中有无异响，若有异响应予修复。</td><td></td></tr>
<tr><td>4. 用手握住传动轴并使其转动，检查花键毂、滑动叉，应无明显的间隙感。</td><td>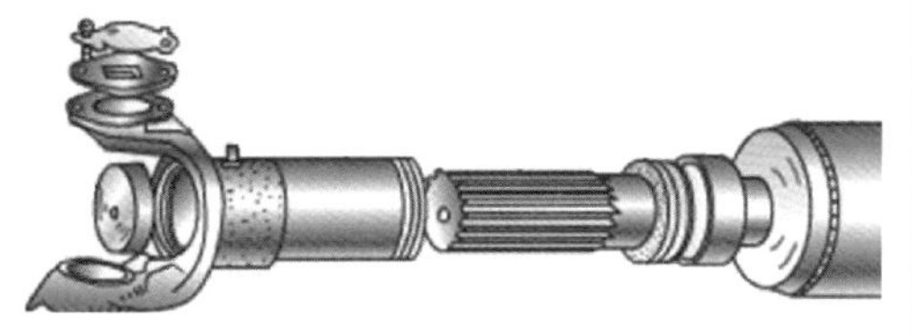</td></tr>
</table>

<table>
<tr><td>5. 用手推拉传动轴，检查万向节轴承的轴向间隙，中间支承橡胶垫环及中间支承轴承的松旷量，应无间隙感，否则应更换相应的零件。用手上下推拉的同时，检查凸缘锁紧螺母是否松动，若松动应紧固。</td><td>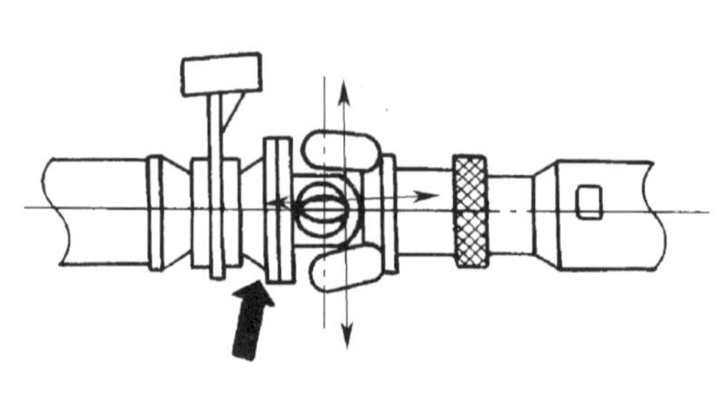</td></tr>
<tr><td colspan="2">6. 经初步检查后，若需解体检查时，应将传动轴从车上拆下分解，做进一步的检查。
注意：传动轴在分解前，对凸缘叉、万向节及滑动叉要加上配合标志；对滑动叉与花键轴、中间轴凸缘与花键轴加上配合记号，确保原位装复，使传动轴平衡精度不受破坏，如下图所示。
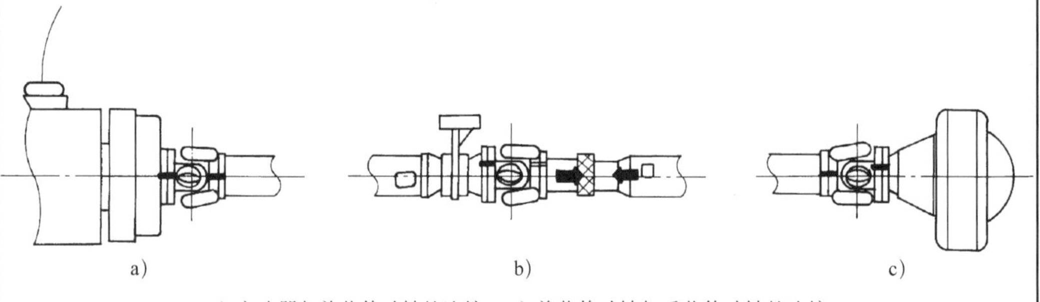
a）变速器与前节传动轴的连接　b）前节传动轴与后节传动轴的连接
c）后节传动轴与减速器的连接</td></tr>
<tr><td>（1）检查万向节。
万向节轴颈表面应无金属脱落、压痕、裂纹，滚针应无破裂，轴承壳无破裂、凹痕。</td><td></td></tr>
</table>

用外径千分尺测量万向节轴颈磨损量，不应超过 0.04 mm，滚针压痕不超过 0.10 mm，同时检查万向节叉、凸缘叉、凸缘叉孔应无磨损、失圆。

（2）用百分表测量传动轴滑动花键副的配合间隙，如图 2–3–2 所示。

（3）用百分表检查传动轴是否弯曲，如图 2–3–3 所示，轴外圆的径向圆跳动量最大不得超过 1.5 mm。

（4）当传动轴中间支承轴承的轴向间隙超差时，应将中间支承总成解体，检查轴承内外圈及滚子表面是否出现疲劳剥落，若有此现象应更换轴承；中间支承油封过度磨损应更换。

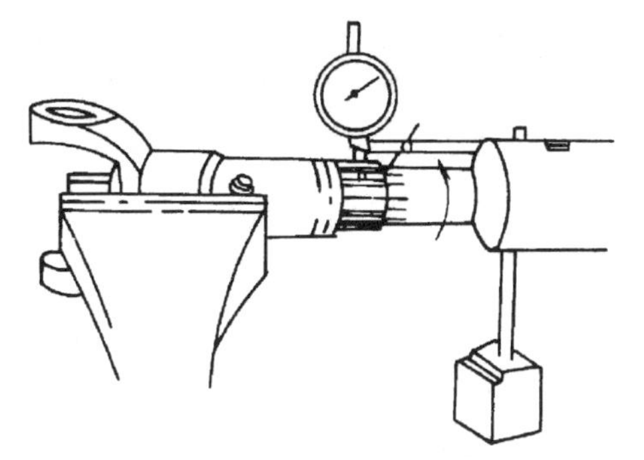

图 2–3–2　测量传动轴滑动花键副的配合间隙

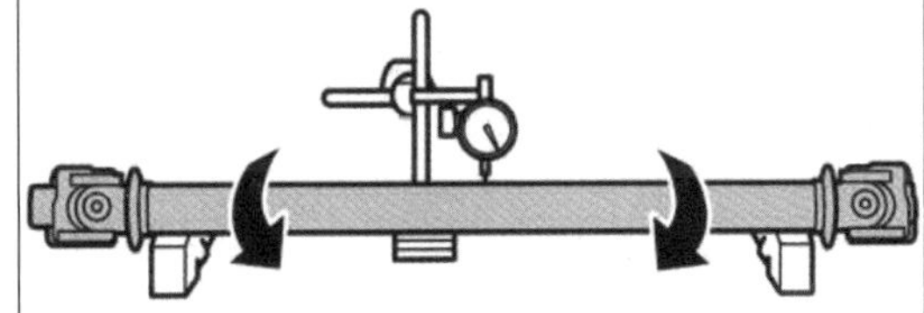

图 2–3–3　检查传动轴是否弯曲

（二）调整

1. 中间支承轴承轴向间隙的调整

（1）轴向间隙不可调的车辆的中间支承轴承轴向间隙过大时，应更换中间支承轴承。

（2）中间支承轴承轴向间隙可调的车辆，当轴向间隙过大时，拆下凸缘及中间支承支架，取出隔套适当磨薄，使轴承处于不受轴向力的自由状态，轴向间隙为 0.15～0.25 mm。

装配后，以大于 250 N·m 的力矩拧紧凸缘锁紧螺母，将中间支承轴承总成夹在台虎钳上，用百分表测量轴向间隙为 0.05 mm 左右，或用手转动灵活，无明显的轴向间隙感（注意排除因油封太紧造成的假象）即可。

2. 紧固

（1）用扭力扳手紧固中间支承凸缘锁紧螺母。

（2）紧固传动轴凸缘叉连接螺栓。

（3）紧固中间支承支架固定螺栓。

3. 润滑

（1）用润滑脂加注器润滑传动轴万向节轴承，加注润滑脂时要快速挤压，使 4 个轴承同时均匀地加进润滑脂，直至新润滑脂从轴承油封挤出为止。

（2）润滑中间支承轴承，直至通气孔有新润滑脂挤出为止。

（3）润滑滑动花键副，加至滑动叉堵盖挤出润滑脂为止。

（4）每行驶 10 000 km 加注润滑脂一次。

课题 2　万向传动装置的故障诊断与排除

项目 1　万向传动装置异响故障的诊断与排除

实训要求

1. 掌握万向传动装置异响故障的现象及原因。

2. 掌握万向传动装置异响故障的排除方法。

主要实训器材

实训汽车、常用修理工具、传动轴动平衡试验机。

故障现象

1. 汽车起步时无异响，行驶中出现异响。

2. 汽车起步时无异响，滑行时出现异响。

3. 汽车起步或行驶中车速发生变化时，有撞击声，高挡位低速行驶时声响尤为明显。

4. 汽车在行驶中一直有异响。

5. 汽车在制动减速时有异响。

6. 前驱动汽车转弯时有异响。

故障原因

1. 各凸缘花键磨损松旷或凸缘螺母松动。

2. 万向节十字轴轴颈、滚针和套筒内孔磨损松旷。

3. 传动轴两端的万向节叉不在同一平面内。

4. 万向节十字轴装配过紧。

5. 万向节叉孔与套筒配合松旷，轴承盖螺栓松脱。

6. 中间支承支架固定螺栓松动；中间支承与中间传动轴轴颈配合松旷；中间传动轴后端花键与凸缘花键槽配合松旷以及后端螺母松动。

7. 中间支承轴承架松脱、轴承滚道损伤、轴承润滑不良造成磨损松旷。

8. 中间支承轴承架安装偏斜、轴承调整不当、橡胶垫环隔套损坏或其紧固螺栓过紧或过松使轴承位置偏移。

9. 变速器第二轴花键与凸缘花键槽磨损松旷。

故障诊断与排除

1. 汽车起步或行驶中突然改变车速时，发出“咯噔、咯噔”的声响。停车后，将驻车制动器拉紧。

用手握住传动轴并使其转动，检查万向节十字轴轴承和传动轴花键的松旷量。若松旷量过大，说明万向节十字轴轴承或传动轴花键与滑动叉花键磨损松旷，应更换。

在靠近凸缘部位握住传动轴上下晃动，检查凸缘花键和凸缘螺母的松旷量。若松旷量过大，说明凸缘花键磨损松旷或凸缘螺母松动，应紧固或更换。

2. 汽车起步或行驶过程中，始终有明显的“咔啦”声响，说明传动轴中间支承支架固定螺栓或传动轴连接螺栓松动，应紧固。

3. 汽车起步时出现“刚当”声或声响杂乱，在缓坡上慢慢地向坡上倒车时，出现“咔吧”的断续声响，说明传动轴万向节十字轴轴承损坏，应拆下更换。

4. 汽车起步或车速变化时，发出明显的撞击声，且低速比高速更明显。此时应在靠近传动轴中间支承轴承处用手上下晃动传动轴，观察中间传动轴和凸缘的松旷量。若松旷量过大，说明中间支承轴承或轴承与传动轴的配合处磨损、松旷，应拆检中间支承轴承、传动轴，予以维修或更换。

5. 汽车在低速行驶时，发出清脆而有节奏的撞击声，脱挡滑行时声响仍然存在，说明万向节十字轴轴承壳压紧过甚，十字轴转动不灵活，应重新调整。

6. 汽车在行驶时，出现连续的声响，随着车速的升高，声响增大，脱挡滑行时也不消失。

若声响较为沉闷、浑浊，说明是传动轴中间支承轴承滚道损伤或轴承松脱，应更换轴承；若声响是“嗡嗡”声，则按下述操作进行。

（1）检查中间支承轴承支架橡胶垫环隔套固定螺栓松紧度。

若过紧或过松，说明中间支承轴承的位置偏斜，应调整轴承盖螺栓的松紧度。

（2）向中间支承轴承内加注润滑脂，若声响消失，说明轴承润滑不良。

7. 汽车中速以上行驶时，出现周期性的“呼噜、呼噜”声，且声响随车速的升高而增大，车身伴有严重的抖动，此时应做以下检查。

（1）检查传动轴是否弯曲，若有弯曲，应校正。

（2）对传动轴进行动平衡试验。若试验校准后声响消失，说明是传动轴因动不平衡而发出异响。

（3）检查各万向节的安装方向是否正确，若不正确，应重新安装。

8. 汽车在制动减速时，出现一种沉重的金属敲击声，应检查后钢板弹簧 U 形螺栓是否松动，若松动，应按规定力矩拧紧。

项目 2　万向传动装置抖动故障的诊断与排除

实训要求

1. 掌握万向传动装置抖动故障的现象及原因。
2. 掌握万向传动装置抖动故障的排除方法。

主要实训器材

实训汽车、常用修理工具、传动轴动平衡试验机。

故障现象

汽车在中、高速行驶时出现异响，并且车速越高声响越大，当达到某一车速时，车身、车门及转向盘出现强烈振动，若此时脱挡滑行，振动更为剧烈，降到中速振动又消失，此时传动轴异响仍然存在。

故障原因

1. 传动轴弯曲。
2. 传动轴轴管凹陷、平衡片脱落或装配时未按标记装配。
3. 中间支承轴承支架橡胶垫环隔套磨损松旷。
4. 传动轴万向节十字轴回转中心与传动轴同轴度超差。
5. 变速器第二轴花键与凸缘花键槽磨损松旷或凸缘锁紧螺母松动。
6. 传动轴花键齿与键槽配合严重松旷。
7. 传动轴凸缘与轴管焊接时位置歪斜，或焊接后未进行动平衡试验或校正。

故障诊断与排除

1. 汽车中、高速行驶时，若出现“呼噜、呼噜”的声响，而且车速越快声响越明显。此时应在停车后，将后桥支起（前轮放好挡块），挂入高速挡，检视传动轴的摆振情况，当车速突然下降时，观察传动轴，诊断过程如图 2-3-4 所示。

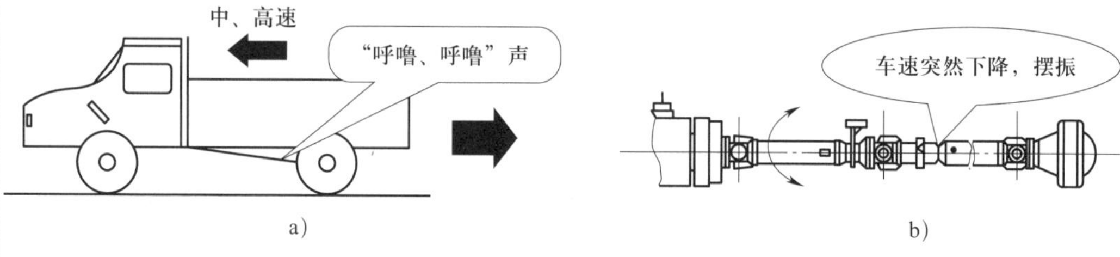

图 2-3-4　出现“呼噜”响声的诊断

a）汽车中高速行驶　b）支起后桥试验

若摆振较大，则按下述操作进行。

（1）检查传动轴的装配标记是否对正，若标记不正确，应重新装配传动轴。

（2）检查传动轴的平衡块是否脱落，若脱落，应对传动轴做动平衡试验，重新加装平衡块。

（3）检查传动轴是否弯曲，若弯曲度过大，应校正。

2. 使发动机停止运转，放松驻车制动器，用手握住驻车制动器或制动鼓附近的中间传动轴上下晃动，检查制动盘或制动鼓是否松旷。若松旷，说明变速器第二轴花键与凸缘花键槽磨损松旷或凸缘锁紧螺母松动，应修复或紧固。

3. 拉紧驻车制动器，用两手握住传动轴来回转动。若有松旷感，说明传动轴花键齿与键槽配合松旷或各连接螺栓松动，万向节十字轴与轴承磨损松旷、破裂，应进一步检查各部位，予以紧固或更换。

4. 若传动轴运转时发出连续振响，将发动机熄火后用手握住中间支承轴承支架附近的中间传动轴上下晃动，若有松旷感，说明中间支承轴承支架橡胶垫环与隔套间隙过大，应更换橡胶垫环。

5. 检查传动轴中间支承轴承支架的安装位置是否正确，如图 2-3-5 所示。若中间支承轴承支架固定螺栓松动，应紧固；中间支承轴承支架歪斜，应纠正。

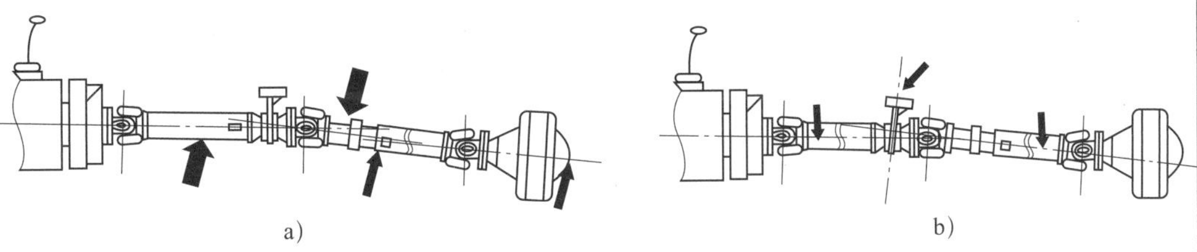

a)　　　　b)

图 2-3-5　检查传动轴中间支承轴承支架的安装位置是否正确

a）正确　b）歪斜

6. 若以上检查均正常，应检查传动轴万向节十字轴回转中心与传动轴同轴度是否超差，并调整十字轴的轴向间隙（应保证两端加装垫片的厚度相等）。

单元 4　驱动桥的维护与故障诊断排除

课题 1　驱动桥的维护

知识概述：

驱动桥的作用是降速、增大转矩，将万向传动装置输入的动力改变转动方向后，分配到左右驱动轮，使汽车行驶，并且允许左右驱动轮可以以不同转速旋转。

驱动桥分为整体式驱动桥和断开式驱动桥。

整体式驱动桥与非独立悬架配合使用，其驱动桥壳为一刚性的整体，驱动桥两端通过悬架与车架或车身连接，左右半轴始终在一条直线上，即左右驱动轮不能相互独立地跳动。当某一侧车轮通过地面的凸出物或凹坑升高或下降时，整个驱动桥及车身都要随之发生倾斜，车身波动大。

断开式驱动桥与独立悬架配合使用，其主减速器固定在车架或车身上，驱动桥壳制成分段式并用铰链连接，半轴也分段并用万向节连接。驱动桥两端分别用悬架与车架或车身连接。这样，两侧驱动车轮及桥壳可以彼此独立地相对于车架或车身上下跳动。

驱动桥主要由主减速器、差速器、主减速器壳体和半轴等组成，如图 2-4-1 所示。

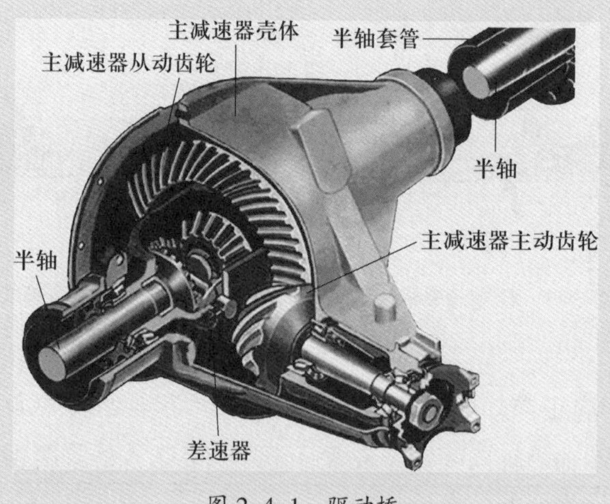

图 2-4-1　驱动桥

实训要求
掌握驱动桥的维护作业内容及操作要点。
主要实训器材
驱动桥、百分表及表座、压力机、常用修理工具、弹簧秤、润滑脂加注器、台虎钳。
实训内容
（一）清洁
1. 清洁主减速器外部，尤其注意通气孔的清洁，始终保持通气孔畅通。 2. 检查主减速器及后桥是否漏油或有无漏油痕迹，若有，应查明漏油原因。

（二）检查紧固

1. 拧下放油螺栓，放尽润滑油，拆下主减速器后盖，如图 2–4–2 所示。

2. 拆下主减速器主动圆锥齿轮凸缘与传动轴的连接螺栓，如图 2–4–3 所示。

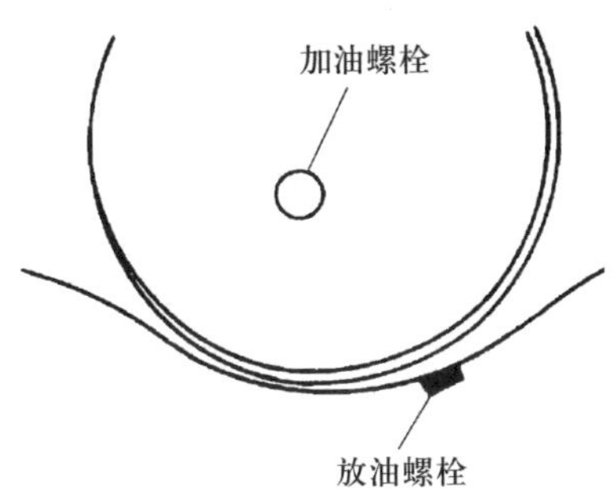

图 2–4–2　拧下放油螺栓

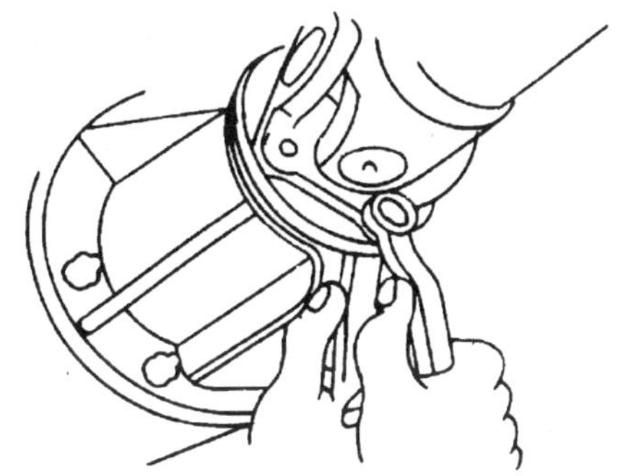

图 2–4–3　拆下连接螺栓

3. 拆下半轴，拆下主减速器固定螺栓，拆下主减速器及差速器总成。

4. 转动主减速器齿轮，检查各齿轮表面有无损伤。

注意：主、从动圆锥齿轮的表面不能有疲劳剥落；轮齿损坏不得超过齿长的 1/5 和齿高的 1/3，且数量不多于 3 个齿；行星齿轮和半轴齿轮齿面不允许有疲劳剥落，齿面上有轻微擦伤允许使用，环形擦伤宽度不超过 1/3。

5. 检查主、从动圆锥齿轮的啮合间隙

将百分表用磁性表座或夹具吸附在主减速器壳上，百分表测头垂直抵触在从动圆锥齿轮的大端凸面，如图 2–4–4 所示，左右转动从动圆锥齿轮，其自由摆动量即为啮合间隙。

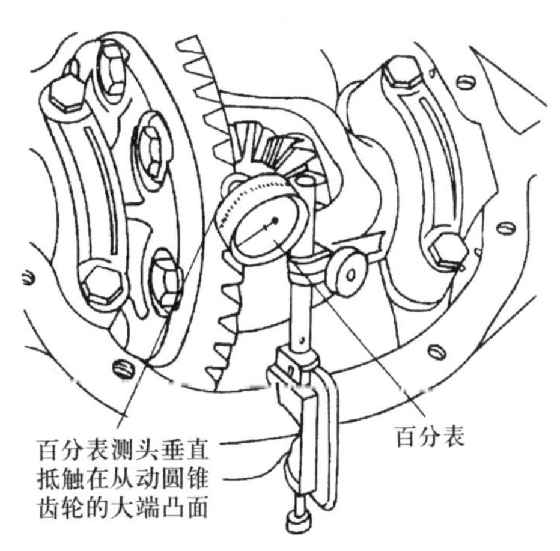

图 2–4–4　检查主、从动圆锥齿轮的啮合间隙

6. 用百分表检查从动圆锥齿轮背面的端面跳动量，如图 2–4–5 所示。

7. 检查差速器壳体固定螺栓的拧紧力矩。

8. 检查差速器轴承盖固定螺栓的拧紧力矩。

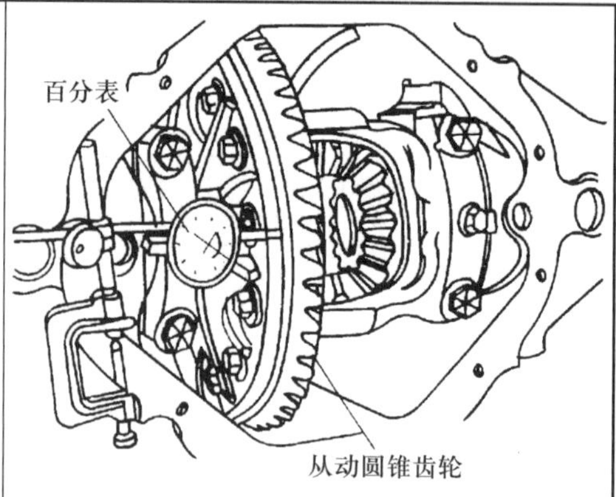

图 2–4–5　检查从动圆锥齿轮背面的端面跳动量

（三）调整

1. 主动圆锥齿轮轴承预紧度的调整

（1）将零件清洁干净，零件内腔应无铁屑等杂物，在轴承滚子上涂抹适量的润滑油。

（2）用压力机把两个轴承外圈压入轴承座。

（3）用压力机把前轴承内圈压到主动圆锥齿轮轴颈上，使其紧靠齿轮大端端部，并把后轴承的内圈压上，应压靠到轴肩。

（4）装入调整垫片、轴承座、前外轴承和主动圆锥齿轮凸缘，不装油封座及油封。

（5）按规定力矩拧紧凸缘槽形螺母（此时应一边转动轴承座壳，一边拧紧）。

（6）将轴承座夹在台虎钳上，用弹簧秤钩在凸缘螺纹孔处，沿切线方向拉动，所需拉力应符合规定，如图 2–4–6 所示。

注意：若拉力过大，应增加调整垫片；若拉力过小，应减少调整垫片。

（7）轴承预紧度调整好后，拆下凸缘，把内外油封及导向环装入油封座内，再将油封盖总成、衬垫、凸缘、垫圈和螺母装到主动圆锥齿轮轴上，然后拧紧槽形螺母，锁好开口销。

2. 双级主减速器从动圆锥齿轮轴承预紧度的调整

（1）将从动圆锥齿轮轴及轴承装入主减速器壳内，再装上两侧的调整垫片及轴承盖，并拧紧轴承盖的固定螺栓。

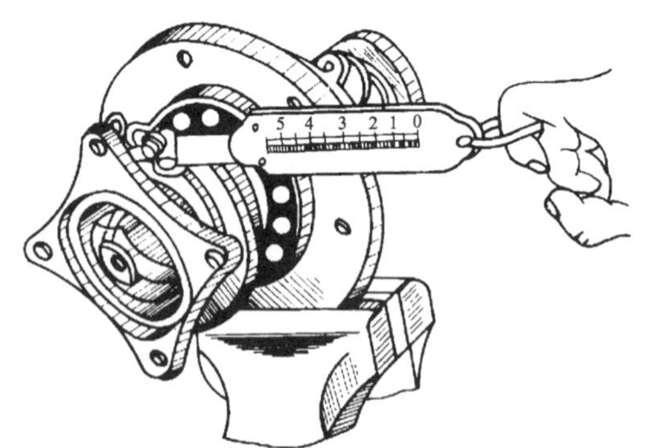

图 2–4–6　主动圆锥齿轮轴承预紧度的检查

（2）用手转动从动圆锥齿轮，应灵活、无阻滞，用撬棒沿轴向往复撬动齿轮轴时，应无轴向间隙感觉，若感觉过紧或过松，可通过增减齿轮轴两侧盖与壳体结合面之间的调整垫片来调整。增加调整垫片，轴承预紧度减小；减少调整垫片，轴承预紧度增大。

注意：在调整时，应尽量从两侧盖内同时增加或减少调整垫片，且增减垫片的厚度应尽量一致。

3. 从动圆锥齿轮啮合印痕的调整

（1）啮合印痕的要求如图 2-4-7 所示。

（2）啮合印痕的检查

1）在从动圆锥齿轮的 3～4 个轮齿上涂上红铅油。

2）转动从动圆锥齿轮数圈。

3）观察齿面上所压的红色印痕是否正确，以判断是否需要调整。

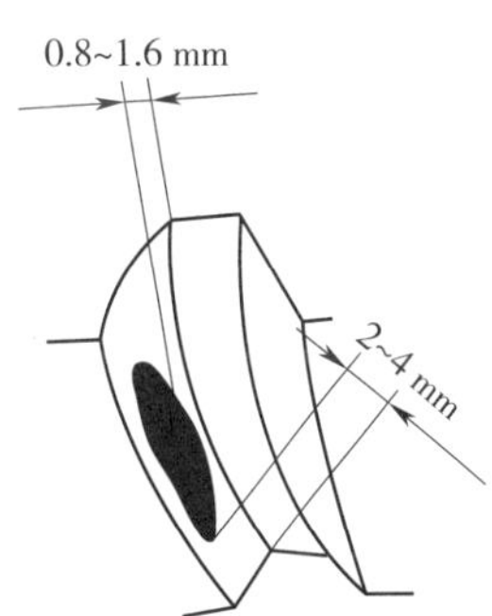

图 2-4-7　啮合印痕的要求

（3）啮合印痕的调整

1）当啮合印痕处在从动圆锥齿轮的轮齿大端时，应将从动圆锥齿轮向主动圆锥齿轮靠拢，若因此使得轮齿的啮合间隙过小，则将主动圆锥齿轮移开，如图 2-4-8 所示。

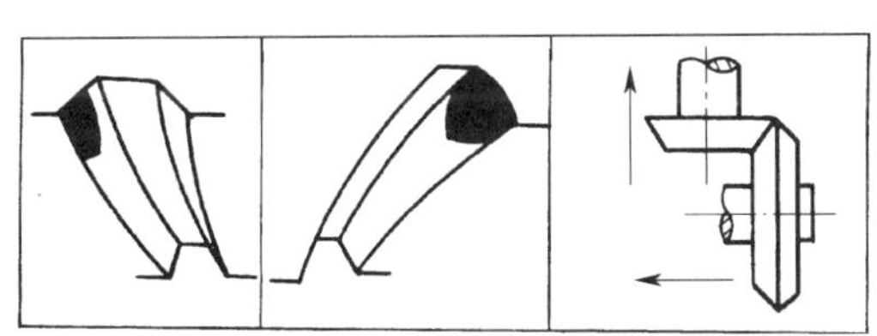
图 2-4-8　移开主动圆锥齿轮

2）当啮合印痕处在从动圆锥齿轮的轮齿小端时，应将从动圆锥齿轮移离主动圆锥齿轮，若因此使得轮齿的啮合间隙过大，则将主动圆锥齿轮移拢，如图 2-4-9 所示。

3）当啮合印痕处在从动圆锥齿轮的轮齿顶端时，应将主动圆锥齿轮移拢，若因此使得轮齿的啮合间隙过小，则将从动圆锥齿轮移开，如图 2-4-10 所示。

4）当啮合印痕处在从动圆锥齿轮的轮齿根部时，应将主动圆锥齿轮移开，若因此使得轮齿的啮合间隙过大，则将从动圆锥齿轮移拢，如图 2-4-11 所示。

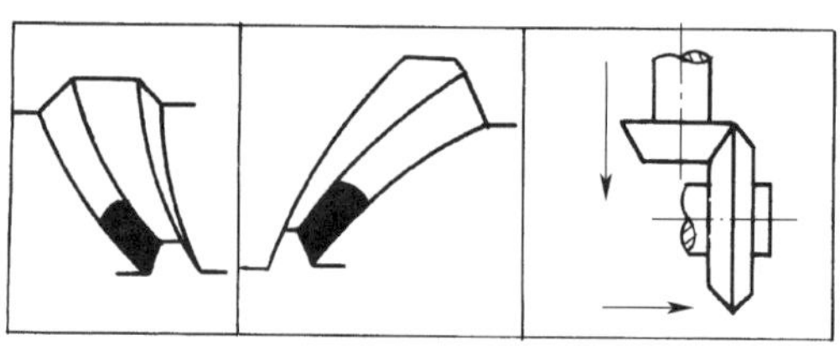
图 2-4-9　移拢主动圆锥齿轮

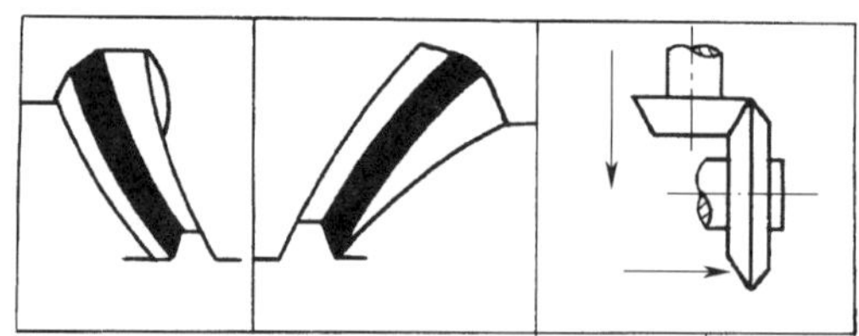
图 2-4-10　移开从动圆锥齿轮

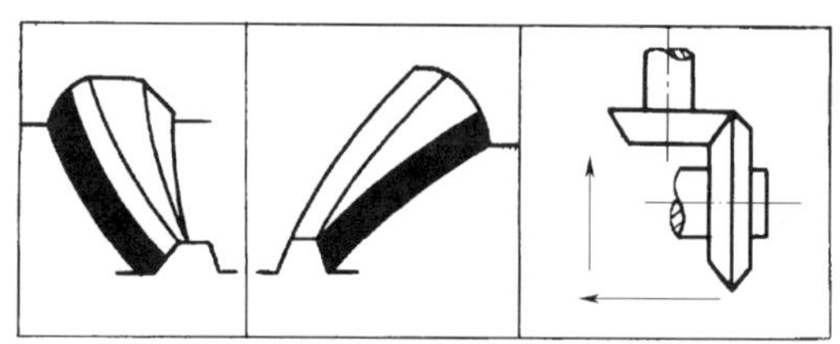
图 2-4-11　移拢从动圆锥齿轮

4. 从动圆锥齿轮啮合间隙的调整

注意：啮合间隙的调整是靠主、从动圆锥齿轮的轴向移动来实现的，两齿轮移近则啮合间隙减小，两齿轮移远则啮合间隙增大。在调整过程中，有可能出现啮合印痕和啮合间隙相冲突的现象，这时应尽量满足啮合印痕，啮合间隙可稍大一些，但最大不能超过 1 mm。

（1）单级主减速器齿轮啮合间隙的调整

移动差速器轴承调整螺母可以调整啮合间隙。当啮合间隙过大时，则应使从动圆锥齿轮往靠近主动圆锥齿轮的方向移动，反之则向反方向移动。

注意：调整前，应先将差速器轴承的预紧度调整好，为保证差速器轴承的预紧度不变，一端的调整螺母拧松（或拧紧）多少，另一端的调整螺母则相应拧紧（或拧松）多少，如图 2-4-12 所示。

啮合间隙可用百分表在从动齿轮的轮齿大端上测量，百分表测头应垂直于大端的凸面，并应对沿圆周均布的不少于 4 个齿进行测量。

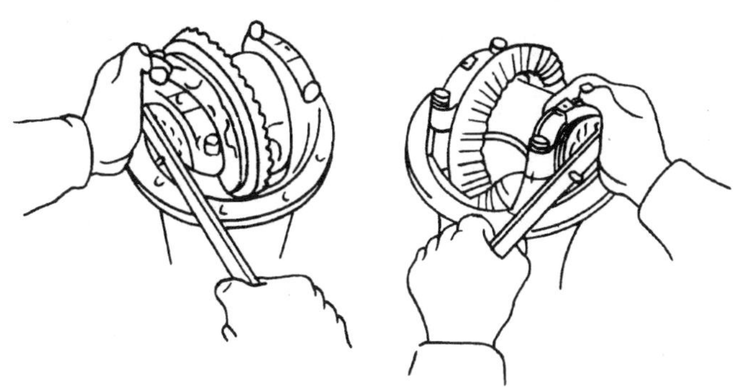

图 2-4-12　从动圆锥齿轮啮合间隙的调整

（2）双级主减速器齿轮啮合间隙的调整

1）当需要主动圆锥齿轮移开（或移拢）从动圆锥齿轮而造成间隙过大（或过小）时，在不改变轴承预紧度的情况下，可通过把从动齿轮轴适当厚度的调整垫片从一边移到另一边的方法来进行。

2）当需要从动圆锥齿轮移开（或移拢）主动圆锥齿轮而造成间隙过大（或过小）时，可通过减少（或增加）主动圆锥齿轮轴承座与减速器壳之间的调整垫片来进行。

5. 从动圆锥齿轮支承螺柱的调整

（1）松开锁紧螺母，如图 2-4-13 所示。

（2）将支承螺柱拧至顶住从动圆锥齿轮的背面，然后退回约 1/4 圈即可，保证间隙为 0.3 ~ 0.5 mm。

（3）拧紧锁紧螺母（注意不要动支承螺柱），并用锁片锁牢。

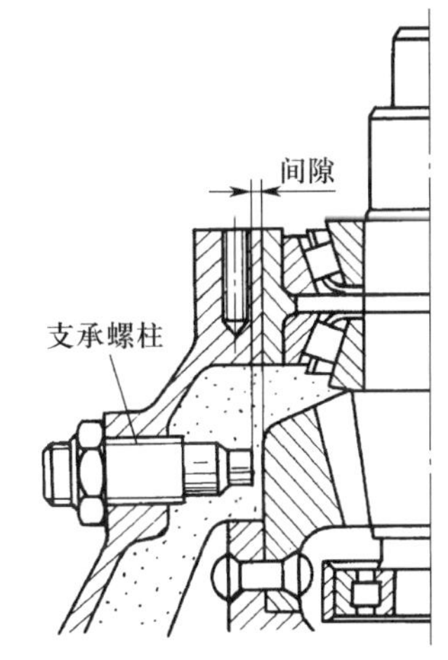

图 2-4-13　从动圆锥齿轮支承螺柱的调整

（四）润滑

1. 车辆每行驶 12 000 km 应检查主减速器润滑油液面，不足时应添加至规定位置。

2. 车辆每行驶 24 000 km 应更换润滑油，加注原厂规定标号的新润滑油到规定位置。

课题 2　驱动桥的故障诊断与排除

项目 1　驱动桥异响故障的诊断与排除

实训要求

1. 掌握驱动桥异响故障的现象及原因。
2. 掌握驱动桥异响故障的排除方法。

主要实训器材

实训汽车、挡块、常用修理工具。

故障现象

1. 汽车行驶时驱动桥有异响，脱挡滑行时异响减弱或消失。
2. 汽车挂挡行驶和脱挡滑行时，驱动桥均有异响。
3. 汽车转弯行驶时驱动桥有异响，直线行驶时无异响。

故障原因

1. 主减速器内润滑油油量不足、变稀或变质。
2. 主动圆锥齿轮轴承磨损、调整不当、凸缘未压紧。
3. 差速器圆锥滚子轴承损坏、松旷。
4. 主、从动圆锥齿轮啮合间隙过大或过小。
5. 主、从动圆锥齿轮啮合不良、轮齿损伤。
6. 半轴齿轮花键槽与半轴配合松旷。
7. 行星齿轮转动困难。
8. 行星齿轮轮齿表面损伤、折断。
9. 行星齿轮与半轴齿轮不配套、啮合不良。
10. 主减速器从动齿轮与差速器壳体的铆钉松动。

故障诊断与排除

1. 停车检查

（1）首先拧下主减速器加油螺栓，检查润滑油液面及润滑油质量。若润滑油液面过低，应添加规定标准的润滑油；若润滑油变稀或变质，应更换润滑油。

（2）将驱动桥架起，用挡块挡住非驱动轮，起动发动机挂挡，快速改变发动机的转速，听察驱动桥的声响来源，根据声响来源判断声响部位。

（3）将发动机熄火，变速器置于空挡位置，用手握住传动轴后端的万向节来回转动，检查主减速器齿轮的啮合情况，若感觉到松旷量很大，说明齿轮啮合间隙过大，应调整。

2. 路试检查

（1）汽车行驶过程中，反复改变车速，若车速越高声响越大，脱挡滑行时声响减弱或消失，说明主减速器轴承磨损松旷，齿轮啮合不良，应拆检主减速器，视情况予以调整或更换。

（2）若在汽车滑行时，声响不减弱或不消失，说明主减速器主动圆锥齿轮轴承、差速器轴承松旷或主从动圆锥齿轮轮齿损坏、啮合间隙过小，应调整或更换。

（3）若快速改变车速时，驱动桥有明显的金属撞击声，说明主减速器齿轮啮合间隙过大或半轴与半轴齿轮花键啮合松旷，应调整或更换。

3. 改变行驶方向检查

（1）直线行驶无异响，低速转弯时车身略有抖动，则差速器壳体固定螺钉或铆钉严重松动，应立即停车紧固或更换。

（2）直线行驶无异响，转弯时有异响，说明行星齿轮转动困难，行星齿轮轮齿表面损伤、折断，行星齿轮与半轴齿轮不配套、啮合不良等，应检修或更换。

项目 2　驱动桥漏油故障的诊断与排除

实训要求

1. 掌握驱动桥漏油故障的现象及原因。
2. 掌握驱动桥漏油故障的排除方法。

主要实训器材

实训汽车、常用修理工具。

故障现象

1. 驱动桥主动轴伸出部位有漏油。
2. 驱动桥壳体或衬垫处有漏油。

故障原因

1. 加油、放油螺栓松动或损坏。
2. 油封磨损、硬化、装反，油封与轴颈不同轴，油封轴颈磨成沟槽。
3. 接合平面变形、加工粗糙，密封衬垫太薄、硬化或损坏，紧固螺钉松动或损坏。
4. 通气孔堵塞，润滑油油量过多或变稀、变质。
5. 驱动桥壳有铸造缺陷或裂纹。

故障诊断与排除

1. 首先检查齿轮油的液面高度，若液面过高，应放掉多余的齿轮油，把液面调整至合适的位置。

2. 检查通气孔是否被堵塞，若被堵塞则应予以检修。

3. 检查放油螺栓是否松动，垫片是否损坏，若损坏则应更换垫片并拧紧放油螺栓。

4. 检查油封是否磨损或损坏，若磨损或损坏则应更换油封。

5. 检查驱动桥壳有无裂纹，若有裂纹则应修理或更换驱动桥壳。

项目3　驱动桥过热故障的诊断与排除

实训要求

1. 掌握驱动桥过热故障的现象及原因。

2. 掌握驱动桥过热故障的排除方法。

主要实训器材

实训汽车、常用修理工具。

故障现象

汽车行驶一段里程后，驱动桥壳中部或主减速器壳过热。

故障原因

1. 润滑油量不足、变稀或变质。

2. 主减速器齿轮啮合间隙或行星齿轮与半轴齿轮啮合间隙过小。

3. 行星齿轮及半轴齿轮止推垫片过紧或主减速器支承螺柱背隙过小。

4. 轴承过紧或油封过紧。

故障诊断与排除

1. 局部过热

（1）油封处过热，则故障由油封过紧引起。

（2）轴承处过热，则故障由轴承损坏或调整不当引起。

（3）油封和轴承处均不过热，则故障由止推垫片或支承螺柱过紧引起。

2. 普遍过热

（1）检查润滑油油量，若液面过低，应加至规定位置。

（2）若润滑油品质不符合要求，应更换；若润滑油品质符合要求，应检查主减速器齿轮啮合间隙的大小。

（3）松开驻车制动器，变速器置于空挡，轻轻转动主减速器的凸缘盘：若转动角度太小，则故障由主减速器齿轮啮合间隙太小引起；若转动角度正常，则故障由行星齿轮与半轴齿轮啮合间隙太小引起。

单元 5 转向系的维护与故障诊断排除

课题 1 转向系的维护

知识概述：

转向系是指由驾驶员操纵，能够实现转向轮偏转和复位的一套机构。转向系的作用是按照驾驶人的意愿改变汽车的行驶方向，并保持汽车稳定地直线行驶。

按照转向动力源的不同，转向系可以分为机械转向系和动力转向系两大类。机械转向系是以驾驶人的体力作为转向动力源。动力转向系除了驾驶人体力外，还以汽车动力作为辅助转向动力源，动力转向系又分为液压式、气压式和电动式。图 2–5–1 所示为汽车转向系的组成。

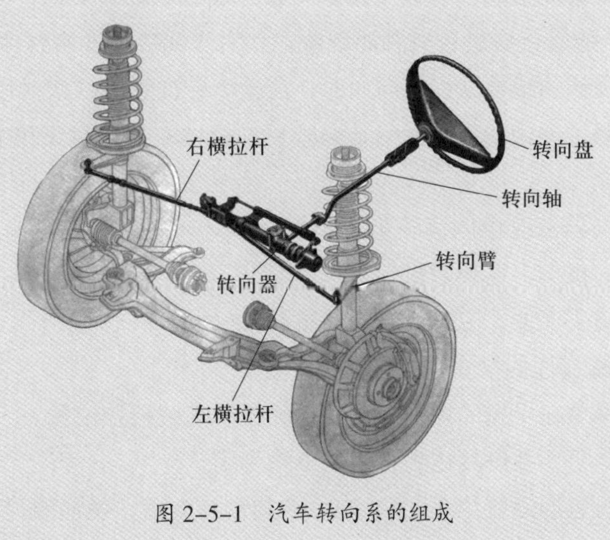

图 2–5–1 汽车转向系的组成

项目　动力转向系的维护

实训要求

掌握动力转向系维护作业的内容及操作要点。

主要实训器材

实训汽车、常用修理工具、弹簧秤、机油压力表。

实训内容

（一）清洁及外部检查

1. 清洁动力转向器及转向油泵外部，检查是否有漏油痕迹。

2. 检视各连接油管是否漏油，连接接头是否牢固、可靠。

（二）检查

1. 转向油泵传动带张紧力的检查

检查时，用手以约 100 N 的力从带的中间位置按下，带应有约 10 mm 挠度为合适，否则必须调整。

注意：汽车每行驶 15 000 km 时，应检查带的张紧力，必要时要调整或更换。

2. 检查转向系的密封性

转向系密封性的检查，应在热车时进行。

（1）将转向盘快速向左、右两侧转至极限位置，并保持不动，此时可产生管内最大压力。目测检查转向控制阀、齿条密封（松开波纹管软管夹箍，再将波纹管推至一旁）、转向油泵、油管接头是否有漏油现象，如有渗漏应更换密封件。

（2）如果发现储油罐中缺少转向油时，应检查转向系统的密封性是否完好。

（3）当转向器主动齿轮不密封时，必须更换阀体中的密封环和中间盖板上的圆形绳环。

（4）如果转向器罩壳中的齿轮齿条密封件损坏，转向油液可能流入波纹管套里，此时，应拆开转向机构，更换密封件。

（5）如油管接头漏油，应查找原因并重新接好。

3. 转向储油罐液面的检查

（1）将车辆停放在平坦的地面上，使前轮处于直线行驶位置。

（2）起动发动机，并使其达到正常的工作温度。

（3）使发动机怠速运转约 2 min，左、右转动转向盘，使油温达到 40～80 ℃，关闭发动机。

（4）观察储油罐的液面，此时液面应处于“MAX”（上限）与“MIN”（下限）之间，液面低于“MIN”时，应加至“MAX”，如图 2-5-2 所示。

（5）对于用油尺检查的汽车：拧下带油尺的转向储油罐盖，用布将油尺擦净，将带油尺的转向储油罐盖插入储油罐内拧好，然后重新拧出，观察油尺上的标记，应处于“MAX”与“MIN”之间，必要时将转向油加至“MAX”处。

4. 转向油泵压力的检查

（1）将量程为 15 MPa 的机油压力表和节流阀串接到转向油泵和转向阀之间的管路中，如图 2-5-3 所示。

图 2-5-2　转向储油罐液面的检查

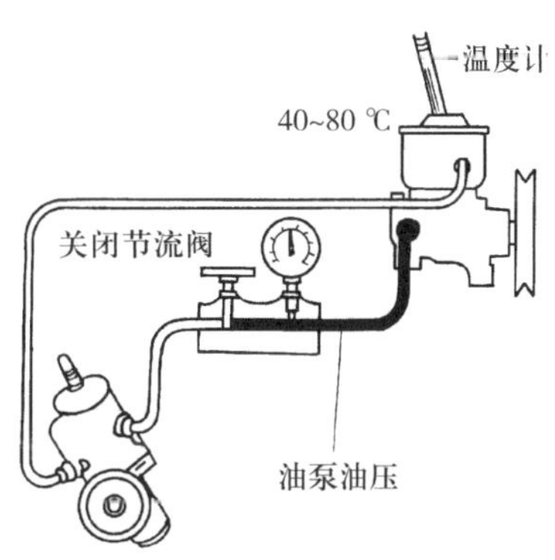

图 2-5-3　转向油泵压力的检查

（2）起动发动机，如果需要，向储油罐中补充转向油。

（3）起动发动机，使发动机怠速运转，转动转向盘数次。

（4）快速关闭节流阀（不超过 5～10 s），并读出压力数，额定值应符合标准。若压力足够，说明转向油泵正常。

（5）如果未达到额定值，应检查压力和流量限制阀是否完好。如不正常，应更换压力和流量限制阀或更换转向油泵。

5. 系统压力的检查

（1）如图 2-5-4 所示，接好机油压力表和节流阀。

（2）打开节流阀，起动发动机并怠速运转，使转向盘向左、右旋转到极限位置，同时读出压力表上的压力，额定值为 6.8～8.2 MPa。

（3）如果向左或向右的额定值达不到要求，应修理转向器或更换总成。

6. 检查转向操纵力

（1）检查转向操纵力时，将汽车停放在水平路面上，油液温度达到操作温度，轮胎气压正常，并使前轮处于直线行驶位置。

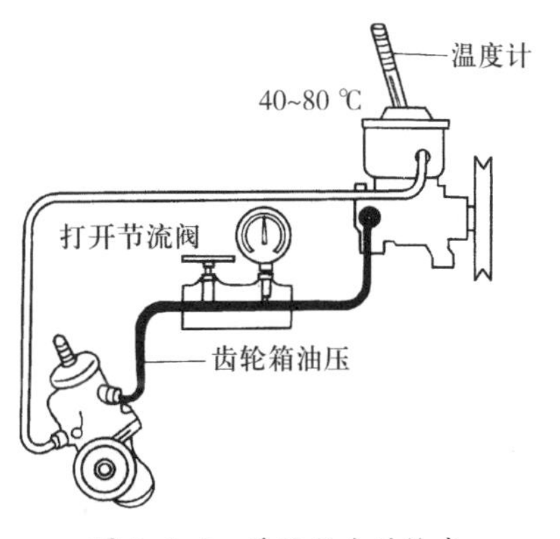

图 2-5-4　系统压力的检查

（2）发动机怠速运转，将弹簧秤钩在转向盘边缘，拉动转向盘，检查转向盘左右转动一圈所需拉力的变化。一般来说，如果转向操纵力超过 44.5 N，说明动力转向工作不正常，应检查有无传动带打滑或损坏，转向油泵输出油压或油量是否低于标准，油液中是否渗入空气，油管是否有压瘪或弯曲变形等故障。

7. 转向盘回位检查

（1）缓慢或迅速转动转向盘，检查两种情况下的转向盘操纵力有无明显的差别，并检查转向盘能否回到中间位置。

（2）使汽车以约 3.5 km/h 的速度行驶，将转向盘顺时针或逆时针转动 90°，然后放手 1 ~ 2 s，如果转向盘能自动回转 70° 以上，说明工作正常，否则应查明故障原因并予以排除。

（三）调整

1. 转向油泵传动带张紧力的调整

（1）松开转向油泵支架上的后固定螺栓。

（2）松开调整螺栓的螺母，如图 2–5–5 所示。

（3）通过张紧螺栓把带绷紧，如图 2–5–6 所示。当用手以约 100 N 的力从带的中间位置按下，带约有 10 mm 挠度为合适。

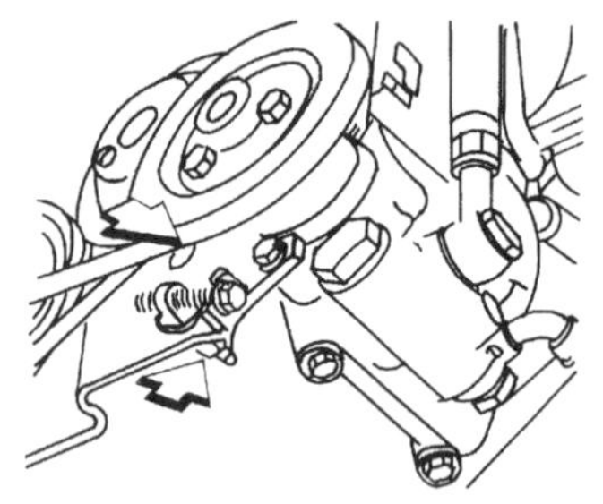

图 2–5–5　松开调整螺栓的螺母

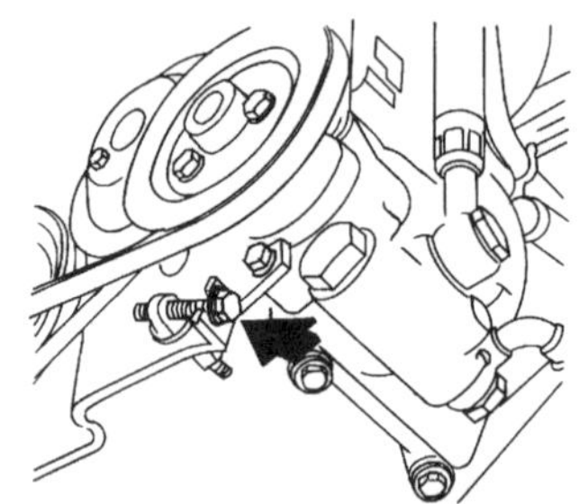

图 2–5–6　通过张紧螺栓张紧带

（4）拧紧调整螺栓的螺母。拧紧转向油泵支架上的固定螺栓。

2. 转向器间隙的调整

（1）车轮处在直行位置上，交替往复转动转向盘（以大约 30° 绕中轴线转），转向器间隙较大时会听到汽车内部有撞击声，此时小心地将调整螺栓拧入盖内，如图 2–5–7 所示，直到汽车内部的撞击声消失。然后，将调整螺栓再拧入大约 45°（等于 1/8 圈），试车。

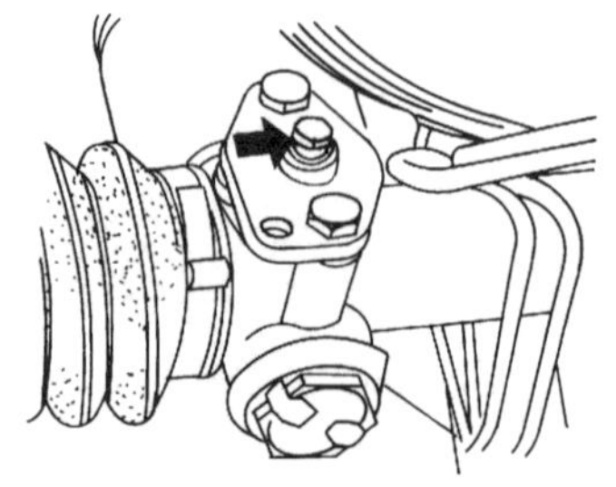

图 2–5–7　转向器间隙的调整

（2）转向盘在直行时如不能自动回位，将调整螺栓拧回大约 15°，试车。

3. 转向油液的更换

（1）放油

1）支起汽车前部，使两前轮离开地面。

2）拧下转向储油罐盖，拆下转向油泵回油管，然后将 ATF 油放入容器中。

3）在放 ATF 油的同时，左右转动转向盘。

（2）加油与排气

1）向转向储油罐内加注符合规定的 ATF 油。

2）支起汽车前部，并用支架支承，连续从左到右转动转向盘若干次，将转向系统中多余空气排出。

3）检查转向储油罐中的液面高度，视需要加至“MAX”处。

4）降下汽车前部，起动发动机并使其怠速运转，连续转动转向盘，注意液面高度的变化，当液面下降时应不断加注 ATF 油，直到液面停留在“MAX”处，并在转动转向盘后，储油罐中不再出现气泡为止。

注意：在排除转向系统装置的故障后，不得重复使用储油罐的液压油；在拆换动力转向器和更换储油罐的液压油时，原则上要求更换储油罐中的滤清器。

课题 2　转向系的故障诊断与排除

项目 1　转向沉重故障的诊断与排除

实训要求

1. 掌握转向沉重故障的现象及原因。
2. 掌握转向沉重故障的排除方法。

主要实训器材

实训汽车、常用修理工具、轮胎气压表、前轮定位仪。

故障现象

汽车在行驶中，转动转向盘感到沉重费力，转弯后又不能及时回正方向。

故障原因

1. 转向器的原因

（1）转向器缺乏润滑油。

（2）转向轴弯曲或转向轴管凹陷碰擦，有时会发出“吱吱”的摩擦声。

（3）转向轴上下轴承调整过紧，或轴承损坏受阻。

（4）转向器啮合间隙调整过紧。

2. 转向传动机构的原因

（1）各处球销缺乏润滑油。

（2）转向直拉杆或横拉杆弯曲变形。

（3）转向节主销与衬套配合间隙过小，或衬套转动使油道堵塞，润滑油无法进入，使衬套与转向节主销烧蚀。

（4）转向节止推轴承调整过紧或缺少润滑油。

（5）转向节臂变形。

3. 前桥（转向桥）和车轮的原因

（1）前轴变形、扭转，引起前轮定位失准。

（2）轮胎气压不足。

（3）前轮轮毂轴承调整过紧。

（4）转向桥或驱动桥超载。

4. 其他部位的原因

（1）车架弯曲、扭转变形。

（2）前悬架变形。

（3）前轮定位不正确。

故障诊断与排除

1. 顶起前桥，转动转向盘，若感到转向盘变轻，说明故障部位在前桥、车轮或其他部位。此时应首先检查轮胎气压，如气压偏低，则应充气使之达到正常值，然后用前轮定位仪检查前轮定位，应注意后倾角和前束值，如果是因为前束过大造成的转向沉重，同时还能发现轮胎有严重的磨损。

2. 若转向仍感沉重，说明故障在转向器或转向传动机构，可进一步拆下转向摇臂与转向直拉杆的连接，此时若转向变轻，说明故障在转向传动机构，应检查各球头销是否装配过紧或止推轴承是否缺油损坏，各拉杆是否弯曲变形等。检查时，可用手扳动两个车轮左右转动查看各传动部分，并转动车轮检查车轮轴承松紧度。

3. 拆下转向摇臂后，若转向仍沉重，则转向器本身有故障，可检查转向器是否缺油，转动转向盘时倾听有无转向轴与柱管的碰擦声，检查、调整转向器主动轴上下轴承预紧度和啮合间隙，转向摇臂轴转动是否卡滞等，如不能解决，则解体检查转向器内部有无部件损坏。

4. 经过上述检查，如仍不见减轻，可检查车桥、车架或下控制臂（独立悬架式）与转向节臂有无变形，如发现变形，应予修整或更换。

项目 2　动力转向系转向沉重故障的诊断与排除

<table>
<tr><td>实训要求
1. 掌握液压式动力转向系转向沉重故障的现象及原因。
2. 掌握液压式动力转向系转向沉重故障的排除方法。</td></tr>
<tr><td>主要实训器材
实训汽车、常用修理工具。</td></tr>
<tr><td>故障现象
使用液压式动力转向系的汽车，在行驶中突然感到转向沉重。</td></tr>
<tr><td>故障原因
液压式转向系压力不足的主要原因有：
1. 储油罐液面高度低于规定要求。
2. 液压回路中渗入了空气。
3. 转向油泵传动带过松或打滑。
4. 各油管接头处密封不良，有泄漏现象。
5. 油路堵塞或滤清器污物太多。
6. 转向油泵磨损、内部泄漏严重。
7. 转向油泵安全阀泄漏、弹簧弹力减弱或调整不当。
8. 动力缸或转向控制阀密封损坏。</td></tr>
<tr><td>故障诊断与排除
1. 检查转向油泵驱动部分的情况
（1）用手压下转向油泵的传动带，检查带的松紧度，若过松应调整。
（2）起动发动机，使其处于怠速运转状态，突然提高发动机的转速，检查转向油泵传动带有无打滑现象，其他驱动形式的齿轮传动有无损坏，发现问题后应按规定更换性能不良的部件。
2. 检查储油罐内的油液质量和液面高度，若油液变质则应更换规定油液，若只是液面低于规定高度，应加油使液面达到规定位置。
3. 检查转向储油罐内的滤清器
（1）若发现滤网过脏，说明滤清器堵塞，应清洗。
（2）若发现滤网破裂，说明滤清器损坏，应更换。
4. 检查油路中是否进入空气，如果发现储油罐中的油液有气泡，说明油路中有空气进入，应检查各油管接头和接合面的螺栓是否松动，各密封件是否损坏，有无泄漏现象，油管是否破裂等，对于出现故障的部位应进行修整和更换，并进行排气操作，最后重新加入油液。</td></tr>
</table>

5. 检查各油管接头等处有无泄漏，油路中是否有堵塞，查明故障后按规定力矩拧紧各油管接头或清除污物。

6. 对转向油泵进行输出油压检查，如果转向油泵输出压力不足，说明其有故障，此时应分解转向油泵，检查转向油泵是否磨损或内部泄漏严重，安全阀是否泄漏或卡滞，弹簧弹力是否减弱或调整不当，各轴承是否烧结或严重磨损等。对于叶片泵还应检查转子上的密封环或油封是否损坏，对于齿轮泵应检查齿轮间隙是否过大等。查明故障予以修理，必要时更换转向油泵。

单元 6　行驶系的维护与故障诊断排除

课题 1　行驶系的维护

知识概述：

汽车行驶系一般由车架、车桥、车轮和悬架组成，如图 2-6-1 所示。车架是全车的装配基体，它将汽车的各相关总成连接成一个整体。车轮经轮毂轴承安装在车桥上，为减少车辆在不平路面上行驶时车身所受到的冲击和振动，车桥又通过悬架与车架相连。

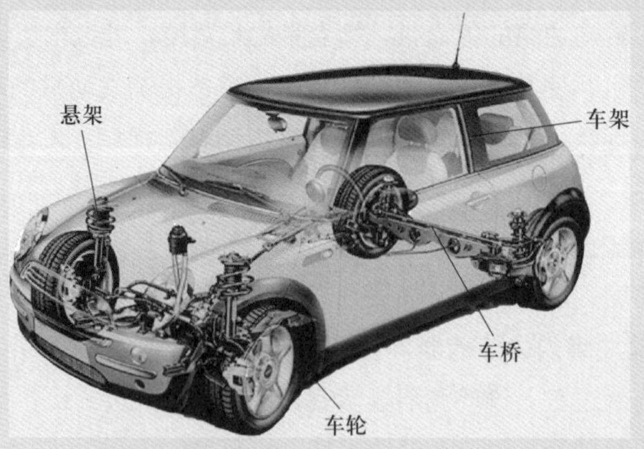

图 2-6-1　汽车行驶系

行驶系的主要作用是将传动系传来的转矩转化为汽车行驶的驱动力；将汽车构成一个整体；支承汽车的总重量；承受并传递路面作用于车轮上的力和力矩；减小振动、缓和冲击，保证汽车平稳行驶；与转向系配合，以正确控制汽车的行驶方向。

项目 1　四轮定位的检查与调整

实训要求

掌握四轮定位检测的步骤及调整方法。

主要实训器材

实训汽车、四轮定位仪、举升机、制动踏板固定器、转向盘固定器、气压表、A4彩色喷墨打印机、有线或无线传感器、通用快速卡具、多用快速卡具、电子转角盘、后滑板。

实训内容

1. 检查轮胎气压。调整四个轮胎的气压，使其达到维修手册规定的气压值，否则会影响定位的准确性。	
2. 晃动车辆使悬挂系统正确回位。	
3. 汽车驶上举升机之前，应保证电子转角盘和后滑板的销子固定到位，当车辆在后滑板和电子转角盘上停好之后，才可拔下销子。	

<table>
<tr><td>4. 安装通用快速卡具
将车轮装饰盖卸下，依照轮胎尺寸，调节两个较低位置的卡爪，将其卡在轮圈边缘，移动顶部的卡爪到轮圈边缘并用星型手柄锁紧，将可调整的夹紧臂放在轮胎上，用力向车轮方向压下两侧加紧用的杠杆，把夹紧臂移到胎纹中，在松开夹紧臂之前确保两端都已调好。</td><td></td></tr>
<tr><td>5. 安装传感器
把四个传感器安装到卡具上。前轴车轮上的传感器小端指向车头前进方向，后轴车轮上的传感器小端指向与前轴传感器相反的方向。</td><td>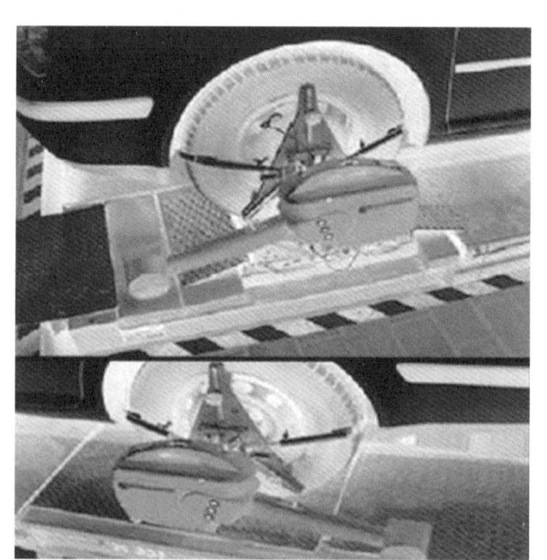</td></tr>
<tr><td>6. 调整四个传感器的水平仪，使气泡位于正中间，保持水平，并拧紧卡具上的固定螺钉（右图中箭头所示）。</td><td></td></tr>
</table>

7. 连接通信电缆 （1）两根长通信电缆（6.5 m）用来连接两个前部传感器（1、2 号传感器）到四轮定位仪主机。	
（2）两根稍短些的通信电缆（4.5 m）用来连接前后传感器。	
（3）检查四个传感器连线是否连接牢靠，然后连接 220 V 电源到四轮定位仪。分别按下四个传感器上的“R”键以激活传感器。	

8. 登录计算机 （1）给四轮定位仪接通 220 V 电源，打开计算机开关，Windows 操作系统自动启动。	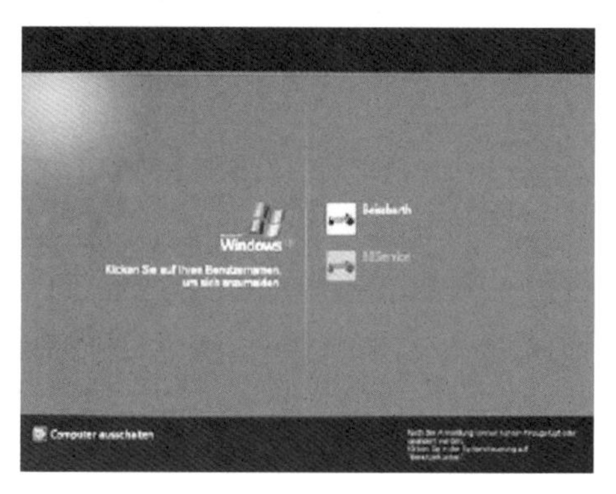
（2）用鼠标点击“Beissbarth”图标，系统自动引导进入定位程序初始状态。	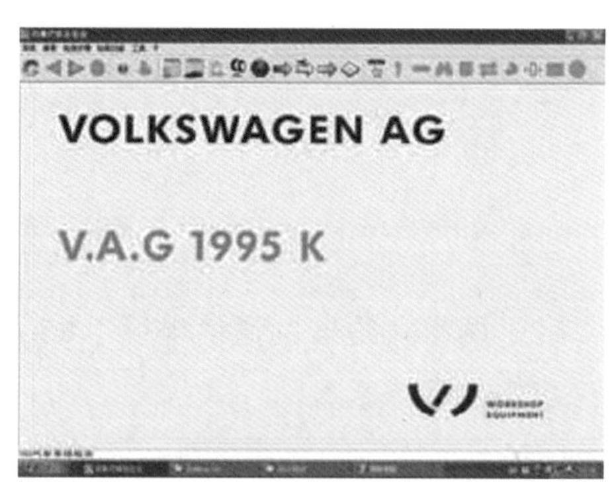
9. 点击工具栏中指向右侧的“前进”图标，进入客户选择界面。根据提示填写客户信息。	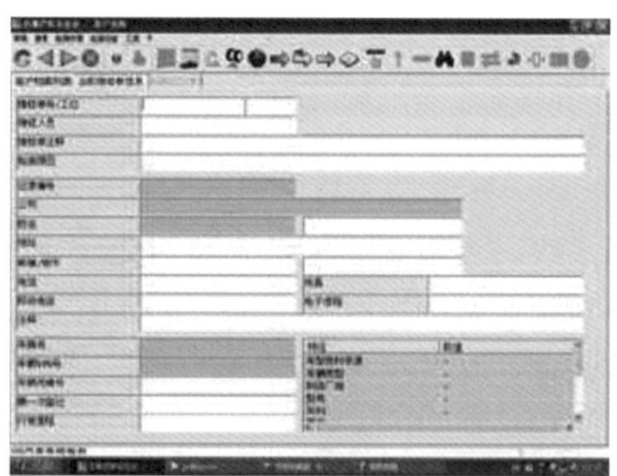

<table>
<tr>
<td>10. 点击“前进”图标进入车型选择界面、车辆状况界面和准备工作界面。</td>
<td>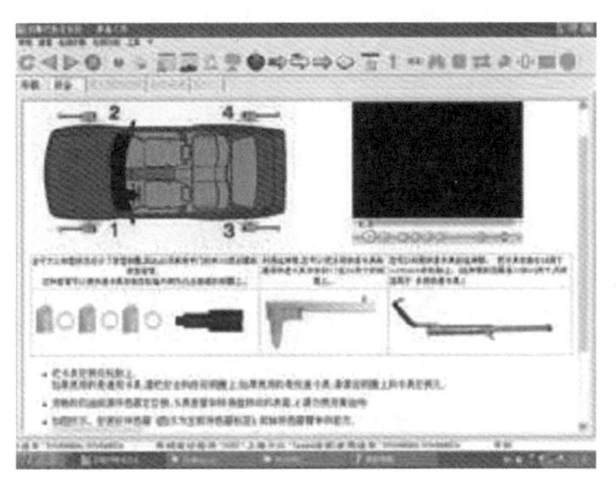</td>
</tr>
<tr>
<td>11. 点击“前进”图标进入偏位补偿界面。
在下列情况下，为保证测量的精确度，必须做钢圈偏位补偿操作。
（1）钢圈存在有较明显的失圆。
（2）卡具的卡爪有磨损。
（3）特殊钢圈，需要配合使用卡爪套管才能安装卡具。
（4）需要保证足够高的测量精度。</td>
<td></td>
</tr>
<tr>
<td>12. 调整前检测
在开始进行检测之前，安装好制动踏板固定器，以保证后倾角和主销内倾角的准确测量。</td>
<td>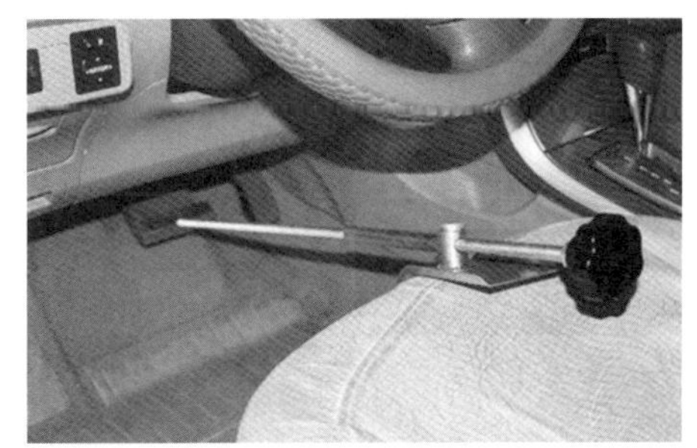</td>
</tr>
<tr>
<td colspan="2">13. 正前打直
转动转向盘，使白色箭头对到半圆形区中央黑线处。尽可能把方向对准到中央黑线位置，以得到更高的测量精度。</td>
</tr>
</table>

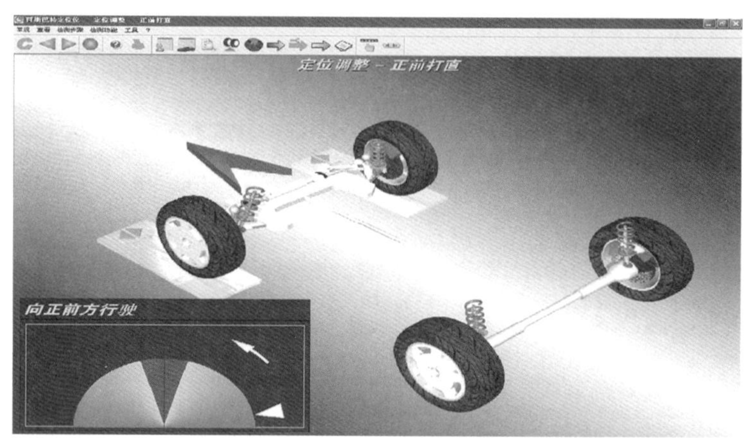

14. 正前打直方向后，屏幕会提醒操作员安装制动踏板固定器，然后程序会检查传感器是否处于水平状态。如果传感器不水平，屏幕上会出现水平气泡状态的提示画面。依据提示调整相应传感器水平。

15. 转向操作

转动转向盘，使白色箭头对正半圆形区域中央黑线处。尽可能把方向对正中央黑线位置，以得到更高的测量精度。

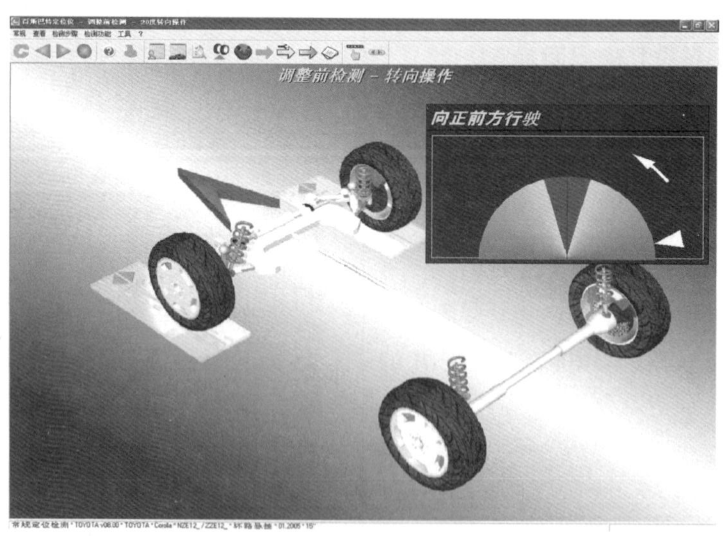

16. 左右转动转向盘后，屏幕会自动弹出下图所示内容，红色区域表示前轮调整前的前束值，屏幕显示红色表示不符合规定范围，正常白色的小三角形应该在绿色区域的中央黑线位置处。

17. 定位调整

使车辆处于正前方向，然后检查转向盘是否处于水平状态，如果转向盘完全水平，安装转向盘固定器和制动踏板固定器。

18. 举升车辆到定位调整的高度，进入后轴车轮定位数据检测。如果后轴车轮定位数据不合格需要调整，则可在下图所示屏幕显示下调整后轮的外倾角和前束。

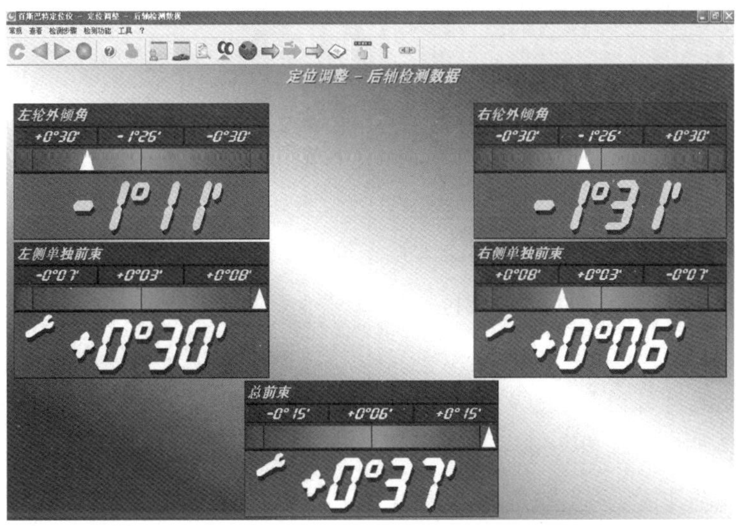

19. 进入前桥前束和后倾角的调整。

20. 进入前轴检测数据的调整。

21. 调整前束

若左右侧前轮前束值均不在规定范围之内，调整前束的具体方法是松开左右侧车轮转向横拉杆锁紧螺母，转动横拉杆调整臂，调整前束。

注意：前轮外倾角和前束的调整顺序是先调整前轮外倾角，因为外倾角的变动会带动前束值的变动。

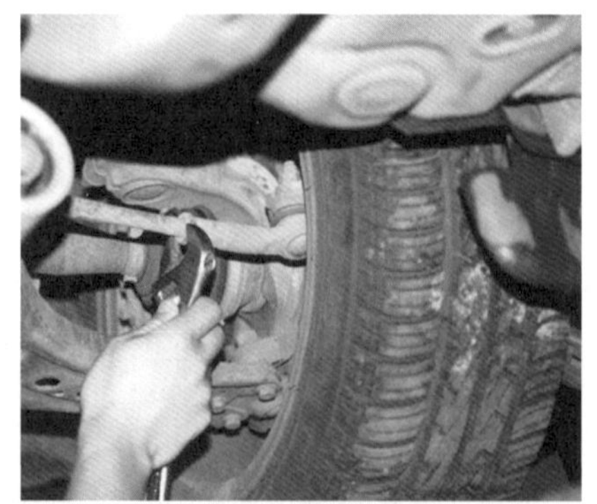

22. 打印检测报告

调整完后，继续转动转向盘，若正常便可以打印调整报告单。

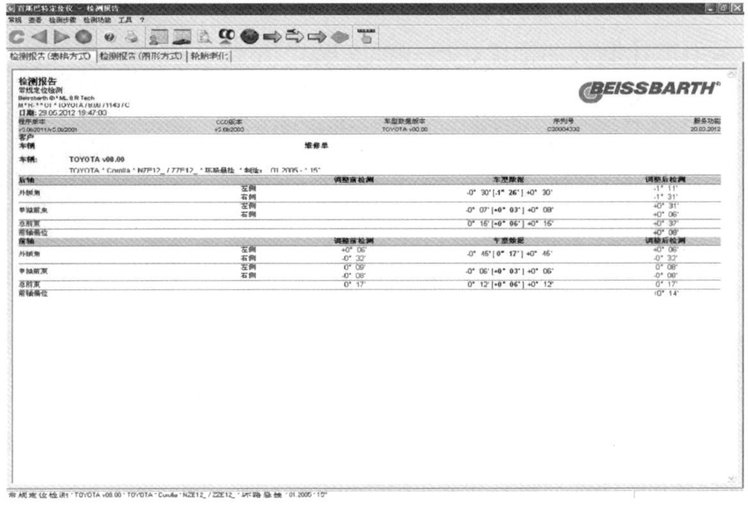

项目 2　车轮与轮胎的维护

实训要求

掌握车轮与轮胎维护作业的内容及操作方法。

主要实训器材

实训汽车、常用修理工具、轮胎动平衡机、车轮定位尺、车轮宽度测量规、轮胎气压表。

实训内容

（一）车轮与轮胎的检查

1. 轮辋及挡圈上的污锈应清除干净，并应进行防锈处理。
2. 轮辋及挡圈无变形、裂纹、脱焊，螺纹孔处磨损不应超过 1.5 mm。
3. 外胎胎面、胎肩、胎侧、胎里应无气鼓、裂伤、脱空、破洞、扎钉、跳线及胶质老化等，趾口应无磨损。
4. 清除轮胎胎面上的夹杂物。
5. 检查轮胎气门嘴是否凹瘪，气门嘴帽应齐全、完好。
6. 检查轮胎的磨损情况

（1）轮胎胎冠磨损后，其花纹深度不应小于 1.6 mm，并不得暴露出轮胎帘布层；同轴轮胎的规格和花纹应相同；转向轮不得使用翻新轮胎。

（2）在乘用车轮胎的胎面上，一般都有磨损指示条，如图 2–6–2 所示。当轮胎上的磨损指示条露出来时，说明轮胎已磨损到极限；若指示条已经磨去，应立即更换轮胎。

7. 用轮胎气压表检查轮胎气压，若不足应按规定充气。

图 2–6–2　轮胎磨损指示条

（二）轮胎的换位

1. 中型货车的轮胎换位

（1）交叉换位，如图 2–6–3 所示。

（2）循环换位，如图 2–6–4 所示。

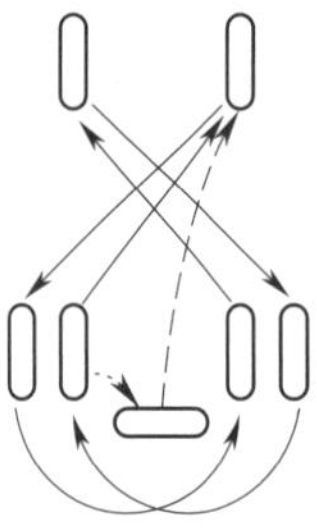

图 2–6–3　中型货车轮胎的交叉换位

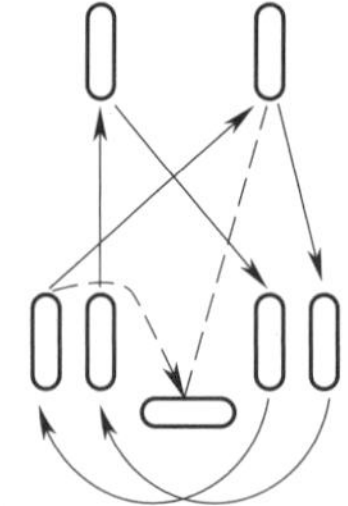

图 2–6–4　中型货车轮胎的循环换位

2. 重型货车的轮胎换位，如图 2–6–5 所示。

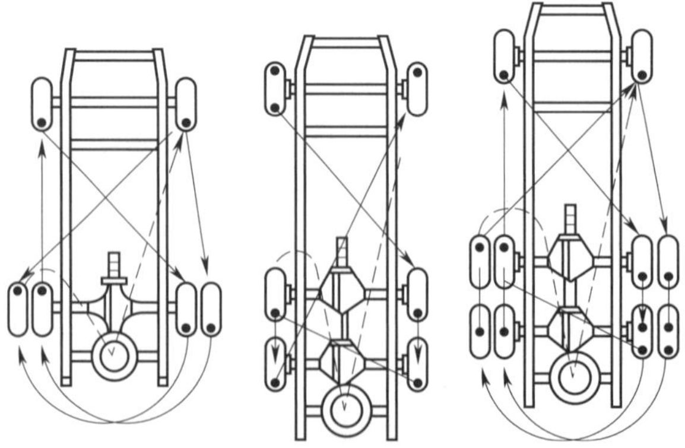

图 2–6–5　重型货车的轮胎换位

3. 乘用车及小客车的轮胎换位

（1）交叉换位，如图 2-6-6 所示。

（2）循环换位，如图 2-6-7 所示。

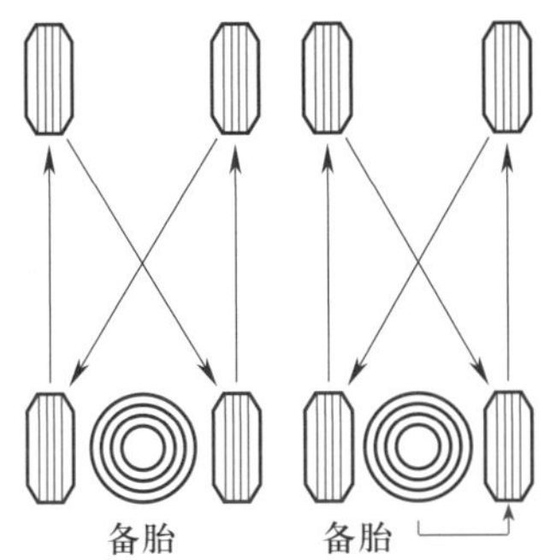

图 2-6-6　乘用车及小客车轮胎的交叉换位

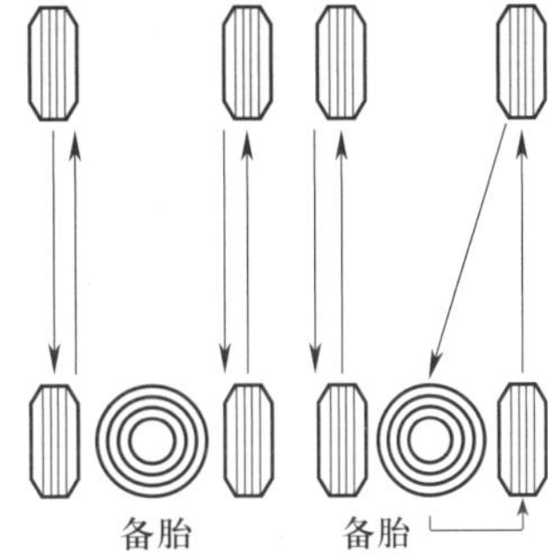

图 2-6-7　乘用车及小客车轮胎的循环换位

（三）轮胎的动平衡

1. 清除车轮上的泥土或其他附着物，拆除旧平衡块，如图 2-6-8 所示。

2. 轮胎充气至规定气压值。

3. 将车轮固定在平衡机的主轴上。

4. 打开电源开关，按规定预热，检查指示装置是否指示正确。

5. 按图 2-6-9 和图 2-6-10 所示测量轮辋距轮胎动平衡机的距离和轮辋宽度，与轮辋直径一同输入到轮胎动平衡机中。

6. 按下“START”键，开始旋转测量；或通过慢慢地放下车轮防护罩，压下微动开关，直接开始测量。

7. 当车轮自动停转后，从指示装置读出车轮内外动不平衡量和位置。

8. 用手慢慢旋转车轮，当轮胎动平衡机指示装置发出信号时，停止转动车轮。

图 2-6-8　拆除旧平衡块

图 2-6-9　测量轮辋距轮胎动平衡机的距离

图 2-6-10　测量轮辋宽度

9. 将轮胎动平衡机显示的动不平衡量，按内外位置置于车轮 12 点位置的轮辋边缘将平衡块装卡牢固。

10. 重新起动轮胎动平衡机，进行动平衡试验，直至动不平衡量小于 5 g，机器显示合格时为止。

11. 取下车轮，关闭电源，测试结束。

项目 3　悬架装置的维护

实训要求

掌握悬架装置维护作业的内容及操作方法。

主要实训器材

实训汽车、润滑脂加注器、常用修理工具。

实训内容

（一）钢板弹簧的检查与紧固

1. 钢板弹簧的检查（图 2-6-11）。

（1）检查钢板弹簧有无裂纹或折断，片间错位不应超过 2.5 mm，必要时更换。

（2）检查钢板弹簧夹箍有无松动，若有松动应重新铆合。

（3）检查钢板弹簧夹箍与钢板弹簧的间隙。两侧的间隙应为 0.15～0.20 mm，夹箍套管与夹箍的间隙应为 2～4 mm。

（4）检查钢板弹簧 U 形螺栓有无变形、断裂，螺纹部分是否损坏，必要时更换。

（5）检查吊耳、吊耳销和钢板销有无裂纹，钢板销与衬套的配合间隙应不大于 1.5 mm，否则应更换钢板销或衬套。

图 2-6-11　钢板弹簧的检查

2. 钢板弹簧的紧固

（1）紧固钢板弹簧夹箍螺栓、螺母，并注意螺栓头部一律朝向车架，而螺母朝向轮胎。

（2）汽车每行驶 10 000～15 000 km，在满负荷的情况下，按规定力矩拧紧钢板弹簧 U 形螺栓、螺母。

（二）钢板弹簧的润滑

1. 汽车每行驶 4 000 km，应对前后钢板弹簧销加注润滑脂，当少量新润滑脂被挤出时即止，钢板弹簧后端与滑板之间也应涂抹润滑脂。

2. 汽车每行驶 48 000 km，应在每片钢板弹簧的表面涂一层 0.15～0.20 mm 厚的石墨基润滑脂，紧固后将挤出的多余润滑脂清理干净。

（三）螺旋弹簧的检查与紧固

1. 检查螺旋弹簧应无变形、折断，否则应更换，如图 2-6-12 所示。

2. 检查弹簧支柱缓冲器及护套是否损坏，若损坏应更换。

3. 检查弹簧支柱上支承轴承在转向时是否有声响，橡胶支承套有无损坏。

4. 检查活塞杆上端的自锁螺母是否拧紧。

图 2-6-12　螺旋弹簧的检查

（四）减振器的检查

1. 检视减振器外部有无漏油，如有应更换。

2. 汽车在长时间行驶后，用手触摸减振器缸壁，若温度不高，说明减振器已经失效。

3. 拆下减振器检查，如图 2-6-13 所示，垂直拉伸时的阻力应大于推压时的阻力，否则说明减振器失效。

4. 对于乘用车减振器的检查，可以 400～500 N 的力用手在汽车的前部或后部施压，待放手后若减振器是良好的，车身在纵向竖直平面内的振动次数应不多于 2～3 次。

图 2-6-13　减振器的检查

课题 2　行驶系的故障诊断与排除

项目 1　车身倾斜、方向跑偏故障的诊断与排除

实训要求

1. 了解车身倾斜、方向跑偏故障的现象及原因。

2. 掌握车身倾斜、方向跑偏故障的排除方法。

主要实训器材

实训汽车、常用修理工具、举升机、卷尺、轮胎动平衡机、橇棒、轮胎气压表。

故障现象

1. 汽车停放在平坦的地面上，车身倾斜。

2. 汽车行驶时，方向自动跑偏且有异响。

故障原因

1. 两前轮的气压不一致。

2. 两前轮轮胎磨损不一致。

3. 钢板弹簧折断（非独立悬架）。

4. 钢板弹簧弹力过小或刚度不一致（非独立悬架）。

5. 钢板弹簧销、衬套和吊耳磨损严重（非独立悬架）。

6. 前后桥变形或 U 形螺栓松动（非独立悬架）。

7. 螺旋弹簧弹力不足（独立悬架）。
8. 稳定杆变形（独立悬架）。
9. 上下摆臂变形（独立悬架）。
10. 各铰接点磨损、松旷（独立悬架）。
11. 减振器漏油或失效。

故障诊断与排除

1. 将汽车停放在平坦的地面上检查。

（1）检查两前轮气压是否一致，若不一致，应充气，使轮胎气压达到标准。

（2）检查两前轮胎磨损是否一致，若不一致，更换磨损严重的轮胎。

（3）检查悬架弹簧是否折断或弹力减弱，若有折断或弹力减弱，应更换。

（4）测量前后桥的左右轮中心距是否相等，若不相等，说明悬架弹簧固定螺栓松动或折断造成移位，应紧固或更换。

2. 将车辆架起，使钢板弹簧处于自由状态，用撬棒在其吊耳处撬动钢板弹簧，如感觉松旷量很大，说明钢板销与衬套的配合间隙过大，应更换。

3. 检查减振器是否漏油或失效，如有漏油或失效应更换。

4. 用手推拉检查横向稳定杆、转向拉杆、减振器上下端各连接部位，感觉是否有松旷现象，若松旷，说明各连接部位的橡胶套磨损严重，应更换。

5. 检查悬架弹簧的效能。将车辆架起，使弹簧处于自由状态，测量钢板弹簧弧高或螺旋弹簧的伸长量，若有一侧相差过大，说明弹簧疲劳失效，应更换。

项目 2　轮胎胎面磨损不均匀故障的诊断与排除

实训要求

1. 了解轮胎胎面磨损不均匀故障的现象及原因。
2. 掌握轮胎胎面磨损不均匀故障的排除方法。

主要实训器材

实训汽车、常用修理工具、举升机、卷尺、轮胎动平衡机、轮胎气压表。

故障现象

汽车行驶一段里程后，轮胎胎面出现磨损不均匀的现象。

<table>
<tr><td colspan="2">

故障原因

1. 轮胎气压不足或长时间超速、超载。
2. 轮胎气压过高。
3. 前轮外倾过大或过小。
4. 前轮前束不正确。
5. 车轮动不平衡。
6. 轮毂轴承松旷。
7. 轮辋变形。
8. 经常使用紧急制动或制动拖滞。
9. 轮胎未按规定换位。

</td></tr>
<tr><td colspan="2">

故障诊断与排除

</td></tr>
<tr><td>1. 若轮胎胎冠两肩磨损严重，说明轮胎长时间气压过低或超载，应按规定给轮胎充气。</td><td></td></tr>
<tr><td>2. 若轮胎胎冠中部磨损严重，说明轮胎长时间气压过高，应将轮胎气压调整至规定值。</td><td></td></tr>
</table>

3. 胎面干裂，多为轮胎充气不足或超速所致。 4. 若轮胎胎冠外侧磨损严重（右轮），如右图所示，说明车轮外倾角过大，应调整。	
5. 若轮胎胎冠内侧磨损严重（左轮），如右图所示，说明车轮外倾角过小，应调整。	
6. 若轮胎胎冠出现由外侧向内侧或由内侧向外侧的锯齿形磨损，说明车轮前束值或后束值过大或过小，应调整。	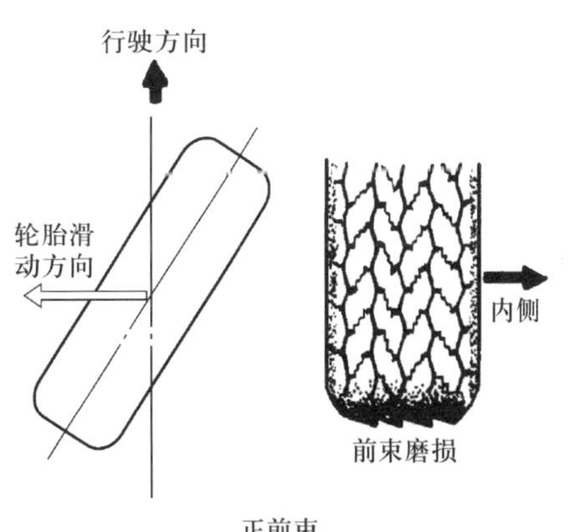

<table>
<tr><td>6. 若轮胎胎冠出现由外侧向内侧或由内侧向外侧的锯齿形磨损，说明车轮前束值或后束值过大或过小，应调整。</td><td>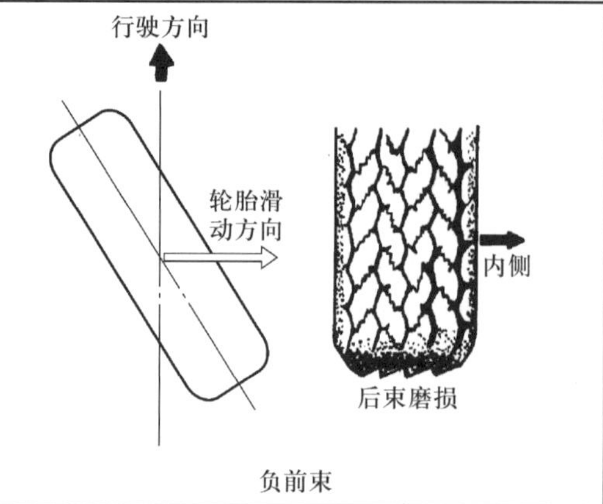</td></tr>
<tr><td>7. 如轮胎胎冠出现波浪形或碟形磨损，说明车轮不平衡、轮毂轴承松旷、轮辋变形、经常使用紧急制动或制动拖滞，应分别检查和维修。
8. 如轮胎胎面出现扇形磨损，说明轮胎缺少换位。</td><td>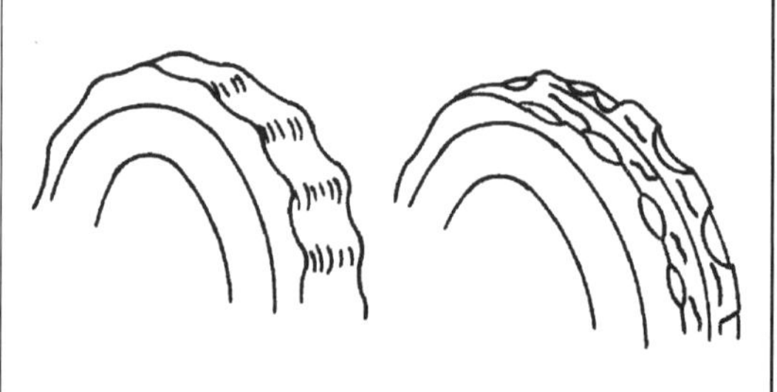</td></tr>
</table>

项目 3　前轮摆动故障的诊断与排除

<table>
<tr><td>实训要求
1. 了解前轮摆动故障的现象及原因。
2. 掌握前轮摆动故障的排除方法。</td></tr>
<tr><td>主要实训器材
实训汽车、常用维修工具、举升机、四轮定位仪、轮胎动平衡机。</td></tr>
<tr><td>故障现象
汽车行驶中，在达到某一速度时，出现方向摆振。</td></tr>
<tr><td>故障原因
1. 车轮螺栓松动。
2. 前悬架的螺栓（螺母）松动。
3. 前轮毂轴承磨损、松旷。
4. 车轮轮辋产生偏摆。
5. 车轮不平衡。
6. 下摆臂（梯形臂）的球头销（球接头）磨损或松动。
7. 转向横拉杆球头销磨损或松动。
8. 前轮定位角不正确。</td></tr>
</table>

故障诊断与排除

1. 如果车轮螺栓松动，则需要按规定力矩和顺序紧固螺栓。

2. 如果前悬架的螺栓（螺母）松动，则需要紧固转向节、前减振器及下摆臂（梯形臂）的紧固螺栓（螺母）。

3. 如果前轮毂轴承磨损、松旷，应更换轴承。

4. 如果车轮轮辋产生偏摆，则需要更换轮辋。

5. 如果车轮不平衡，则需要用轮胎动平衡机进行车轮的平衡。

6. 如果下摆臂（梯形臂）的球头销（球接头）磨损或松动，则需要更换球头销（球接头）。

7. 如果转向横拉杆球头销磨损或松动，则需要更换球头销。

8. 如果前轮定位角不正确，则需要用四轮定位仪检查和校正前轮前束及外倾角。

单元 7　制动系的维护与故障诊断排除

课题 1　制动系的维护

知识概述：

汽车制动系包括行车制动系统、驻车制动系统和辅助制动系统，其作用是保证汽车能在安全的条件下具有高速行驶能力。制动系一般具有良好的制动性和制动稳定性，且制动不跑偏、不侧滑，制动可靠。

汽车制动系分为气压制动系和液压制动系。制动系一般由制动操纵机构和制动器两个主要部分组成，制动器包括盘式制动器和鼓式制动器。

汽车制动系的技术状况直接影响行车安全和汽车的运输效率。汽车运行中零件磨损、变形甚至断裂以及装配调整不当等，将导致制动失灵、制动跑偏或制动拖滞等故障现象。

项目　液压制动系的检查与调整

实训要求

掌握液压制动控制机构的检查与调整方法。

<table>
<tr><td colspan="2">主要实训器材
实训汽车、常用修理工具、游标卡尺、钢直尺、废液回收罐、塑料管、漏斗、制动液充放机。</td></tr>
<tr><td colspan="2">实训内容</td></tr>
<tr><td colspan="2">（一）制动液液面的检查</td></tr>
<tr><td>制动液储液罐位于发动机舱内制动主缸的上方，在其上面有制动液面最高（MAX）和最低（MIN）标记。正常情况下，制动液的液面应处于“MAX”和“MIN”之间。</td><td>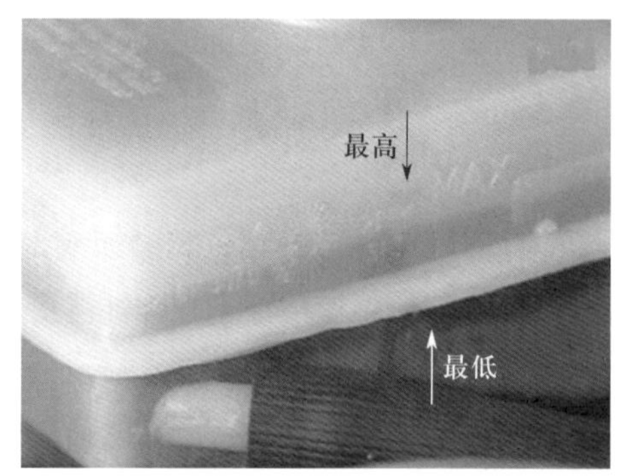</td></tr>
<tr><td colspan="2">（二）制动液的更换与排气</td></tr>
<tr><td>1. 将车轮拆下，在放气阀处接一根透明的塑料管。</td><td></td></tr>
<tr><td>2. 拧松放气阀，放出旧制动液。</td><td>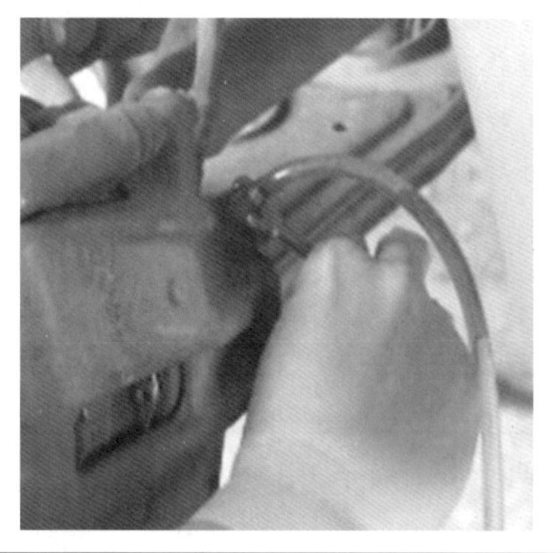</td></tr>
</table>

3. 同时连续踩下制动踏板，直到制动液不再流出为止。	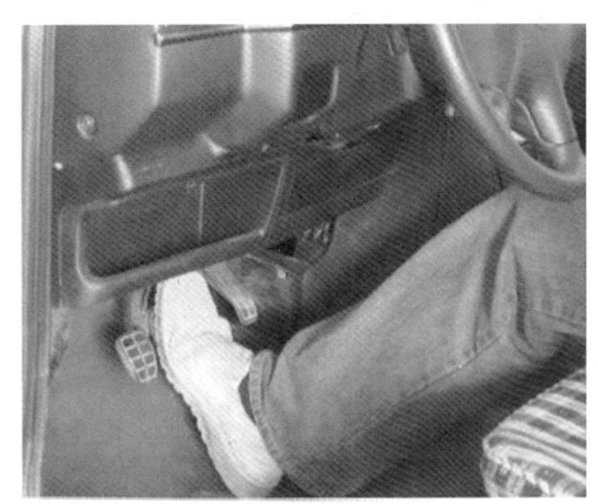
4. 拧紧放气阀，向储液罐内加入符合要求的制动液。同时，排出液压管路内的空气。排气由两人配合进行，一人在驾驶室内连续踩制动踏板，另一人拧松放气阀，使管路中的空气排出。	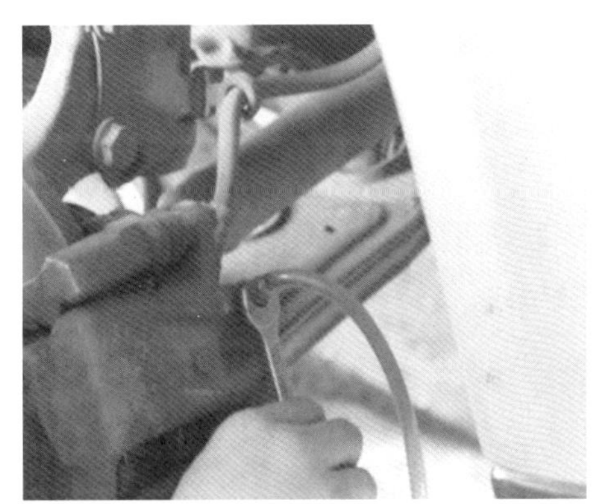
5. 当空气和制动液一同排出时，立即拧紧放气阀，如此反复多次，直到塑料管内无气泡排出为止。然后拧紧放气阀并装好防尘套。	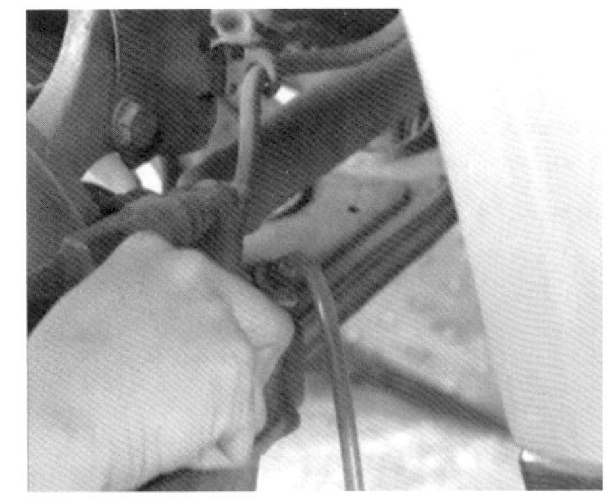

6. 更换制动液，也可以使用制动液充放机。用相应的连接盖将充液软管连接到车辆制动主缸的储液罐上，拧紧连接盖以保证密闭性良好。	
7. 将新的制动液用漏斗倒入制动液充放机内。	
8. 将废液回收罐依次挂在车轮上，拧开车轮制动轮缸上的放油螺栓，再将废液回收罐上的软管连接到放油接口上，然后打开制动液充放机的电源，起动制动液充放机。制动液充放机可自动压出旧制动液和空气。	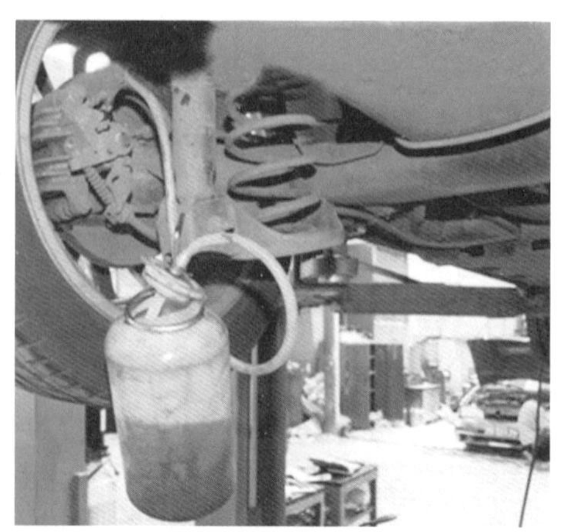

<table>
<tr><td>9. 随着车轮废液回收罐内的液面逐渐上升，观察流经管路的制动液颜色，待颜色由深灰色或黑色变为半透明的黄色新油后即可结束。同样的步骤再移至其他车轮进行一遍。
注意：排气的顺序为右后轮、左后轮、右前轮、左前轮。</td><td>
</td></tr>
<tr><td>10. 制动液更换结束后，及时将放油螺栓拧紧，并擦干净一旁的污渍，检查是否有轻微的渗漏。</td><td>
</td></tr>
<tr><td colspan="2">（三）制动主缸及制动管路的检查</td></tr>
<tr><td>检查制动主缸不应有渗漏或损坏，若有则更换新件；检查制动软管是否有磨损、泄漏或老化，若有应立即更换；制动管路不能扭曲、凹瘪，否则应进行校直或更换。</td><td></td></tr>
</table>

<table>
<tr><td colspan="2">（四）盘式制动器的检查与调整</td></tr>
<tr><td>1. 支起车轮，拆下制动钳，取下制动摩擦片。</td><td></td></tr>
<tr><td>2. 用钢直尺测量摩擦片磨损极限值，摩擦片的厚度不应小于 1.6 mm，若小于 1.6 mm，应更换摩擦片。</td><td>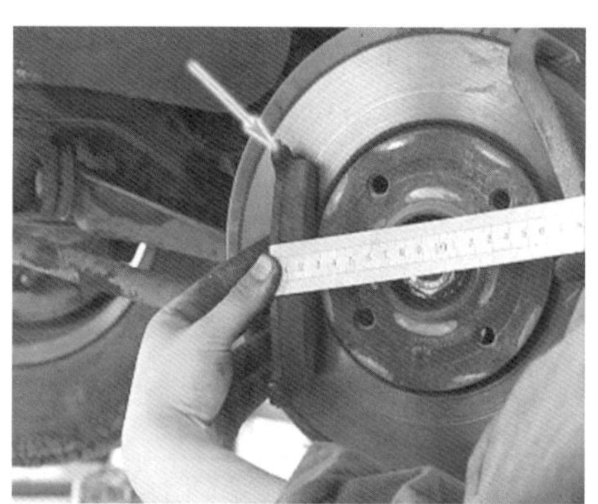</td></tr>
<tr><td>3. 用游标卡尺测量制动盘的厚度，制动盘磨损极限值应不小于 18 mm，若小于 18 mm，应更换制动盘。</td><td></td></tr>
</table>

<table>
<tr><td>4. 转动制动盘，检查制动盘摩擦表面上的径向圆跳动量，如果超过 0.06 mm，应更换制动盘。</td><td></td></tr>
<tr><td colspan="2">（五）鼓式制动器的检查与调整</td></tr>
<tr><td>1. 检查制动蹄摩擦片的厚度，应不小于 2.5 mm。</td><td></td></tr>
<tr><td>2. 检查制动毂的尺寸，制动毂的内径尺寸应不大于 200 mm，否则应更换制动毂。</td><td></td></tr>
</table>

<table>
<tr><td>3. 检查制动轮缸，检查活塞工作是否顺畅，制动皮碗是否老化、漏油。
注意：鼓式制动器中装有楔形调节块用以自调制动器间隙，因此，在使用过程中或装配工作结束后，无须对制动器间隙进行调整。</td><td></td></tr>
<tr><td colspan="2">（六）驻车制动器的检查与调整</td></tr>
<tr><td>1. 拉动制动操纵杆，听察制动操纵杆的声响次数（乘用车一般为 5～9 次）。</td><td>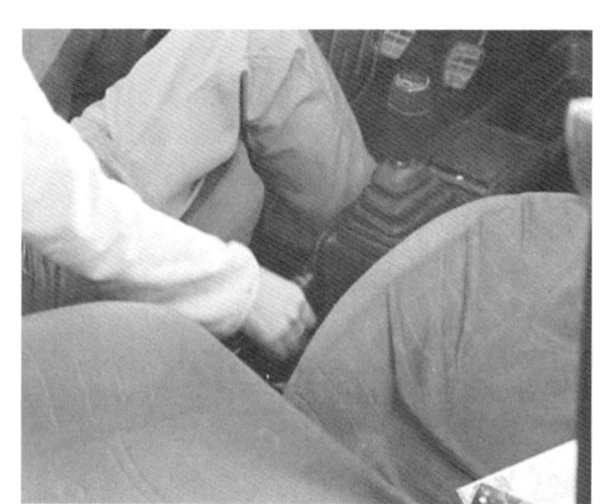</td></tr>
<tr><td>2. 调整固定螺母，直到用手不能转动两个后轮为止。</td><td>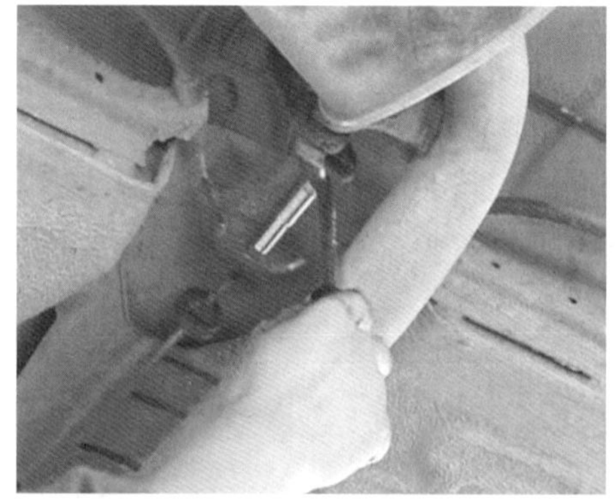</td></tr>
</table>

<table>
<tr><td>3. 松开制动操纵杆，两后轮旋转自如即为调整合适。</td><td></td></tr>
<tr><td colspan="2">（七）制动真空助力器的检查</td></tr>
<tr><td>1. 在发动机熄火状态，多次踩下制动踏板，排除真空助力器气室中的真空度。
2. 以适中的力踩下制动踏板，并保持一定的位置。
3. 起动发动机，如果制动踏板高度有所下降，说明真空助力器工作情况良好。如果制动踏板无任何变化，说明真空助力器已经失灵，应予更换。</td><td></td></tr>
<tr><td colspan="2">（八）制动踏板自由行程的检查与调整</td></tr>
<tr><td>用手轻轻压下制动踏板，用钢直尺测量手感变重时的踏板行程，即为制动踏板自由行程。
如果不符合要求，通过制动踏板推杆进行调整。</td><td>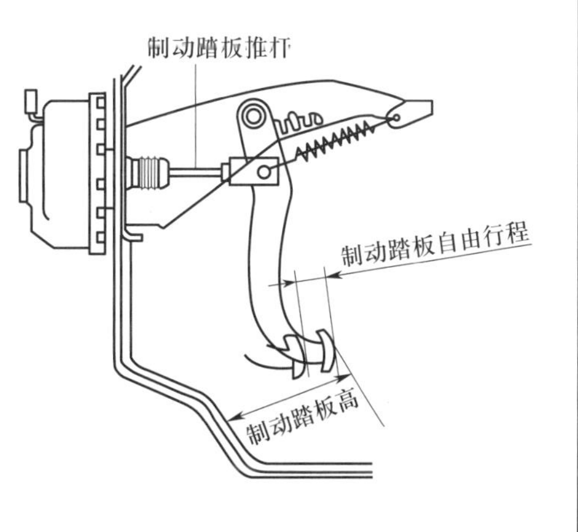</td></tr>
</table>

课题 2　制动系的故障诊断与排除

项目 1　液压制动失效故障的诊断与排除

实训要求

1. 了解液压制动失效故障的现象及原因。
2. 掌握液压制动失效故障的排除方法。

主要实训器材

实训汽车、常用修理工具、举升机、游标卡尺、轮胎气压表、塞尺、四轮定位仪、卷尺。

故障现象

汽车行驶中，踩下制动踏板，车辆不减速或无明显减速作用。

故障原因

1. 制动踏板至制动主缸的连接松脱。
2. 制动储液罐无液或严重缺液。
3. 制动管路断裂漏油。
4. 制动主缸皮碗破裂。

故障诊断与排除

1. 踩下制动踏板，检查制动踏板与制动主缸是否有连接感，若无连接感，说明制动踏板至制动主缸的连接松脱，应检查修复。

2. 踩下制动踏板，若没有阻力感，检查制动主缸至制动轮缸的制动软管或金属管有无断裂漏油，若有断裂漏油，且主缸内的制动液在此之前已全部推出，应更换。

3. 踩下制动踏板，感到很轻，仅稍有阻力感，观察制动液储液罐内的液面位置，若储液罐内无液或严重缺液，应添加制动液至规定位置。

4. 踩下制动踏板，虽然感到有一定的阻力，但踏板位置保持不住，能明显下沉，可检查制动主缸有无漏油，若有漏油，说明制动主缸皮碗破裂，应更换。

项目 2　液压制动不良故障的诊断与排除

实训要求

1. 了解液压制动不良故障的现象及原因。
2. 掌握液压制动不良故障的排除方法。

<table>
<tr><td>

主要实训器材

实训汽车、常用修理工具、举升机、真空表。

</td></tr>
<tr><td>

故障现象

1. 汽车在行驶中，踩一次制动踏板不能减速或停车，连续踩几次制动踏板，效果也不好。

2. 汽车紧急制动时，制动距离太长。

</td></tr>
<tr><td>

故障原因

1. 制动踏板自由行程太大。
2. 制动液不足，储液罐内液面太低。
3. 制动液内进水或混进其他液体。
4. 制动管路内进入空气，或产生气阻。
5. 制动主缸或轮缸的活塞磨损严重，配合松旷。
6. 制动皮碗老化，密封不良。
7. 制动主缸的进油孔、补偿孔堵塞，造成油压不够。
8. 制动软管老化过软。
9. 管路或接头处有泄漏。
10. 真空助力器各真空管路接头松动、脱落，管路处有破裂。
11. 真空助力器的膜片破裂或密封圈密封不良。
12. 真空助力器单向阀密封不良。
13. 真空助力器控制阀不良。
14. 真空助力器辅助缸活塞磨损严重。
15. 真空助力器辅助缸活塞皮碗不密封。
16. 真空助力器辅助缸单向球阀不密封。

</td></tr>
<tr><td>

故障诊断与排除

1. 检查储液罐中制动液液面高度是否符合要求，若液面在“MIN”线以下，说明制动液液面太低，制动系统某处有泄漏或制动摩擦片磨损，应添加制动液至规定位置。

2. 若连续踩几次制动踏板都能踩到底，且感觉阻力很小。

（1）检查制动踏板联动机构有无松脱，若有松脱，应修复。

（2）检查制动管路是否有漏油，若发现管路有漏油，说明制动软管破裂或制动管路与接头漏油等。

（3）检查制动主缸是否有不回位现象，若制动主缸活塞不回位，说明活塞卡顿或制动皮碗、皮圈发胀变形，应拆检更换。

</td></tr>
</table>

3. 连续几次踩制动踏板，制动踏板能迅速升高，然后踩住制动踏板并保持一定的位置不动。

（1）若踩住制动踏板后，制动踏板高度不降低，说明制动踏板自由行程过大或制动器间隙过大，应调整。

（2）踩住制动踏板后，制动踏板高度逐渐下降。

1）检查制动管路及制动轮缸是否漏油，若漏油应更换。

2）检查制动主缸是否有回油现象，若回油严重，说明制动主缸密封圈密封不严，应更换密封圈或制动主缸。

4. 在踩制动踏板时，感觉较软（轻）且有弹力，说明制动系统中有空气，应排气并添加制动液。

5. 对于装有真空助力器的汽车，踩制动踏板时需用力。

（1）拆下真空助力器真空管接头，用手堵住真空管，检查是否有真空吸力，若无真空吸力，说明真空管破裂或与进气管的接头松动而漏气，应更换或紧固。

（2）用真空表接在真空助力器上，检查是否有真空度，若无真空度，说明真空助力器膜片破裂，应更换膜片或真空助力器。

（3）检查真空助力器单向阀是否失效，若失效应更换。

（4）用压缩空气检查制动管路是否堵塞，若堵塞应更换。

（5）支起车轮，用力踩制动踏板，若车轮还能转动，说明制动摩擦片或制动钳卡顿，应检查修复。

6. 若制动力不足，且伴随制动踏板向上反弹，说明辅助缸活塞磨损严重，辅助缸活塞、皮碗不密封，辅助缸单向球阀不密封。

7. 若上述检查均正常，应拆检车轮制动器。

（1）检查制动器内是否有油污，若有油污应清洗。

（2）检查制动摩擦片状况，若摩擦片磨损严重、硬化或露出铆钉，应更换。

（3）检查制动盘或制动鼓状况。

1）若制动盘磨损严重或有明显沟槽，应更换。

2）若制动鼓圆度误差过大、磨损严重或有明显沟槽，应更换。

项目 3　液压制动跑偏故障的诊断与排除

实训要求

1. 了解液压制动跑偏故障的现象及原因。

2. 掌握液压制动跑偏故障的排除方法。

<table>
<tr><td>

主要实训器材

实训汽车、常用修理工具、举升机、轮胎气压表。

</td></tr>
<tr><td>

故障现象

1. 汽车行驶制动时，行驶方向发生偏斜。
2. 紧急制动时，制动跑偏或车辆甩尾。

</td></tr>
<tr><td>

故障原因

1. 左右车轮轮胎气压、花纹或磨损程度不一致。
2. 左右车轮轮毂轴承松紧不一，个别破损或毁坏。
3. 一侧减振器漏油或失效。
4. 一侧悬架弹簧折断或弹力过低。
5. 一侧摩擦衬片有油污或铆钉外露。
6. 一侧制动管路堵塞或混入空气。
7. 一侧制动蹄间隙过大，制动摩擦片磨损严重或制动间隙自调装置失效。
8. 一侧制动鼓或制动盘磨损严重或有沟槽。
9. 一侧制动盘翘曲或松动。
10. 制动钳活塞卡死不能运动。
11. 制动轮缸活塞漏油。
12. 前轮定位失准。
13. 转向传动机构松旷。
14. 感载比例阀故障。

</td></tr>
<tr><td>

故障诊断与排除

1. 外观检查

（1）检查左右车轮轮胎气压、花纹和磨损程度。

1）若轮胎气压不一致，应按规定给轮胎充气。

2）若轮胎花纹不一致或某侧轮胎磨损严重，应更换。

（2）支起车轮，用手转动和轴向推拉轮胎。

1）若一侧车轮有松旷或过紧感觉，应重新调整轴承的预紧度或更换轴承。

2）若转动车轮有卡顿或异响，应检查该轮轮毂轴承是否破损或毁坏。

（3）检查减振器是否漏油或失效，若漏油或失效应更换。

（4）检查悬架弹簧是否折断或弹力过低，若有折断或弹力过低应更换。

2. 对汽车进行路试，制动时汽车向一侧跑偏，另一侧车轮制动不良。

（1）对该轮制动器进行放气，一人踩下制动踏板，另一人拧松放气螺钉。

1）若无制动液喷出，说明该轮制动管路堵塞，应更换。

</td></tr>
</table>

2）若放出的制动液中有空气，说明该轮制动管路中混入空气，应予以排放。

（2）观察该轮制动器间隙，若制动器间隙过大，说明制动摩擦片磨损严重或制动间隙自调装置失效，应更换。

（3）拆检制动器

1）检查制动盘或制动鼓是否磨损严重或有沟槽，若磨损严重，应更换；若有严重沟槽，应车削或镗削。

2）检查制动摩擦片是否有油污或水渍及磨损严重，若制动摩擦片有油污或水渍，应查明原因并清理；若制动摩擦片磨损严重，应更换。

3）检查制动轮缸或制动钳活塞，若有漏油现象，应更换。

3. 制动时，出现忽左忽右跑偏现象。

（1）检查前轮定位是否符合要求，若前轮定位不正确，应调整。

（2）检查转向传动机构是否松旷，若松旷，应紧固、调整或更换。

4. 若在制动时，车辆出现甩尾现象，应检查感载比例阀是否有故障。

项目4　液压制动拖滞故障的诊断与排除

实训要求

1. 了解液压制动拖滞故障的现象及原因。
2. 掌握液压制动拖滞故障的排除方法。

主要实训器材

实训汽车、常用修理工具、举升机。

故障现象

抬起制动踏板后，全部或个别车轮的制动作用不能立即解除，以致影响了车辆重新起步、加速行驶或滑行。

故障原因

1. 制动踏板无自由行程，制动踏板拉杆不能回位。
2. 制动主缸复位弹簧折断或失效。
3. 制动主缸回油孔堵塞，密封圈发胀或发黏与制动主缸卡死。
4. 通往制动轮缸的油管凹瘪或堵塞。
5. 制动盘摆差过大。
6. 前制动器密封圈损坏，造成活塞不能正常复位。
7. 前后制动器轮缸密封圈发胀或发黏与泵体卡死。

8. 鼓式制动器制动蹄复位弹簧折断或过软。

9. 鼓式制动器制动摩擦片破裂或铆钉松动。

10. 鼓式制动器制动鼓严重失圆。

故障诊断与排除

1. 将汽车支起，在未踩制动踏板的情况下，用手转动车轮

（1）若某一车轮转不动，说明该轮制动器拖滞。

（2）若全部车轮转不动，说明全部车轮制动器拖滞。

2. 个别车轮制动器拖滞

（1）放松该轮制动轮缸的放气螺钉，若制动液急速喷出，随即车轮能旋转自如，说明该轮制动管路堵塞，轮缸未能回油，应更换。

（2）若车轮仍不转，则拆下车轮，解体检查制动器。

1）对于盘式制动器：

①旋转检查制动盘，若摆差过大，应磨削或更换。

②拆检制动轮缸，若轮缸活塞卡顿或密封圈损坏，应更换。

2）对于鼓式制动器：

①检查制动摩擦片状况，若摩擦片破裂或铆钉松动，应更换摩擦片。

②检查制动间隙自调装置，若有损坏，应更换。

③检查制动鼓状况，若制动鼓圆度误差过大，应镗削或更换。

④检查制动蹄复位弹簧，若有折断或弹力减弱，应更换。

⑤检查制动轮缸，若轮缸活塞卡顿或密封圈损坏，应更换。

3. 全部车轮制动器拖滞

（1）检查制动踏板自由行程是否符合要求，若自由行程过小，应调整。

（2）检查制动踏板的复位情况，用力将制动踏板踩到底并迅速抬起，若制动踏板复位缓慢，说明制动踏板复位弹簧失效或踏板轴卡顿，应更换或修复。

（3）打开制动液储液罐盖，由一人连续踩制动踏板，另一人观察制动主缸的回油情况。

1）若不回油，说明制动主缸回油孔堵塞，应清洗、疏通。

2）若回油缓慢，说明制动液过脏或变质，应更换。

（4）若经上述检查均正常，可由一人踩下制动踏板，另一人拧松任一放气螺钉，若有制动液喷出，且全车制动拖滞消除，说明制动主缸活塞或皮碗、密封圈卡顿，应更换零件或制动主缸。

模块三

电气设备维护与故障诊断排除

单元1　电源系的维护与故障诊断排除

课题1　电源系的维护

知识概述：

电源系一般由发电机、蓄电池、点火开关、充电指示灯等组成，如图3–1–1所示。

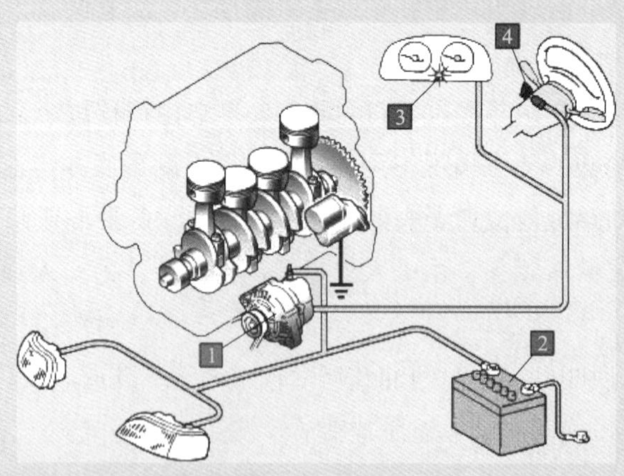

图3–1–1　汽车电源系的组成

1—发电机　2—蓄电池　3—充电指示灯　4—点火开关

汽车用铅酸蓄电池与交流发电机并联，其主要作用是为起动系提供强大的起动电流，有干式荷电型和免维护型几种，一般由六个单格串联而成，主要由正负极板、隔板、电解液、外壳、链条和极桩组成。

铅酸蓄电池放电时，正负极板上的二氧化铅和海绵状纯铅分别与电解液中的硫酸反应，生成硫酸铅和水，释放出电能；充电时，正负极板上的硫酸铅分别恢复成二氧化铅和海绵状铅，将电能转换为化学能储存起来。

蓄电池的容量主要受放电电流大小、电解液温度及电解液相对密度的影响。充满电的铅酸蓄电池单格电压为 2.1 V，液面高出防护片 10 ~ 15 mm，相对密度 ρ（15 ℃）在 1.24 ~ 1.30 g/cm^3。

汽车交流发电机主要由转子总成、定子总成、整流部分、风扇、元件板等组成。在汽车行驶过程中，由发电机向除了起动机以外的所有用电设备提供电源，并向蓄电池充电。

项目 1　蓄电池的维护

<table>
<tr><td colspan="2">实训要求
掌握蓄电池维护作业的内容及操作方法。</td></tr>
<tr><td colspan="2">主要实训器材
实训汽车、常用修理工具、充电机、高率放电计、冰点检测仪。</td></tr>
<tr><td colspan="2">实训内容</td></tr>
<tr><td colspan="2">（一）蓄电池外部的检查与维护</td></tr>
<tr><td>1. 首先观察蓄电池外部有无电解液渗漏现象，以确定其外壳有无破裂之处。若有，应进行修理或更换，如图 3–1–2 所示。
2. 清洁蓄电池外部，以防止表面脏污而导致蓄电池自行放电。</td><td>
图 3–1–2　检查蓄电池外壳</td></tr>
</table>

图 3–1–3　清洁蓄电池极柱

3. 清除极柱上的脏物和氧化物，擦净连接线外部及夹头，清除安装架上的脏污，如图 3–1–3 所示。

4. 检查加液孔盖通气孔是否畅通，如图 3–1–4 所示。

5. 检查蓄电池的固定状况。蓄电池在车上的安装是否牢固，导线、夹头与两极接线柱连接是否紧固。

图 3–1–4　检查加液孔盖通气孔

（二）蓄电池技术状况的检测

1. 检查电解液液面高度

汽车每行驶 1 000 km 或冬季行驶 10～15 d，夏季行驶 5～6 d，就应对电解液液面高度进行检查。其检查方法如下：

（1）液面高度示线观察法（图 3–1–5）

蓄电池的透明塑料外壳上均刻有（或印有）两条指示线，分别表示上限和下限。标准的电解液高度应介于两条指示线之间，否则应进行调整。

图 3–1–5　液面高度示线观察法

（2）图标标记观察法（图 3-1-6）

许多免维护蓄电池在加液孔盖或蓄电池壳体上制有各种图标标记和说明，检查时可根据其图示形状或颜色的变化来判断液体的多少和存电量状况。

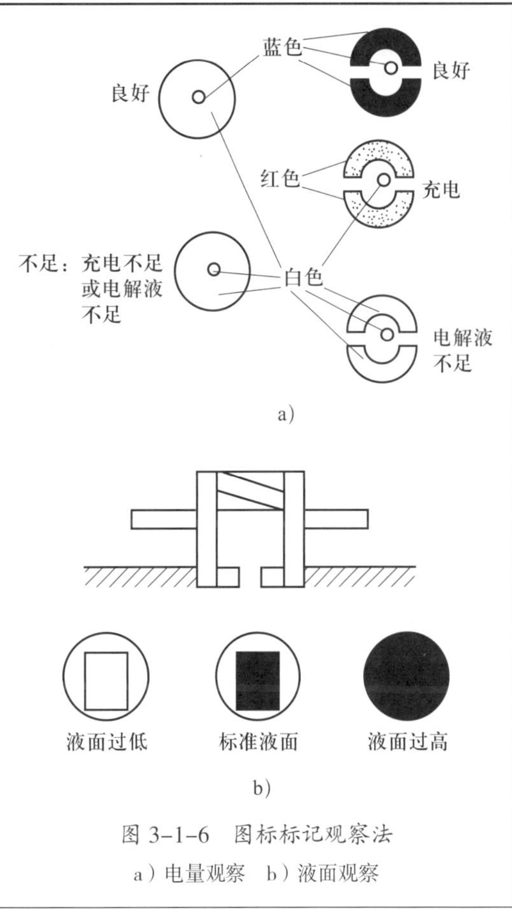

图 3-1-6　图标标记观察法

a）电量观察　b）液面观察

2. 测量电解液相对密度

用冰点检测仪自带的吸管，取一滴电解液，滴在测量镜上，放下透明挡片，进行读数，如图 3-1-7 所示。

图 3-1-7　测量电解液相对密度

蓄电池电解液的相对密度应为 1.28 g/cm³（20 ℃时）。电解液的相对密度随温度变化而变化，电解液温度每升高 1 ℃，相对密度降低 0.000 7 g/cm³；电解液温度每降低 1 ℃，相对密度上升 0.000 7 g/cm³。因此，测量电解液相对密度必须换算成标准温度 20 ℃时的相对密度值。

注意：在测量相对密度前，应用蒸馏水清洁测量镜表面，再用抹布清洁。电解液应滴在测量镜的中间段，以免电解液漏出损伤相对密度计外部壳体及塑料挡板。

3. 用高率放电计测量蓄电池电压，确定其放电程度。

蓄电池高率放电计的正面表盘上设有红、黄、绿色的条形放电程度图（图 3–1–8），同时还有与其相对应的电压表刻度。表盘上的两行彩色条形图，分别测量≤ 60 A·h 和 > 60 A·h 的蓄电池的放电程度，其中红色区域表示亏电或有故障，黄色区域表示亏电较少或技术状况较好，绿色区域表示电量充足或技术状况良好。

用高率放电计测量蓄电池的放电程度时，将放电计的框架顶尖（负极）紧压在蓄电池的负极接线柱上，红线顶尖（正极）紧压在蓄电池的正极接线柱上（图 3–1–9），持续 20 s，读取测量结果，蓄电池的技术状况与测量要求见表 3–1–1 中的说明及注解。

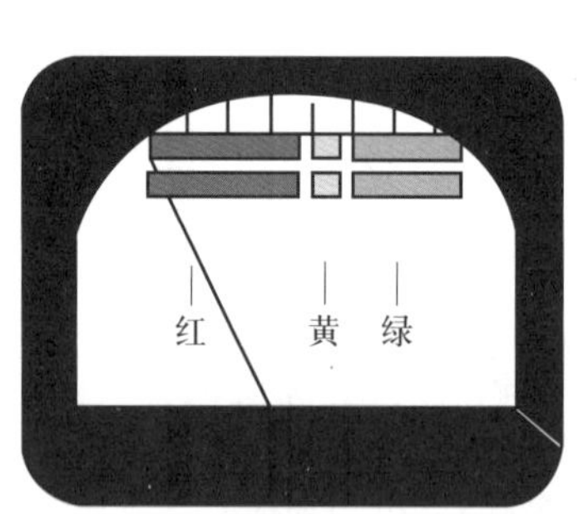

图 3–1–8 高率放电计的正面表盘显示

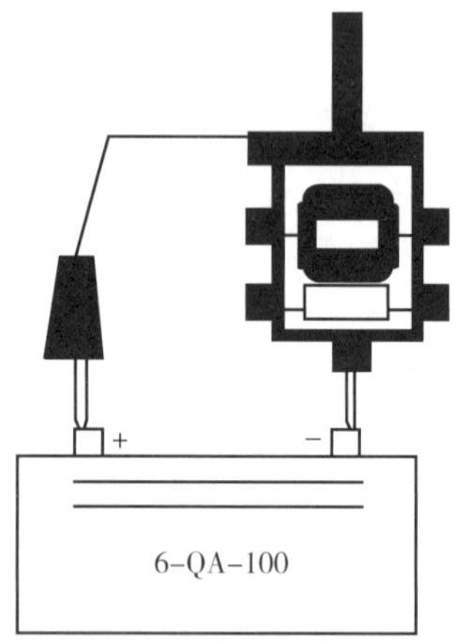

图 3–1–9 高率放电计测量放电程度

表 3–1–1 蓄电池的技术状况与测量要求

型号 /（A·h）	≤ 60	> 60
时间 /s	20	
电压 /V	< 9 故障	< 9.5 故障
	9 ~ 11 较好	9.5 ~ 11.5 较好
	>11 好	>11.5 好

（三）蓄电池的充电

蓄电池的充电方法有三种：定电流充电、定电压充电和快速脉冲充电。

1. 充电电路的连接

（1）串联定电流充电，可将不同电压等级、单格容量（或单格极板数量）相同的蓄电池串联在一起进行充电，其电路连接方法如图 3–1–10 所示。

注意：接入串联电路中的蓄电池最大电压总量，应小于充电机额定输出电压。

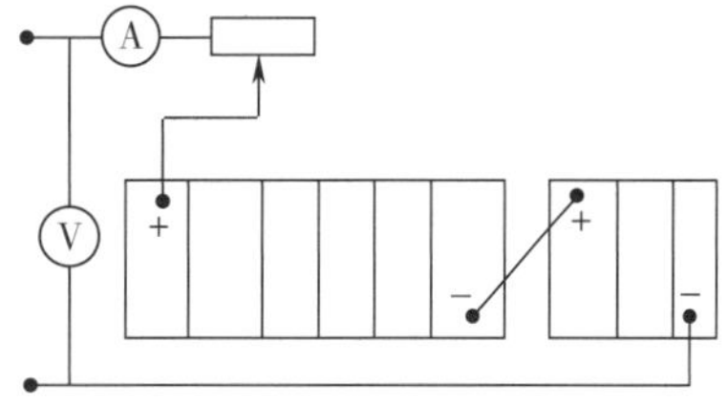

图 3–1–10　串联定电流充电接线图

（2）并联定电压充电，可将相同电压等级的蓄电池并联在一起进行充电，其电路连接方法如图 3–1–11 所示。通常每单格电池需约 2.5 V，对 12 V 的蓄电池充电，电源电压应为 15 V。

注意：接入并联电路中的蓄电池最大电压，应小于充电机额定输出电压或选定电压。

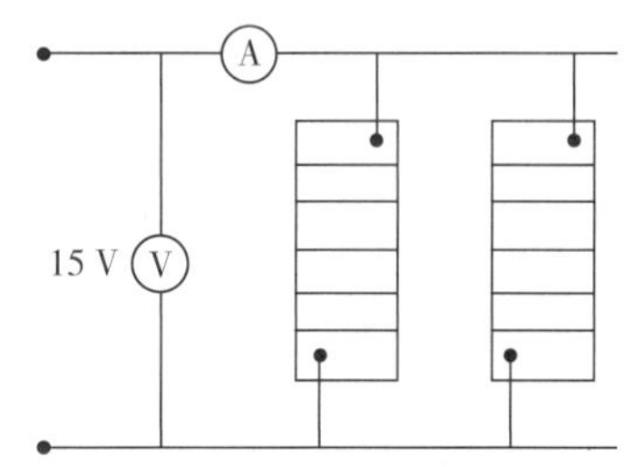

图 3–1–11　并联定电压充电接线图

（3）蓄电池的混合连接充电

如果需要对容量大小不等的蓄电池实施一次性充电，可按图 3–1–12 所示的混合连接法进行充电电路的连接。

注意：在接线前先把蓄电池按容量与放电程度分组，将额定容量相同且放电程度相同的蓄电池串联起来，并使各串联组内蓄电池的单格数相等，然后再将各串联组并联到充电电源上去。

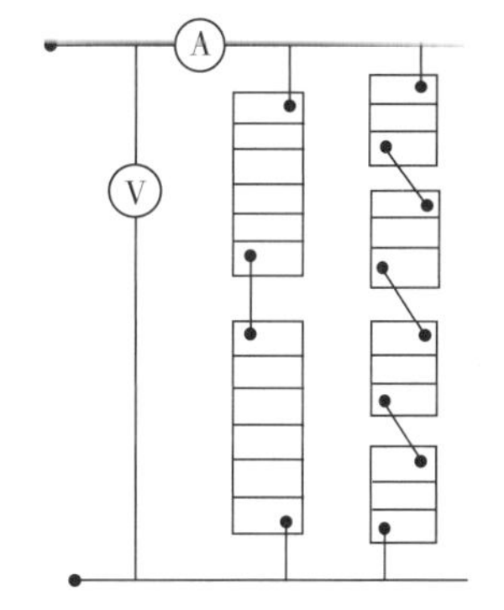

图 3–1–12　混合连接充电接线图

2. 充电机的选择

一般情况下，充电机可分为三大类型，即可控硅整流充电机、硅整流充电机、快速脉冲充电机。实际工作中可根据所充蓄电池数量的多少、经营规模的大小，来选择在型号规格方面更为适合的充电机。每次充电过程中，接入的蓄电池容量，应尽可能接近充电机的额定直流电输出值，以保证充电机的使用效率和经济效益。

（1）可控硅整流充电机

通常这种充电机输出端的额定电压较大，而额定电流较小，适用于蓄电池串联方法的定电流充电。

（2）硅整流充电机

通常这种充电机输出端的额定电压较小，而额定电流较大，适用于蓄电池并联方法的定电压充电。

（3）快速脉冲充电机

通常这种充电机还设置了常规充电功能，并且其输出端的额定电压与额定电流均很大，适用于蓄电池各种连接方法的充电。快速充电时，可选择与蓄电池容量匹配的电流进行充电。

3. 充电种类

充电种类是根据蓄电池技术状况及其使用需求划分的，包括初充电、补充充电、锻炼循环充电、预防硫化充电和去硫化充电。在汽车维护过程中，这些充电种类中除了初充电之外，其他类型的充电是不可缺少的，但最常用的是补充充电。

（1）补充充电

使用中的铅酸蓄电池，在亏电、首次使用（干荷式极板蓄电池）、带电存放期间、故障检查（某些蓄电池）等情况下均要进行补充充电。其方法是：

1）检查各单格内电解液的液面高度，若液面达不到标准高度，应注入蒸馏水，使液面高于极板 10～15 mm。

2）检查各单格内电解液相对密度和单格电压（或电池端电压），以确定其放电程度。

3）接通充电电路，分两阶段进行充电。第一阶段的充电电流约为 $Q_e/10$，充电到电解液中冒出气泡，单格电压上升到 2.4 V 位置。第二阶段的充电电流约为 $Q_e/20$，继续充电到电解液剧烈放出气泡（沸腾），电解液相对密度和单格电压（或电池端电压）连续 2～3 h 稳定不变，全部充电时间为 13～17 h，这里 Q_e 表示蓄电池的额定电流。

（2）锻炼循环充电

锻炼循环充电是指为了使极板上的活性物质得以充分利用，以保持蓄电池的额定容电量，在蓄电池正常的补充充电之后，用 20 h 放电率进行放电，再实施正常的补充充电。一般要求锻炼循环充电后的蓄电池容量达到其额定容量的 90% 以上。否则，应进行多次放、充电循环。

（3）预防硫化充电

预防硫化充电也称间歇过充电，是蓄电池在使用中，会因充电不足而导致极板发生一定程度的硫化，为了预防，可每隔 3 个月进行一次预防硫化充电。其方法是在补充充电之后，停充 1 h，然后再恢复第二阶段的充电。如此循环，直到刚接通充电电路，蓄电池立即“沸腾”为止。

（4）去硫化充电

蓄电池发生硫化故障后，其内阻显著增大，充电时温度升高快，电解液密度上升慢，造成蓄电池容量明显下降。其中，硫化严重的蓄电池消除硫化的难度较大，应予以报废。硫化程度较轻的蓄电池，可采用去硫化充电的方法进行处理。具体操作方法如下：

1）先倒净原来的电解液，再用蒸馏水进行反复清洗，然后加入足够的蒸馏水。

2）按照 $Q_e/30$ 的电流值进行充电，并随时测量电解液的相对密度。当电解液相对密度上升到 1.15 g/cm^3 时，以 10 h 放电率进行放电，当单元格电压下降到 1.75 V 时，将电解液倒出，再加入蒸馏水，继续充电，如此反复多次，直到电解液的相对密度不再上升为止。这时，极板上的硫化物，即大颗粒硫酸铅已经被充分溶解、电离。

3）将电解液倒出，更换标准相对密度的电解液，再以补充充电的电流值进行充电、再放电、再充电，直至其额定容量值达到 80% 以上。此时，极板已还原为 PbO_2（正极板）和 Pb（负极板）。

4）最后，按标准调整好电解液的相对密度和液面高度，即可装车使用。

（四）蓄电池充电与维护注意事项

1. 严格遵循各种充电种类与方法的充电规范。

2. 新蓄电池在充电之前，应先注入标准相对密度的电解液，当电解液温度下降到 35 ℃以下时，再进行充电。

3. 蓄电池就车充电时，必须拆下与车上连接的电源线。

4. 充电时，要先选择充电电压，再连接蓄电池充电线路并将其接牢（以防止接触不良产生火花），然后接通交流电源，最后按要求调整好充电电流；停止充电时，应先将充电电流值调至最小，再关闭充电电源，切断交流电源后再拆下充电连接线。

5. 充电过程中，必须打开铅酸蓄电池的加液孔盖，使电池内产生的氢气和氧气得以顺利排出。

6. 在充电过程中，要经常检查电解液的温度，当充电温度上升到 40 ℃时，应将电流减半，若继续上升到 45 ℃，应立即停止充电，并采取降温措施（采用风冷或水冷方式），待冷却至 35 ℃以下再进行充电。减小充电电流时，应适当延长充电时间。

7. 充电过程中，要经常测量各单格电池的电压与电解液相对密度，判断充电程度和技术状况，并及时处理。初充电作业应连续进行，不得长时间中断。

8. 充电区域要安装通风设备，并严禁用明火取暖，防止失火；充电设备和蓄电池应分开房间放置；充电区域要经常备有清水、10% 的苏打溶液或 10% 的氨水溶液。

9. 拆卸蓄电池两极接线柱导线接头时，可先用专用清洗剂冲洗，待氧化物溶解后再进行拆卸，严禁硬撬与敲击，以防止损坏蓄电池壳体或造成极板活性物质脱落。连接蓄电池两极接线柱导线接头时，要用稍粗一些的纱布将接线部位打磨干净，拧紧螺栓后涂一层润滑油，以防氧化。

10. 配制电解液时，要严格执行安全操作规程，将浓硫酸慢慢倒入蒸馏水中，并不断搅拌，严防腐蚀事故的发生。一旦发生腐蚀，应立即用清水或苏打水进行冲洗，以消除或减少硫酸灼伤。

项目 2　发电机的维护

实训要求

掌握汽车发电机维护作业的内容及操作方法。

主要实训器材

实训汽车、常用修理工具、数字万用表、弹簧秤、游标卡尺、汽车电器万能试验台。

实训内容

（一）发电机主要部件的检查与维护

1. 转子总成的检查与维护

（1）磁场绕组断路、短路故障的检查

将数字万用表拨到 R×1 挡，两表笔分别接在两个滑环之上，测量磁场绕组的电阻值，应符合标准，如图 3-1-13 所示。

注意：若所测电阻值符合规定，说明磁场绕组没有断路、短路故障。

若所测电阻值为无穷大，说明磁场绕组有断路故障。

若所测电阻值小于规定值，说明磁场绕组有短路故障。

对有故障的磁场绕组应进行检修或更换。

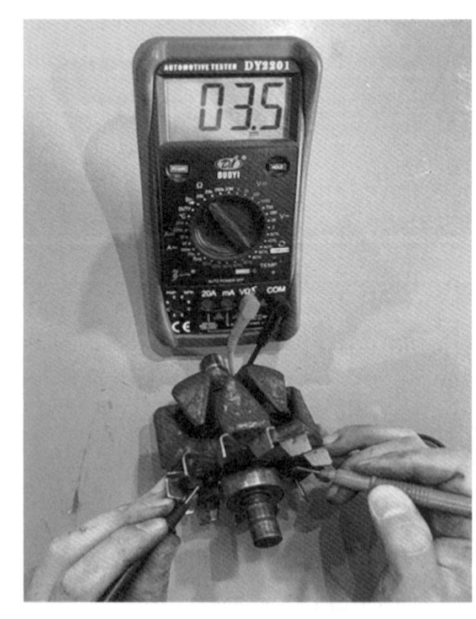

图 3-1-13　磁场绕组断路、短路故障的检查

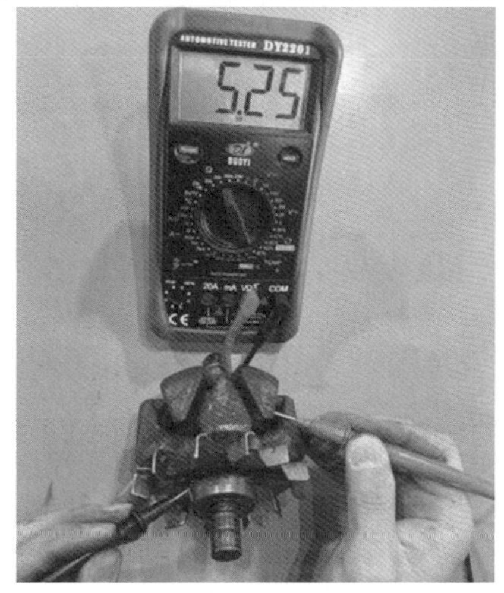

图 3–1–14　磁场绕组绝缘状况的检查

（2）磁场绕组绝缘状况的检查

将数字万用表拨到 R×10 k 挡，把一只表笔接在一个滑环之上，另一只表笔接在爪极或转子轴上，测量磁场绕组的电阻值，如图 3–1–14 所示。

若数字万用表指示电阻值无穷大，说明其绝缘良好。

若数字万用表指示电阻值较小，则说明其绝缘性不好或有接地故障，应检修或更换。

（3）转子铁心与转子轴的检查

1）转子铁心与转子轴之间不得有松动现象。

2）转子轴直线度的检查，如图 3–1–15 所示。

3）转子轴外圆与滑环对其径向跳动应不大于 0.10 mm，否则应进行矫直。

图 3–1–15　转子轴直线度的检查

（4）滑环的检查

1）滑环表面应平整、光滑，否则可用 500 号砂纸进行磨光，或用机床加工处理。

2）用游标卡尺测量滑环外径，如图 3–1–16 所示。

注意：最小外径不得小于标准直径 0.5 mm，滑环厚度不得小于 2 mm，否则应更换。

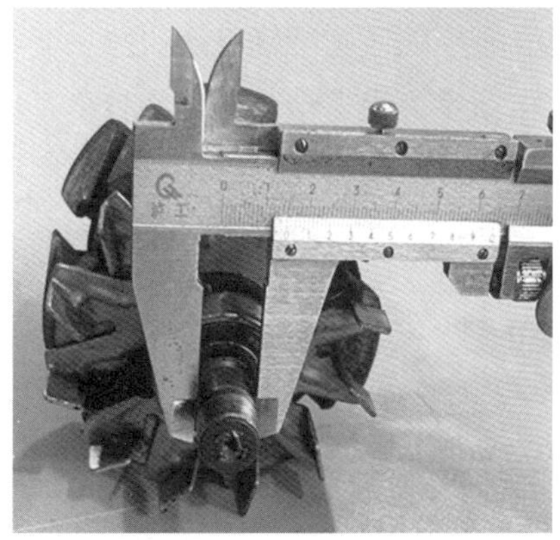
图 3–1–16　滑环外径的测量

2. 定子总成的检查

（1）定子绕组断路的检查

将数字万用表拨至R×1挡，如图3-1-17所示。两支表笔分别测量每两匝线端的电阻值。

若测得其电阻值均小于1 Ω，说明定子绕组不断路。

若测得其电阻值较大或为无穷大，则说明有接触不良或断路故障，应重点检查中性点是否有脱焊之处。

（2）定子绕组匝间短路故障的检查

1）绕组漆包线变成焦煳色或严重的绝缘漆脱皮，说明定子绕组有短路故障。

2）测量定子绕组匝间短路故障，定子绕组的三相抽头必须与整流器元件拆开，中性点接头也应脱焊分离，数字万用表拨至R×1 k挡，进行匝间电阻值的测量，如图3-1-18所示。

若数字万用表指示电阻值大于1 kΩ，说明定子绕组匝间绝缘良好。

若数字万用表指示电阻值较小（小于1 kΩ），则说明其绝缘性不好，有匝间短路故障，应检修或更换定子总成。

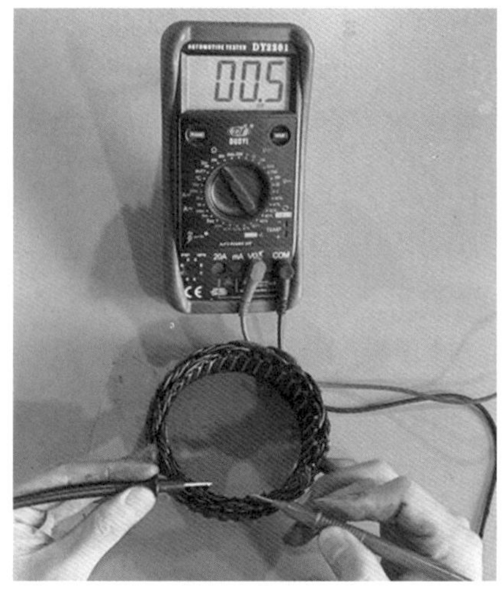

图3-1-17 定子绕组断路的测量

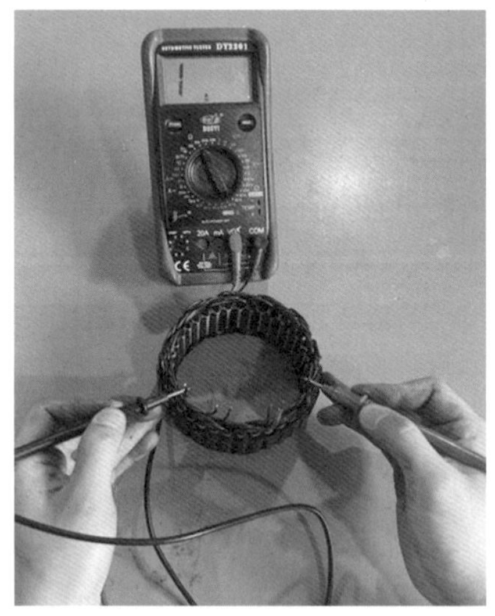

图3-1-18 定子绕组匝间短路故障的测量

（3）定子绕组绝缘状况的检查 数字万用表拨至 R×1 k 挡，如图 3-1-19 所示。测量定子绕组与其铁心电阻值，一只表笔接铁心，另一只表笔接绕组中某相线端。 若表针不摆动，说明定子绕组与其铁心间绝缘良好。 若表针摆动，则证明定子绕组与其铁心间有接地之处，应检修或更换定子总成。	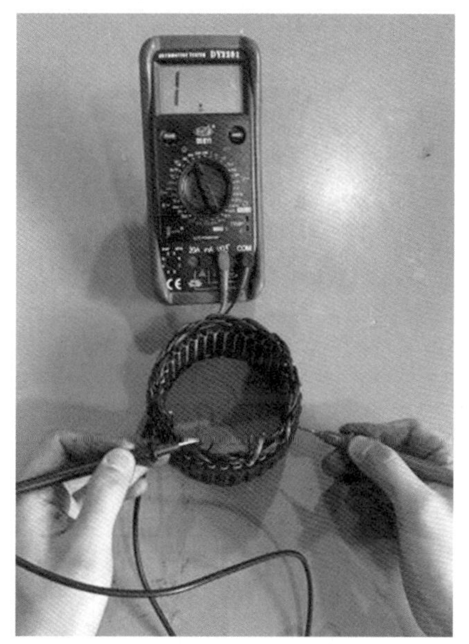 图 3-1-19　定子绕组绝缘状况的检查

3. 发电机硅整流器的检查

注意：硅整流发电机是由交流发电机与硅二极管组成的。硅整流器的技术状况会直接影响发电机的使用性能，因此，在发电机维护过程中必须对其进行检测。发电机硅整流器的结构形式多种多样，但其工作原理是完全相同的，以下仅对 3 种常见类型硅整流器的测量进行介绍。在测量过程中，若所测二极管正反向电阻值均大于标准值或指示"∞"，说明二极管有接触不良或断路故障；若所测二极管正反向电阻值均小于标准值或为零，说明二极管有短路击穿故障。

（1）普通型硅整流器的测量

先拆下定子绕组三相线接头，再进行硅整流器的测量。数字万用表拨至 R×1 挡，如图 3-1-20 所示。

1）正极管的测量。负表笔（黑色）接正极板或正极接线柱，正表笔（红色）分别依次接触 3 个正极管接头，其正向电阻标准值应为 8～12 Ω。

正表笔接正极板或正极接线柱，负表笔分别依次接触 3 个正极管接头，其反向电阻标准值应大于 10 kΩ。

2）负极管的测量。正表笔接负极板或发电机壳体，负表笔分别依次接 3 个负极管接头，其正向电阻标准值应为 8～12 Ω。

负表笔接负极板或发电机壳体，正表笔分别依次接 3 个负极管接头，其反向电阻标准值应大于 10 kΩ。

（2）组合式硅整流器的测量

数字万用表拨至 R×1 挡，如图 3-1-21 所示。

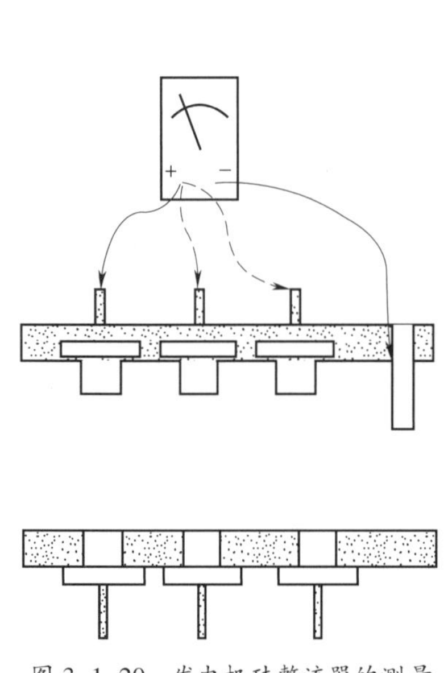

图 3-1-20　发电机硅整流器的测量

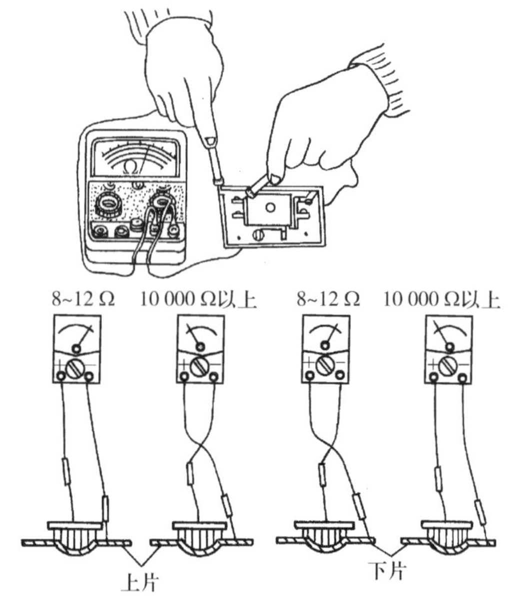

图 3-1-21　组合式硅整流器的测量

1）负极管的测量。用正表笔接上片负极板，负表笔分别依次接触 3 个正极管接头，其正向电阻标准值应为 8～12 Ω。

用负表笔接上片负极板，正表笔分别依次接触 3 个正极管接头，其反向电阻标准值应大于 10 kΩ。

2）正极管的测量。用负表笔接下片正极板或正极接线柱，负表笔分别依次接 3 个正极管接头，其正向电阻标准值应为 8～12 Ω。

用正表笔接下片正极板或正极接线柱，负表笔分别依次接 3 个正极管接头，其反向电阻标准值应大于 10 kΩ。

（3）线路板连接式硅整流器的测量

拆下调节器，将定子绕组的 N 极和三相线接头脱焊，与整流器分离。数字万用表拨至二极管挡，如图 3-1-22 所示。

1）负极管的测量。正表笔接负极板，负表笔分别依次接 2、3、4、5 号点，若表窗显示导通电压为 0.6 V 左右，证明负二极管正向导通状况良好。

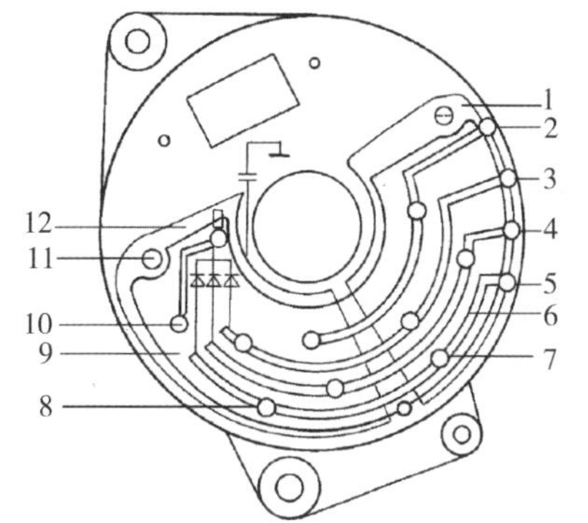

图 3-1-22　线路板连接式硅整流器的测量
1—负极板　2—N 极　3—a 相线　4—b 相线　5—c 相线　6—印制电路　7—负极管　8—正极管　9—线路板　10—D+ 接线柱　11—B+ 接线柱　12—正极板

负表笔接负极板，正表笔分别依次接 2、3、4、5 号点，若表窗显示为截止不通，证明负二极管反向截止状况良好。

2）正极管的测量。负表笔接正极板或 B+ 接线柱，正表笔分别依次接 2、3、4、5 号点，若表窗显示导通电压为 0.6 V 左右，证明正二极管正向导通状况良好。

正表笔接正极板或 B+ 接线柱，负表笔分别依次接 2、3、4、5 号点，若表窗显示为截止不通，证明正二极管反向截止状况良好。

3）励磁二极管的测量。负表笔接 D+ 接线柱，正表笔分别依次接 3、4、5 号点，若表窗显示导通电压为 0.6 V 左右，证明励磁二极管正向导通状况良好。

正表笔接 D+ 接线柱，负表笔分别依次接 3、4、5 号点，若表窗显示为截止不通，证明二极管反向截止状况良好。

测量二极管过程中，若正反向均导通，证明二极管有短路击穿故障，若正反向均截止不通，则证明二极管有断路故障，可根据具体条件更换二极管或整流器总成。

4. 电刷总成的检查

（1）电刷长度的检查

电刷在其架中的自由外露长度一般不小于 7 mm，否则应更换电刷或电刷弹簧，其测量与更换如图 3-1-23a 所示。

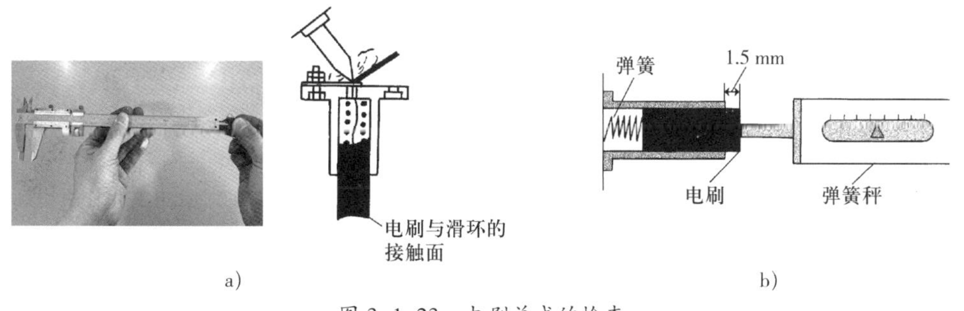

图 3-1-23　电刷总成的检查
a）电刷长度的检查　b）电刷弹簧弹力的检查

（2）电刷工作面的检查与修磨

电刷在电刷架内应活动自如，无卡滞现象。电刷与滑环接触面积应达到 75% 以上，否则应进行修磨。

注意：当电刷需要修磨时，为了确保其工作面与滑环的接触面积，可将500号砂纸裁成与两滑环宽度相等的长条形，按发电机旋转方向将其缠绕在两滑环表面上，并用细铁丝将两端紧固，再将发电机装复，然后按发电机旋转方向转动发电机带轮，这样可使电刷均匀磨合，最后拆下电刷总成，用尖嘴钳取出铁丝与砂纸，用压缩空气吹净发电机内部的电刷粉尘，再将电刷总成装到发电机上即可。

（3）电刷压力弹簧的检查

使用弹簧秤对弹簧弹力进行测量，如图3-1-23b所示。用（3.4±0.2）N的力压缩电刷与弹簧，其露在电刷架外的电刷长度应为1.4～1.6 mm。

5. 前后端盖的检查

发电机的前后端盖应无裂纹和变形，轴承外圈与前后端盖轴承孔的配合应符合标准，否则应予更换。

6. 轴承的检查与润滑

（1）轴承应无松旷和转动异响。轴承若有裂纹、卡滞或油封损坏应予更换。

（2）润滑轴承时，应加注润滑脂，并注意不宜加得过多，否则会溢出污染电刷和滑环，导致其接触不良，从而影响发电机的技术性能。

（二）发电机技术性能测试

1. 发电机的整体电路测量

发电机维修前或装复后均应进行初步的整体电路测量，以确认故障所在或检查维修质量，其测量对象就是发电机各接线柱的电阻值。

2. 发电机的技术性能测试

发电机的整体电路测量正常后，还要进行发电机运转过程的技术状况检查，做装车前的进一步技术验证，确保维修成功率。

（1）发电机的空载试验

空载试验的内容是检测发电机达到额定电压时的转速是多少，以确定发电机的机械状况和电路的基本技术状况。

1）将发电机在汽车电器万能实验台的升降架上固定好，使发电机与调速电动机主轴同心，并用联轴器将二者连接好，保证其转动平稳。

2）按图3-1-24所示连接好电路。

3）用附件F5连接插孔40、41（负极接地）。

4）将附件F4一端接插孔39，另一端两接头分别接发电机的B与F接线柱。用附件F5连接插孔35、37，由试验台的蓄电池为发电机提供磁场励磁电流。

5）将调速电机转换开关27（图3-1-24中未显示）和转速表量程控制开关65（图3-1-24中未显示）均拨至高速位置。顺时针转动电动机手轮，观察转速表13，

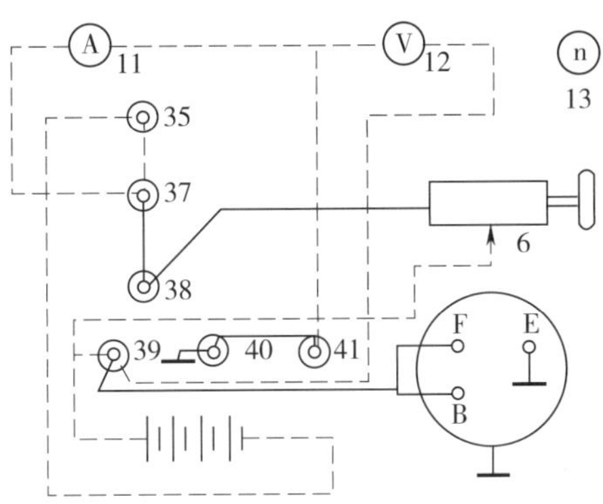

图 3-1-24　发电机的空载、满载试验接线原理图

当转速升至 700 - 800 r/min 时，拔下附件 F5，此时发电机转为自激空载状态。继续转动手轮，使转速缓慢上升，当电压表 12 指示值达到额定值 14 V 时，停止升速，并使电压稳定在 14 V，记下此时的转速值。

当空载试验结果符合技术规定时，可进行下一步的试验，即满载试验。否则，应查找故障原因，排除后再试。满载试验前应使可变电阻手轮转至负载电流最小位置。

（2）发电机的满载试验

满载试验是检测发电机达到额定输出电流和电压时的转速是多少，以确定其总体技术性能。

1）空载试验合格后，继续缓慢转动手轮，使转速略有提高（为了保证接入负载时发电机的转速），然后将 F5 插入插孔 37、38。

2）顺时针转动可变电阻手轮和调速电动机手轮，以提高负载电流和发电机转速，通过反复调整两个手轮，观察电流表和电压表，当电流值和电压值均达到额定标准时，进行试验结果分析。若空载转速高于规定值，说明发电机性能降低或有故障，如磁场电路接触不良、定子绕组断路、整流二极管短路或断路；若满载转速高于规定值，说明发电机性能降低或有故障，应根据具体情况进一步检修或更换发电机。

（3）注意事项

1）在使用汽车电器万能试验台时，应先连接好试验台的直流电源，接通交流电源。试验完毕，应先断开交流电源，再断开直流电源，确保安全用电。

2）夹装发电机时，应尽量使发电机轴线与调速电动机轴线同心，夹装牢固，确保运转安全。

3）做发电机负载试验时，当发电机由他激转入自激状态，在用附件 F5 连接插孔 37 与插孔 38（接入负载）之前，应将负载电阻调到最大，然后适当调高转速（一般调到 2 000 r/min 左右）。以防止接入负载后使发电机转速突然下降，而失去电压。

4）在结束发电机满载试验时，应同时逐渐调低发电机转速和调大负载电阻值。以防止突然失载，造成发电机转速骤然升高，发生危险。

3. 发电机的就车测试

（1）带松紧度的检查与调整

检查时，应在发电机传动带的中间位置施加 30 ~ 50 N 的压力，带的挠度应为 10 ~ 15 mm，如图 3–1–25 所示。若不符合要求，可松开发电机前端盖与支承杆锁紧螺栓，重新调整。同时，还应检查曲轴带轮、冷却液泵带轮和发电机带轮是否在一个平面内，若不正常，要对其进行调整。

（2）电压测试

1）在发动机停转且不使用车上电气设备的情况下，测量蓄电池电压，并把这个电压视为参考电压。

2）将发动机转速保持在 2 000 r/min 且不使用车上电气设备的情况下，测量蓄电池电压，这个电压称为空载充电电压。它应高于参考电压，但不超过 2 V。

3）将发动机仍然保持在 2 000 r/min 时，打开前照灯、暖风机或空调等，当电压稳定时，测量蓄电池电压，这个电压称为负载电压，它至少应高于参考电压 0.5 V。

如果以上电压在规定范围内，则证明发电机和调节器工作正常，否则，可在充电电流 20 A 时检查充电线路端电压，如图 3–1–26 所示。

图 3–1–25　带松紧度的检查与调整

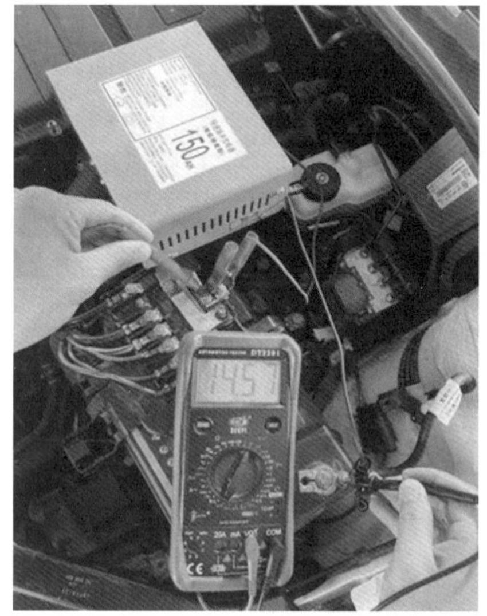

图 3–1–26　充电线路端电压测量

将数字万用表拨至电压挡，正表笔和负表笔分别连接发电机 B+ 接线柱与蓄电池正极、调节器壳体与发电机壳体、发电机壳体与蓄电池负极，其测得电压值分别不超过 0.7 V、0.05 V、0.05 V。若不符合此要求，证明充电线路中有接触不良之处，应清洁、紧固相关的接线柱及连接之处。

项目 3　发电机调节器的检查与调整

实训要求

掌握发电机调节器的检查与调整方法。

主要实训器材

实训汽车、常用修理工具、数字万用表。

实训内容

1. 晶体管调节器类型的判别

如图 3-1-27、图 3-1-28 所示，试灯一端连接 F 接线柱。

（1）当试灯另一端仅在连接正极时才使灯亮，说明是外接地调节器。

（2）当试灯另一端仅在连接负极时才使灯亮，说明是内接地调节器。

（3）当试灯另一端分别连接正极、负极均使灯亮时，说明调节器内部有短路故障，应该更换。

（4）当试灯另一端分别连接正极、负极灯均不亮时，说明调节器内部有断路故障，也应该更换。

2. 调节器性能及故障的检测

（1）当电压调整到 3.5 V 左右时，试灯开始发亮，到接近 14 V 时最亮，当刚刚大于 14 V 时，试灯熄灭，再将电压调低至刚刚小于 14 V 时，试灯又亮了，这说明该调节器工作正常。

（2）当电压调整到大于 14.5 V 时，试灯仍然发亮，则说明该调节器的开关电路短路，已不能使用。

（3）当电压调整到大于 14.5 V 时，试灯仍然不亮，则说明该调节器的开关电路断路，也不能使用。

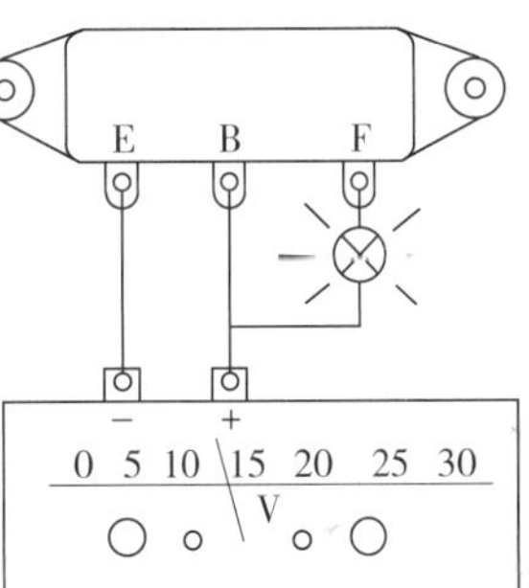

图 3-1-27　外接地调节器

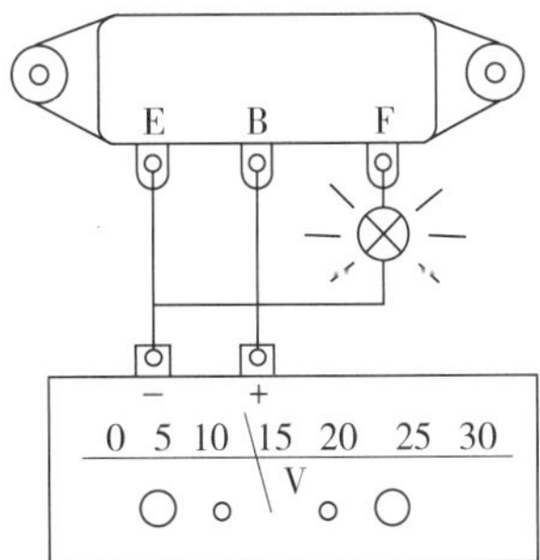

图 3-1-28　内接地调节器

课题 2　电源系的故障诊断与排除

项目 1　蓄电池容量低故障的诊断与排除

<table>
<tr><td>

实训要求

1. 了解蓄电池容量低故障的现象及原因。
2. 掌握蓄电池容量低故障的排除方法。

</td></tr>
<tr><td>

主要实训器材

实训汽车、常用修理工具、吸式密度计、高率放电计、充电机、数字万用表。

</td></tr>
<tr><td>

故障现象

1. 发动机起动时，起动机转速缓慢，转动无力。
2. 按喇叭声音弱。
3. 前照灯光线暗淡。

</td></tr>
<tr><td>

故障原因

1. 使用新蓄电池前未按要求进行充电。
2. 充电量过小，蓄电池充电不足。
3. 经常长时间使用起动机，造成大电流放电，使极板损坏。
4. 电解液的相对密度过低。由于电解液渗漏后，只加注蒸馏水，未及时补充电解液，使电解液的相对密度过低。
5. 电解液相对密度过高、液面过低或经常亏电，造成极板硫化。

</td></tr>
<tr><td>

故障诊断与排除

1. 首先检查蓄电池两极接线柱与电源导线连接是否有氧化或松动现象。若有，应予以排除。
2. 检查蓄电池外部是否有无裂纹，表面是否脏污。若有，则为蓄电池外部自放电造成，应予以排除。
3. 用吸式密度计或高率放电计检查蓄电池的容量，若容量过低，可对其进行充电。同时，应检查发电机与调节器的技术状况。
4. 检查液面高度，若不足，且极板上有白色结晶物质，则很可能是极板硫化，可通过去硫化充电予以排除，硫化严重的应报废。
5. 在充电过程中，若出现相邻单格中电解液密度有明显差距，说明蓄电池内部有断路故障；若电解液变为褐色浑浊状态，说明蓄电池内部有极板脱落故障。遇到这两种情况，应根据故障的严重程度进行修理或报废。

</td></tr>
</table>

项目 2　蓄电池极板硫化故障的诊断与排除

实训要求

1. 了解蓄电池极板硫化故障的现象及原因。
2. 掌握蓄电池极板硫化故障的排除方法。

主要实训器材

实训汽车、常用修理工具、吸式密度计、高率放电计、充电机、数字万用表。

故障现象

1. 蓄电池容量低，用高率放电计测量时，蓄电池电压迅速下降。
2. 电解液相对密度明显低于规定值。
3. 蓄电池充电时，其充电电压明显过高，过早产生气泡，电解液温度上升快。
4. 蓄电池放电时，电压下降过快。
5. 在极板上产生坚硬、不易溶解的白色大颗粒晶体物质。

故障原因

1. 蓄电池经常亏电存放，使电解液中的硫酸铅不断结晶，附着在极板表面，使其在充电过程中难以参与还原反应。

2. 蓄电池电解液液面过低，使蓄电池极板上部的活性物质与空气接触被氧化，汽车行驶时，电解液的波动使其接触氧化了的活性物质，生成粗晶粒的硫酸铅。

3. 蓄电池电解液密度过高，使硫酸铅溶解困难，还原反应迟缓，使硫酸铅晶粒不断增加。

4. 电解液的纯度不够，或其他原因导致蓄电池自放电，也会使极板硫化。

故障诊断与排除

蓄电池发生轻度硫化时，可用 2～3 A 的小电流适当延长充电时间，即过充电；或用全放全充的充放电循环方法使活性物质还原；也可用去硫化充电的方法消除。硫化严重的蓄电池应予报废。

项目 3　蓄电池自放电故障的诊断与排除

实训要求

1. 了解蓄电池自放电故障的现象及原因。
2. 掌握蓄电池自放电故障的排除方法。

主要实训器材

实训汽车、常用修理工具、吸式密度计、高率放电计、充电机、数字万用表。

故障现象

充足电或前一天使用良好的蓄电池，第二天使用时电压明显降低或几乎没有电。若充足电的蓄电池停放一个月，平均每昼夜电能自行损失大于0.7%，即为自放电故障。

故障原因

1. 蓄电池盖上积存电解液或尘土等污物。
2. 材料中混有杂质。
3. 活性物质脱落过多或隔板破裂等导致极板直接短路。
4. 焊接操作中铅液流入极板组造成短路。
5. 蓄电池存放时间较长，硫酸分层，使上、下层产生电位差放电。

故障诊断与排除

若是电解液杂质太多所致，可把电解液全部倒出，用蒸馏水清洗，更换新电解液后再进行充、放电。若是少数单格自放电严重，而电解液杂质又未超出规定，可将蓄电池解体修复，或更换新蓄电池。

项目4　蓄电池电解液损耗过快故障的诊断与排除

实训要求

1. 了解蓄电池电解液损耗过快故障的现象及原因。
2. 掌握蓄电池电解液损耗过快故障的排除方法。

主要实训器材

实训汽车、常用修理工具、吸式密度计、高率放电计、充电机、数字万用表。

故障现象

使用中，电解液消耗过快，液面下降迅速，加注频率超出正常情况。

故障原因

1. 蓄电池外壳破裂导致电解液泄漏。
2. 充电电压过高。
3. 极板硫化或短路。

故障诊断与排除

1. 蓄电池外壳裂纹应予以修补并重新加入电解液。

2. 检查、调整调节器的输出电压。调节器输出电压太高将导致对蓄电池的充电电压加大，造成过充电损害电池。

3. 若上述两种情况都正常，则应考虑极板硫化或短路故障，必要时应拆检修复。

项目 5　发电机不充电故障的诊断与排除

实训要求

1. 了解发电机不充电故障的现象及原因。

2. 掌握发电机不充电故障的排除方法。

主要实训器材

实训汽车、常用修理工具、低压线路试灯、数字万用表。

故障现象

发电机在任何转速下运转时，充电指示灯亮，蓄电池很快出现亏电现象。

故障原因

1. 发电机传动带过松，导致严重打滑。

2. 发电机“电枢”或“磁场”接线柱松脱、过脏、锈蚀、绝缘损坏或导线连接不良。

3. 发电机内部故障。滑环绝缘击穿，定子或转子线圈短路、断路，电刷在电刷架内卡滞，整流器损坏等。

4. 充电指示灯接线搭铁，充电指示灯电路未经发电机和调节器而自行搭铁。

5. 发电机内部损坏，主要在于二极管击穿、断路损坏，电刷与滑环间接触不良、断路，电枢绕组、励磁绕组短路、断路、搭铁等。

6. 调节器内部有故障，主要为大功率开关管短路或断路、检测用稳压管断路或其他小功率管损坏、整流二极管击穿短路等。另外，老化、过热损坏等也可能导致调节器调整不当。

故障诊断与排除

1. 检查发电机传动带是否过松或存在严重打滑现象。若传动带过松应按规定重新调整；如果沾有油污造成打滑，应清洗带轮并更换传动带，如图 3–1–29 所示。

图 3–1–29　检查发动机传动带

2. 检查各连接线连接是否正确、牢固，有无断路现象，以及有无异常颜色、气味、烟雾、温升等，不符合要求时应重新连接好。

3. 拆下调节器，测量发电机及调节器各接线柱间的电阻值，检查发电机定子及转子绕组、整流元件等是否断路、短路或搭铁等，并视情况予以修复，如图 3–1–30 所示。

4. 检查充电指示灯电路，是否未经发电机和调节器而自行搭铁。

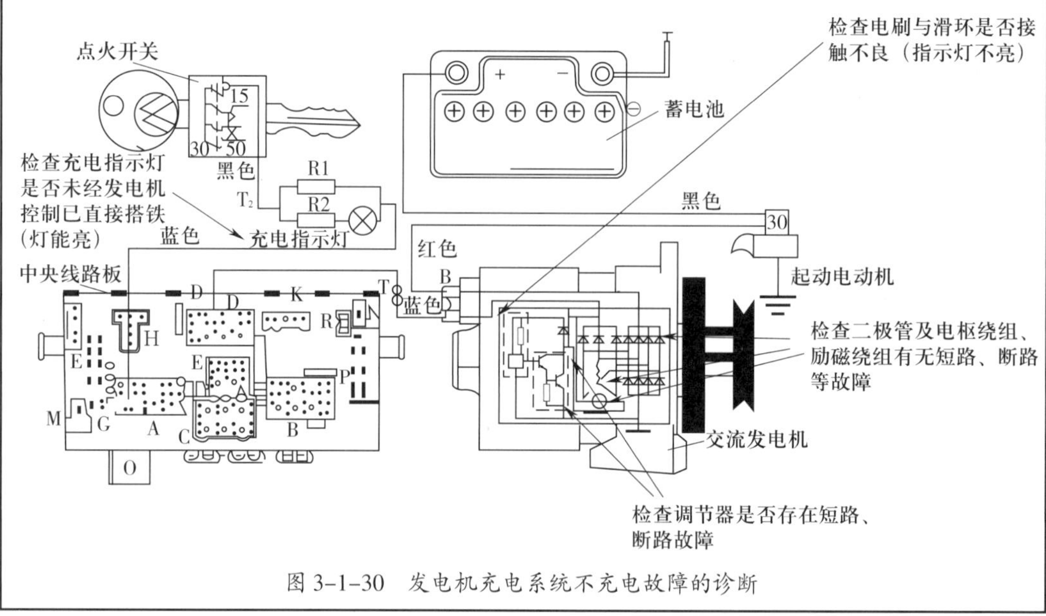

图 3–1–30　发电机充电系统不充电故障的诊断

项目 6　发电机充电量过小故障的诊断与排除

实训要求

1. 了解发电机充电量过小故障的现象及原因。

2. 掌握发电机充电量过小故障的排除方法。

主要实训器材

实训汽车、常用修理工具、低压线路试灯、数字万用表。

故障现象

发动机中速及中速以上运转时，充电指示灯方能熄灭，打开前照灯，灯光暗淡，甚至可能指示放电，喇叭声音很小，起动性能变差。

故障原因

1. 发电机传动带过松或打滑。

2. 充电线路接触不良。

3. 发电机内部故障。电刷磨损严重，电刷与滑环接触不良；个别二极管短路、断路，定子绕组某相连接不良、短路、断路或搭铁；励磁绕组部分短路或与滑环接触不良等。

4. 电压调节器工作不良、调压值过低等。

故障诊断与排除

1. 检查发电机传动带松紧度是否符合要求及电路各处是否接触不良。 2. 先探磁，再拆检发电机，进而区分发电机和调节器故障。	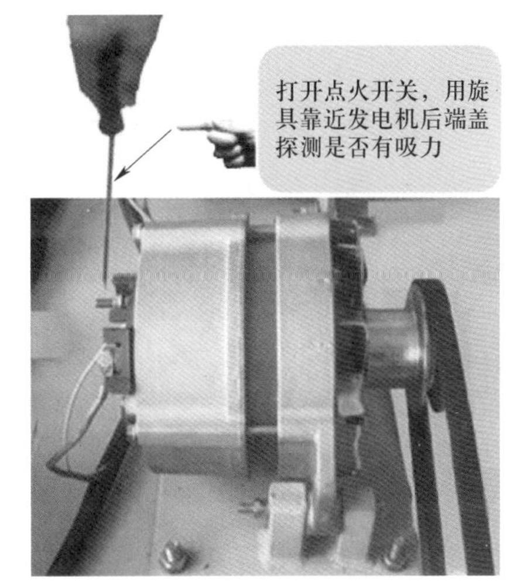

项目 7 充电量过大故障的诊断与排除

实训要求

1. 了解发电机充电量过大故障的现象及原因。
2. 掌握发电机充电量过大故障的排除方法。

主要实训器材

实训汽车、常用修理工具、低压线路试灯、数字万用表。

故障现象

车辆使用过程中，充电电流特别大，如白天行驶 2 ~ 3 h，蓄电池不亏电而充电电流超过 5 A，车灯特别亮，易烧坏灯泡，蓄电池电解液消耗过快，发电机及点火线圈容易过热等。

故障原因

1. 电压调节器损坏，使调压值偏高。
2. 调节器中开关三极管短路。
3. 励磁绕组搭铁（外搭铁式）或蓄电池正极直接来自点火开关（内搭铁式），未受控于调节器。
4. 蓄电池亏电严重或内部短路等。

故障诊断与排除

1. 检查蓄电池内部有无严重亏电和短路。

2. 解体发电机，将调节器与发电机拆开，测量励磁绕组搭铁情况，判断其是否不经调节器而直接搭铁。

单元 2　起动系的维护与故障诊断排除

课题 1　起动系的维护

知识概述：

起动系一般由蓄电池、起动机、点火开关、空挡起动开关、继电器等组成。

起动机安装在发动机飞轮壳上，依靠驱动齿轮带动发动机飞轮齿圈旋转而起动发动机。起动机的作用是将蓄电池的电能转变为机械能，驱动发动机使其起动。

起动机由直流串励式电动机（电枢、电刷、电刷弹簧、磁场绕组等）、传动机构（驱动齿轮、单向离合器等）、控制装置（电磁开关组件）三部分组成，如图 3-2-1 所示。

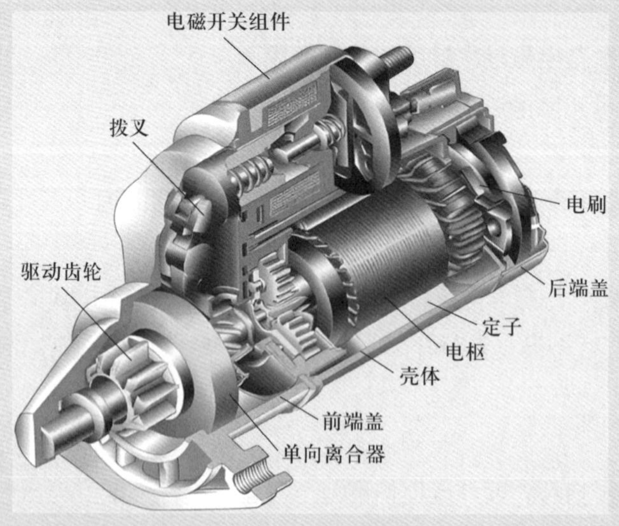

图 3-2-1　起动机的结构

电动机的作用是将蓄电池输入的电能转换为机械能，产生电磁转矩。为获得较大的起动力矩，一般均采用直流串励式电动机。

项目 1　起动机的维护

实训要求

掌握起动机维护作业的内容及操作要点。

主要实训器材

起动机、常用修理工具、数字万用表、百分表及表座、弹簧秤、游标卡尺、交流试灯、台虎钳、电枢检测仪。

实训内容

（一）电枢总成的检查与维护

1. 换向器的检查

换向器工作面是否有脏污、烧蚀、划痕、沟槽和失圆等现象，并进行相应的处理。

（1）脏污、烧蚀、划痕、沟槽等较轻的磨损可用细砂纸打磨，如图 3–2–2 所示。磨损较严重的，则应更换。

（2）换向器外径的检查，用游标卡尺测量换向器外径，如图 3–2–3 所示。

注意：使用中，换向器外径的大小可根据换向片的磨损量来确定，一般要求换向片的厚度不得小于 2 mm，否则应更换。

图 3–2–2　换向器工作面的磨光

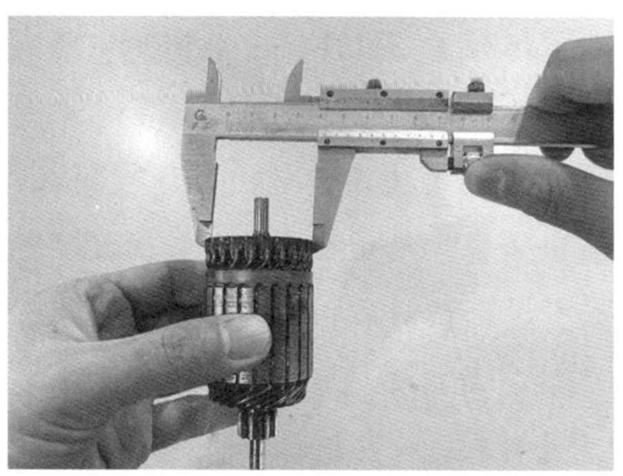

图 3–2–3　换向器外径的检查

图 3-2-4　换向器绝缘云母层的修磨

图 3-2-5　换向器失圆的检查

图 3-2-6　电枢轴弯曲度的检查

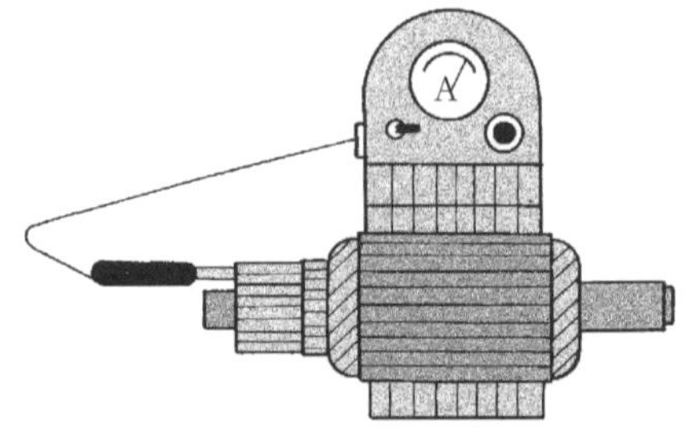
图 3-2-7　电枢绕组断路的检查

（3）换向器绝缘云母层的检查，对于有云母深度要求的，应按要求进行检查与修复；若其深度不够，可用专用锉刀进行修磨，如图 3-2-4 所示。

（4）换向器失圆（径向圆跳动量）的检查，如图 3-2-5 所示，其径向跳动量应为 0.03 ~ 0.05 mm。

2. 电枢轴弯曲度（径向圆跳动量）的检查，如图 3-2-6 所示。

3. 电枢绕组的检查

（1）电枢绕组断路的检查

查看线圈端头与换向片的焊接状况，若有脱焊的痕迹，即可断定此处断路。断路检查还可在电枢检测仪上进行（图 3-2-7）。

注意：将待测电枢放在电枢检测仪上，接通开关，指示灯发亮。将两试棒接触两相邻换向片，在换向器上移动试棒，直到能够测得电流表指示较大电流值时，固定试棒位置，慢慢转动电枢，使所有换向片依次经过此位置。同时观察各相邻换向片对应的电流表读数，若读数均相等，证明定子绕组无断路故障；若读数不等或无读数，则证明该相邻换向片间绕组有断路之处。故障外露的，可焊接后继续使用，否则应更换电枢总成。

（2）电枢绕组匝间短路的检查（图 3–2–8）

注意：将待测电枢放在电枢检测仪上，接通开关，指示灯发亮。将钢片放于电枢绕组外部铁心的槽上，慢慢转动电枢，使钢片越过所有槽顶。若钢片在某槽顶发生电磁振动，说明该处绕组有匝间短路故障；若没有以上现象，则证明该定子绕组没有匝间短路故障。故障外露的，可排除后继续使用，否则应更换电枢总成。

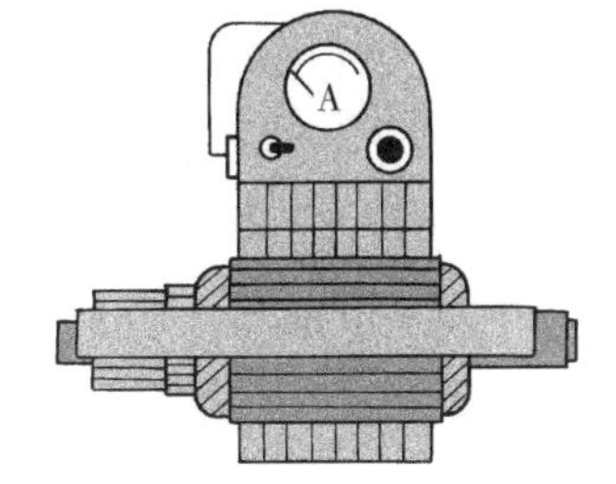

图 3–2–8　电枢绕组匝间短路的检查

（3）电枢绕组绝缘性能的检查

用 220 V 交流试灯或数字万用表的高电阻挡进行测量，如图 3–2–9a、b 所示。

注意：两试棒分别接触换向片和电枢轴，若试灯不亮或数字万用表显示电阻无穷大，证明该电枢绕组无搭铁故障，其绝缘性能良好。若试灯亮或数字万用表显示电阻值小于 10 kΩ，说明该电枢绕组有搭铁故障，其绝缘性能不良。故障外露的，可排除后继续使用，否则应更换电枢总成。

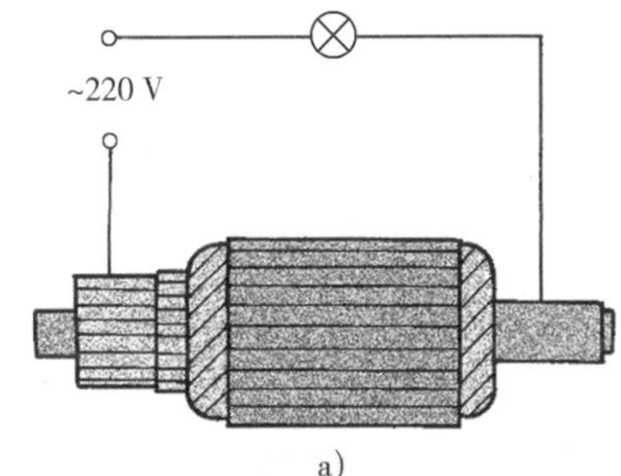

a）

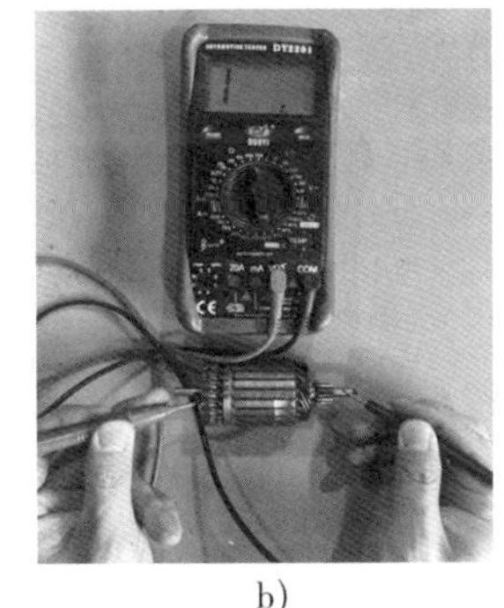

b）

图 3–2–9　电枢绕组绝缘性能的检查

a）用交流试灯检查　b）用数字万用表检查

（二）励磁绕组的检查与维护

1. 短路故障的检查

观察励磁绕组导线表面是否有漆包线变黑烧焦的现象或气味，若有，则证明有严重的短路故障，应更换励磁绕组；若没有明显，可对励磁绕组进行电磁吸力试验，如图 3–2–10 所示。

注意：将蓄电池一个单格的 2 V 电压接入励磁绕组之中，试验各磁极电磁吸力的大小和均匀程度。每个磁极对旋具的吸力应大致相同，否则，证明其有短路故障。若故障难以排除，也应更换励磁绕组。

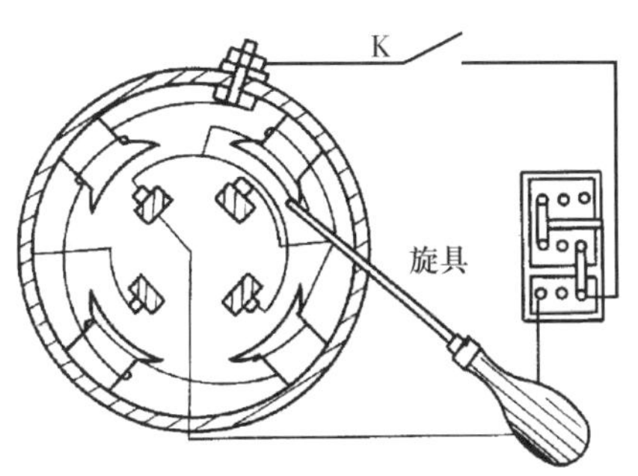

图 3–2–10　励磁绕组的电磁吸力试验

2. 断路故障的检查

常见的断路点是机壳接线柱与绕组接头之间的导线焊接处、各励磁线圈之间的接线处。在拆检的同时应注意观察。也可用数字万用表的低电阻挡进行测量，如图 3-2-11 所示。

注意：用试棒分别测量电动机主接线柱与两个励磁绕组电刷之间的通断情况。若电阻值是零，证明励磁绕组没有断路；若有一定电阻值或电阻值无穷大，则说明励磁绕组中有接触不良或断路之处。可根据具体情况进行修理或更换。

3. 励磁绕组绝缘性能的检查

用 220 V 交流试灯或数字万用表的高电阻挡进行测试，如图 3-2-11、图 3-2-12 所示。

注意：两试棒分别接电动机主接线柱与励磁绕组的一只电刷（另一只电刷不要碰机壳），若试灯不亮或数字万用表显示电阻无穷大，证明该励磁绕组无搭铁故障，其绝缘性能良好。若试灯亮或数字万用表显示电阻值小于 10 kΩ，说明该励磁绕组有搭铁故障，其绝缘性能不良。故障外露的，可排除后继续使用，否则，应更换电枢总成。

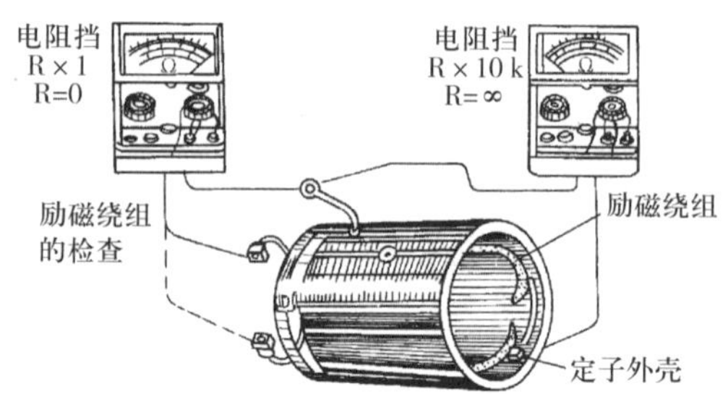

图 3-2-11　用数字万用表测量励磁绕组断路、接地故障

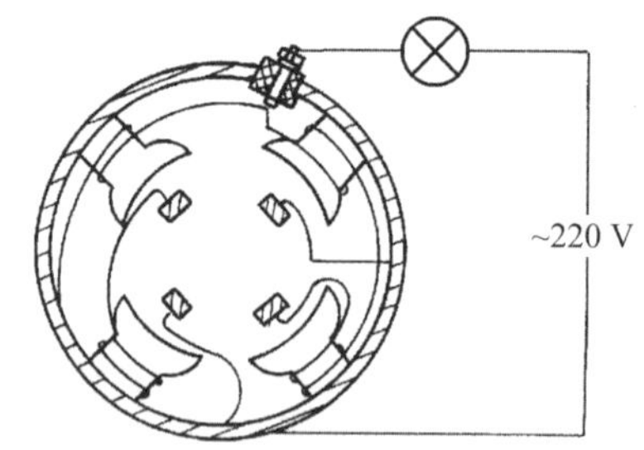

图 3-2-12　用交流试灯检查励磁绕组的绝缘性能

（三）电刷总成的检查与维护

1. 电刷架及电刷弹簧的检查

（1）电刷架的检查

电刷架在后端盖上应固定牢固，其几何形状要标准。同时，两只搭铁电刷架必须搭铁良好，两只绝缘电刷架必须绝缘。测量方法如图 3-2-13a、b 所示。

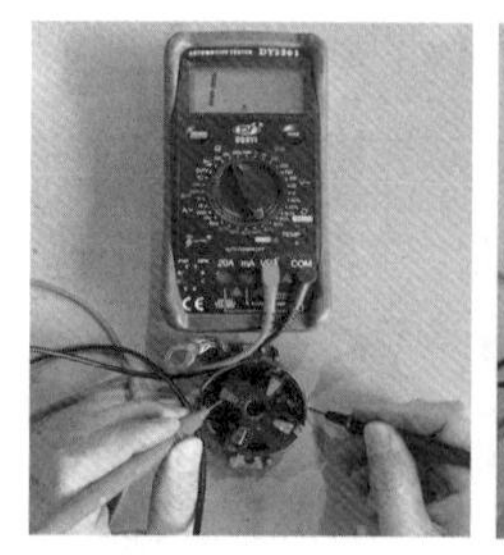
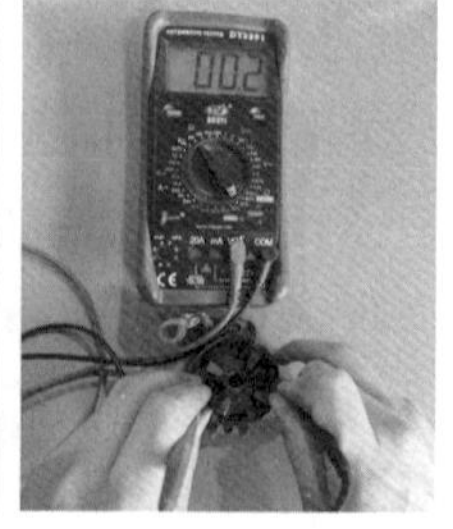

a)

（2）电刷弹簧的检查

电刷弹簧应在电刷架上固定良好，并有足够的弹力将电刷紧压在换向器的工作面上，保证起动电流的畅通。电刷弹簧的最小弹力应为 12 ~ 15 N，检查方法如图 3–2–14 所示。

2. 电刷的检查与维护

（1）电刷的长度应不小于原尺寸的 2/3。否则，应更换新电刷。电刷在电刷架中不能有卡滞或松旷现象。

（2）电刷的工作面的检查与研磨

为了保证起动电流的畅通，电刷与换向器的工作面接触面积不得小于总面积的 75%，否则应研磨。

新电刷工作面的研磨方法是：先在电枢换向器上缠上细砂纸（砂面朝外），装上起动机端盖和需要研磨的电刷，再用台虎钳夹住端盖，用手转动电枢进行研磨，使电刷与换向器的工作面接触面积达到总面积的 75% 以上。然后，在电刷上做好标记，以防止组装过程中错位而影响其工作接触面积。

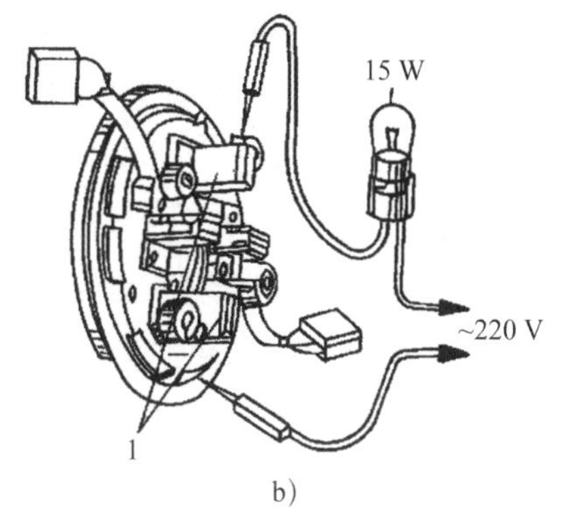

图 3–2–13 检查电刷架

a）数字万用表检查 b）交流试灯检查

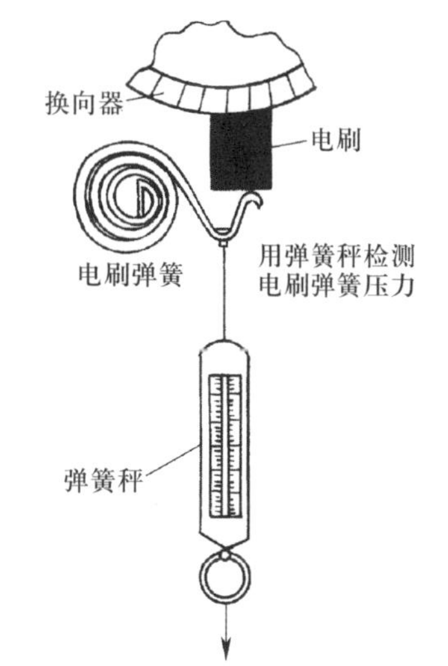

图 3–2–14 电刷弹簧的检查

（四）控制装置的检查与维护

1. 电磁开关的检查与维护

（1）吸引线圈和保持线圈的测量

用数字万用表的低电阻挡（200 Ω 挡），一只表笔接电磁开关的点火开关接线柱 50，另一只表笔分别接电磁开关的磁场线圈接线柱 C 和壳体，前者是吸引线圈的电阻值，后者是保持线圈的电阻值，如图 3–2–15 所示。

注意：若电阻值过小，说明线圈有短路故障；若电阻值过大，说明线圈有断路故障。如果找不到故障点，应进行更换。

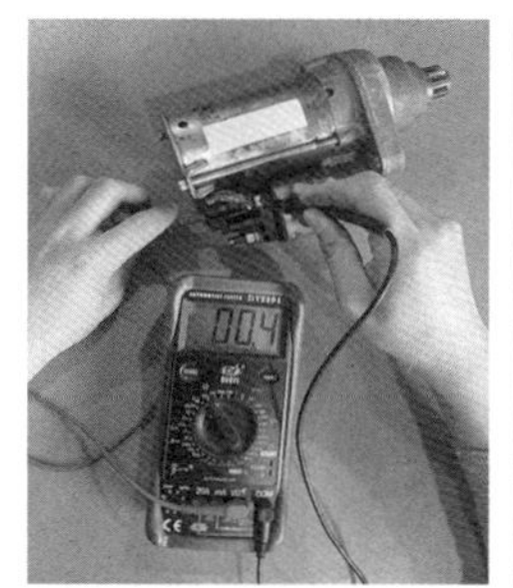

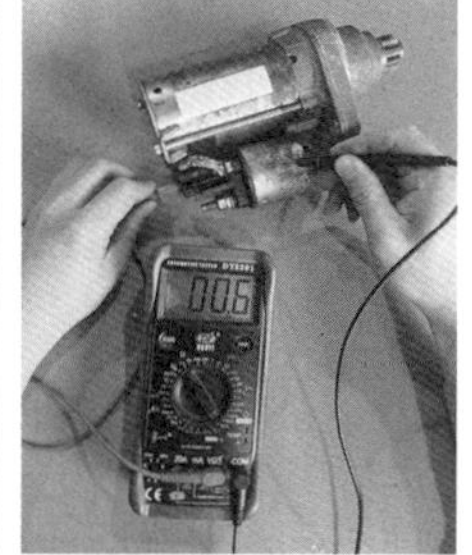

图 3–2–15 吸引线圈和保持线圈的测量

（2）电磁开关接触状况的检查

电磁开关的触点和接触盘是否良好，可通过测量其电阻，进行初步的检查，如图 3–2–16 所示。检查时可用手推活动铁心，使其接触盘与两接线柱牢固接触，再用数字万用表的低电阻挡（200 Ω 挡），一只表笔接电源接线柱 30，另一只表笔接电磁开关的磁场线圈接线柱 C，电阻值应为 0（这是最低条件，还必须能够通过起动机全制动的试验），否则，说明其接触不良，必须进行解体检修。

在起动机的维护过程中，必须对电磁开关进行解体后的直观检查，因为在使用中，它要通过几百安培的电流，是最容易被烧蚀的。烧蚀后会直接影响起动机输出功率的大小。烧蚀较轻的可用砂布打磨后使用，烧蚀较重的可将接触盘进行翻面或更换。对于不能解体的，只能更换电磁开关总成。

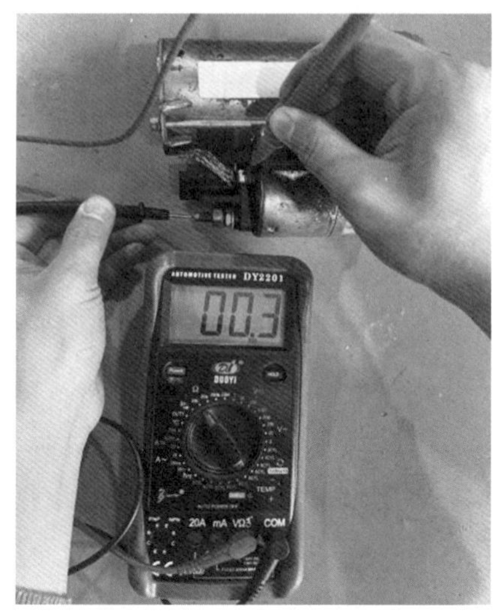

图 3–2–16　电磁开关接触状况的检查

2. 起动继电器的检查

（1）起动继电器的检查

按图 3–2–17 所示接好电路，其电源为 12 V；将可变电阻调至最大值，然后逐渐减小其电阻值，在触点刚刚闭合时，电压表指示电压值应为 6 ~ 7.6 V，该电压即始吸电压；当触点闭合后，再将可变电阻慢慢增大，在触点刚刚张开时，电压表指示电压值应为 3 ~ 3.5 V，该电压即释放电压。

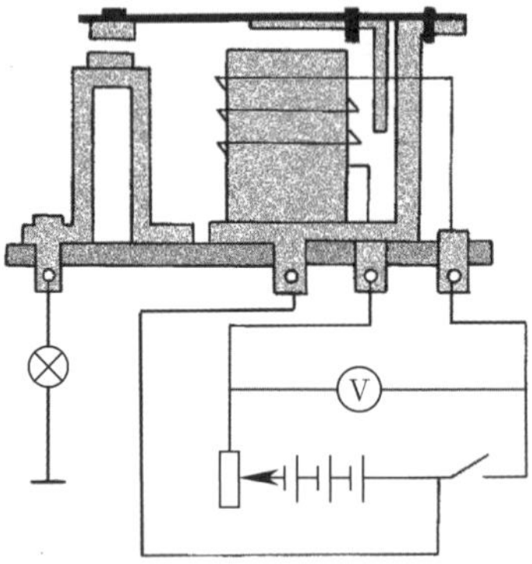

图 3–2–17　起动继电器的检查

（2）复合式起动继电器的检查

复合式起动继电器是由起动继电器和保护继电器组成的，其检查与调整如下：

1）起动继电器的检查。按图 3–2–18a 所示接好电路，其电源为 12 V。将可变电阻调至最大值，然后接通电源开关，再逐渐减小其电阻值，待指示灯亮的瞬间，电压表指示的始吸电压值应为 5 ~ 6.6 V；在指示灯亮后，再将可变电阻慢慢增大，待指示灯熄灭的瞬间，电压表指示的释放电压值应不大于 3 V。

2）保护继电器的检查。按图 3–2–18b 所示接好电路。将可变电阻调至最大值，然后接通电源开关，此时指示灯亮，再逐渐减小其电阻值，待指示灯熄灭的瞬间，电压表指示的始吸电压值应为 4～5 V；在指示灯熄灭后，再将可变电阻慢慢增大；在指示灯亮的瞬间，电压表指示的闭合电压值应不大于 2 V。

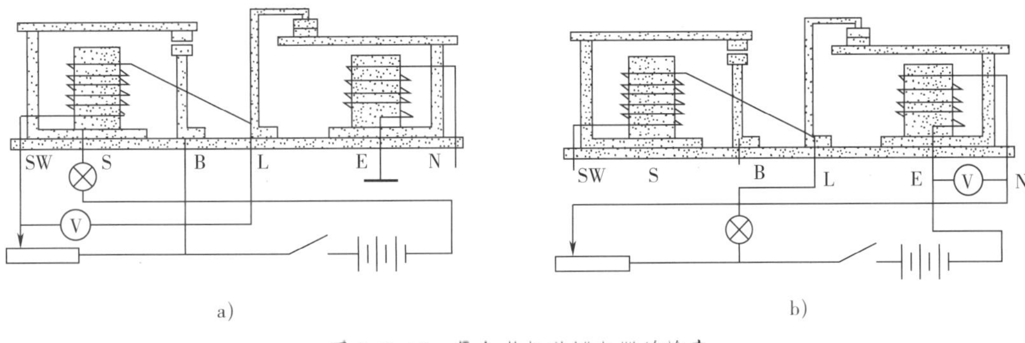

图 3-2-18　复合式起动继电器的检查

（五）传动机构的检查与维护

1. 拨叉的检查

拨叉不应有变形、断裂、松旷和严重的磨损现象。复位弹簧不应有弹力减弱或折断。

2. 单向离合器的检查

单向离合器总成常见的故障主要是驱动齿轮磨损和离合器打滑。

（1）驱动齿轮磨损的检查

驱动齿轮磨损齿长不得超过其原尺寸的 1/4，否则应更换，如图 3-2-19 所示。

（2）离合器打滑的检查

在单向离合器上安装上专用套筒，用台虎钳夹住单向离合器齿轮，用扭力扳手检查其正向扭矩，应大于 30 N · m 而不打滑，否则应更换，如图 3-2-20 所示。

图 3-2-19　检查驱动齿轮磨损

图 3-2-20　单向离合器的检查

3. 轴承衬套的检查与维护

在起动机的维护过程中，应控制各轴径与衬套的配合间隙在一定的范围之内，若超出规定范围，应重新加工或更换合适的轴承衬套。

项目 2　起动机的调整与技术性能测试

实训要求

掌握起动机的调整与技术性能测试的方法步骤与技术要求。

主要实训器材

起动机、常用修理工具、数字万用表、汽车电器万能试验盒、试灯。

实训内容

（一）起动机的检查与调整

1. 驱动齿轮初始位置的检查与调整

起动机不工作时，可用两把钢直尺配合，测量驱动轮断面与起动机后端盖凸缘之间的距离。

若不符合标准，可松开锁紧螺母，旋动限位螺钉，旋入螺钉该距离增大，旋出螺钉，该距离减小，调整合适后再将螺母锁紧，如图 3–2–21 所示。

2. 起动机电磁开关接通时刻的调整

起动机电磁开关接通时刻的调整，即对开关铁心工作行程的调整。

（1）调整标准

当电磁开关接触盘刚刚接通电动机主接线柱时，驱动齿轮 6 与挡圈 7 之间的距离应符合要求，如图 3–2–21 所示。

（2）检查方法

1）拆下电磁开关与电动机主火线连接片。

2）按图 3–2–22 所示接好电路。

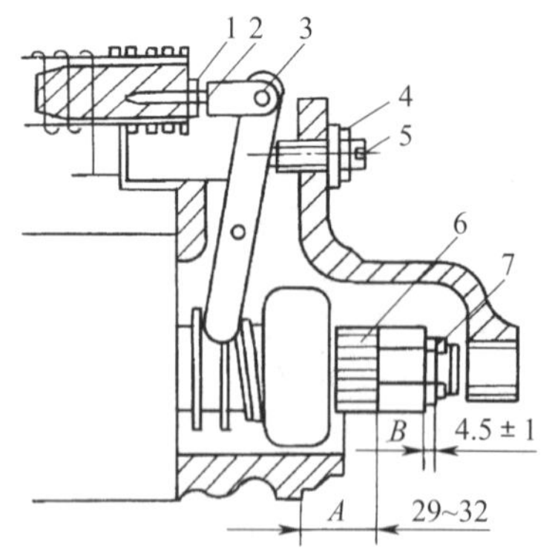

图 3–2–21　起动机有关间隙的调整

1—固定螺母　2—连接杆　3—销钉　4—锁紧螺母　5—限位螺钉　6—驱动齿轮　7—挡圈

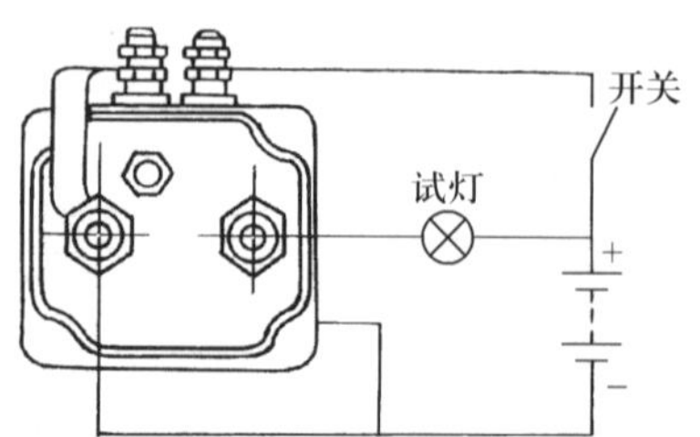

图 3–2–22　电磁开关接通时刻的测量

3）在驱动齿轮与挡圈之间插入规定厚度的塞尺，接通开关，驱动齿轮被推出，这时若试灯不亮，说明电磁开关移动铁心的行程短，没有将电动机主接线柱接通，应逐渐增大其行程，直到试灯刚刚亮为止；若开关接通时试灯已亮，则将移动铁心行程缩短，使试灯熄灭，再逐渐增大其行程，直到试灯刚刚亮为止。

（3）调整方法

由于起动机电磁开关移动铁心行程的调整装置结构形式有所不同，调整方法也不尽相同，三种常见的调整方法如图 3–2–23 所示。

1）偏心螺钉法。如图 3–2–23a 所示，这种起动机拨叉的中心支点为一偏心轴销，旋转偏心轴销螺栓可使拨叉在 360° 范围内变动，相应地使驱动齿轮和电磁开关移动铁心行程变化。根据偏心轴销的位置，如果移动铁心行程短，使主接线柱提前接通（起动时会发生顶齿），可将偏心轴销向右旋转；如果移动铁心行程过长（起动时会发生驱动齿轮回缩迟缓而飞轮打齿），可将偏心轴销向左旋转。

2）增减垫片法。如图 3–2–23b 所示，在电磁开关与后端盖固定结合面之间增减垫片。如果移动铁心行程短，使主接线柱提前接通（起动时会发生顶齿），需要加大其行程，可增加垫片；如果移动铁心行程过长（起动时会发生驱动齿轮回缩迟缓而飞轮打齿），可减少垫片。

3）铁心螺栓法。如图 3–2–23c 所示，移动铁心与拨叉相连的连接销，是用螺钉连接的，根据需要，改变螺钉的长度就可调节移动铁心行程，增大行程螺钉向外旋，反之向里旋。

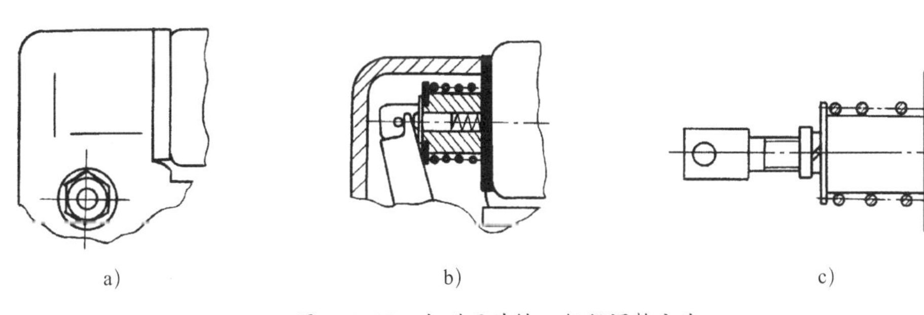

图 3–2–23　电磁开关铁心行程调整方法

a）偏心螺钉法　b）增减垫片法　c）铁心螺栓法

（二）起动机的技术性能测试

起动机的技术性能测试是通过对起动机的空载试验和全制动试验的结果与其标准相对照，做出的起动机技术性能的结论。

1. 空载试验

空载试验是检测起动机空转消耗的电流、电压和空转转速，来判断起动机的机械状况和电路的基本技术状况的试验。其方法步骤如下：

（1）将起动机夹紧在汽车电器万能试验台上的专用夹具上，注意其位置应使接线柱便于接线，同时还要保证起动端与制动连杆的位置正确，连接方法如图 3–2–24 所示。

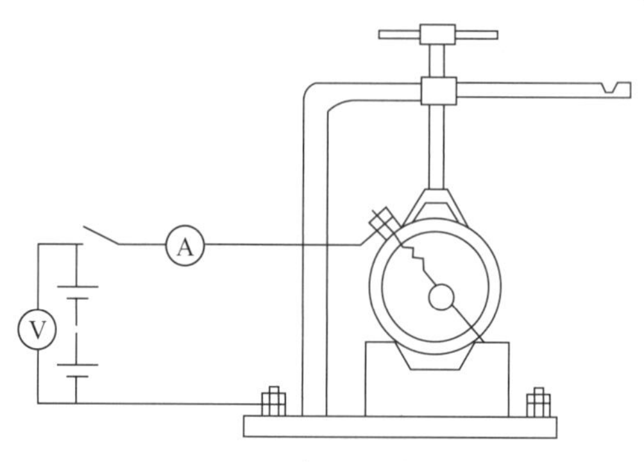

图 3–2–24　起动机空载试验

（2）按下按钮，起动机空载运转，可读出试验台上的电流表和电压表的空载电流和电压值，同时用转速表测量空载转速。将测得的结果与标准值进行比较，即可判断出起动机有无机械故障和电路故障。另外，空载试验中，换向器上不应有火花，转速要均匀，且不应有机械碰擦声。

故障判断方法如下：

1）若测得电流超过标准值，而转速低于标准值。通常是由机械故障或电路故障引起的。机械故障包括电枢轴与轴承的装配间隙过小、电枢与磁极碰擦、各轴承同轴度误差过大或电枢轴弯曲等；电路故障包括电枢绕组和励磁绕组有局部短路或搭铁故障等。

2）若测得的电流和转速均低于标准值（蓄电池电压正常），其故障原因主要是：外电路导线接触不良；电刷与换向器接触不良（烧蚀、油污、磨损不均、长度不足、弹簧压力不足等）；起动机内部导线接触不良；电磁开关触点接触不良等。

3）若测得电流与转速都低于标准值的同时，电压表的读数也低于标准值，故障原因主要是蓄电池亏电或电源线接触不良。

2. 全制动试验（转矩或扭矩试验）

全制动试验是通过检测起动机全制动时产生的扭矩和消耗的电流与电压，来判断起动机内部电路的基本技术状况；另外，还可以检验单向离合器是否打滑。其方法如下：

（1）如图 3–2–25 所示，将起动机夹紧在汽车电器万能试验台上，使制动力矩杠杆（扭力杠杆）的一端夹住起动机起动齿轮，另一端挂在弹簧秤上。

（2）接通起动机电路（接通时间不大于 5 s），观察单向滑轮是否打滑，并迅速记下电流表、电压表和弹簧秤读数，然后与原技术标准对照。

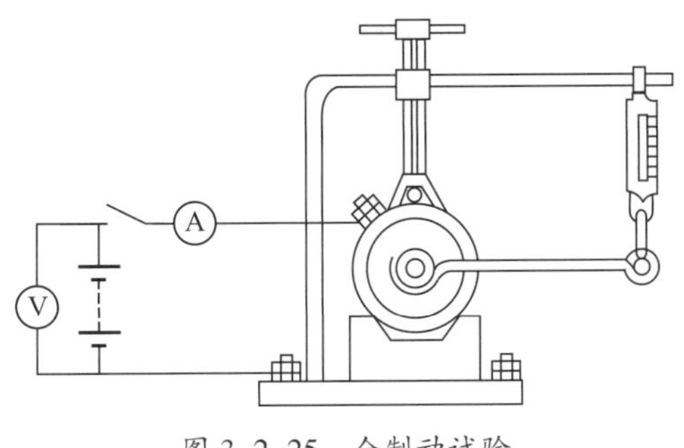

图 3-2-25　全制动试验

故障判断方法如下：

1）若测得的电流大，电压低，转矩小，证明电枢绕组或励磁绕组有局部短路或搭铁故障。

2）若测得的电流和转矩均小，而电压比标准值高，故障原因为外电路接触不良、电刷与换向器接触不良或电磁开关触点接触不良等。

3）若测得的电流和转矩均小，电压也较低，说明电源线接触不良或蓄电池亏电。

4）如果在全制动试验过程中，起动机电枢仍能转动，证明单向离合器打滑，失去了传递扭矩的能力。

（三）注意事项

1. 蓄电池的容量应与被测起动机的功率相匹配，且必须采用技术状况良好的蓄电池。

2. 全制动试验时，制动夹具必须夹牢固，身体避开弹簧秤的夹具，以保证人身安全。

3. 空载试验的时间不得超过 1 min，以免起动机过热而烧坏。

4. 全制动试验时，每次接通电路的时间不得超过 5 s。

5. 每次试验后，待蓄电池休息 1～2 min，再进行下一次试验，以免降低蓄电池的使用寿命。

课题 2　起动系的故障诊断与排除

项目 1　起动机不转故障的诊断与排除

实训要求

1. 掌握起动机不转故障的现象及原因。
2. 掌握起动机不转故障的排除方法。

主要实训器材

实训汽车、常用修理工具、数字万用表、高率放电计、试灯。

故障现象

接通起动开关后，起动机不转。

故障原因

1. 蓄电池严重亏电。导线、开关有严重接触不良甚至断路现象。

2. 起动机电磁开关有短路、断路、搭铁、卡滞等故障。

3. 电动机励磁、电枢绕组有故障，电刷与换向器有故障等。

4. 装有自动变速器的车辆，其自动变速器不在 N 挡或 P 挡，或多功能开关有故障，或控制单元有故障。

故障诊断与排除

1. 用数字万用表检查蓄电池存电量和线路的连接情况。如果良好，检查电动机。 2. 用旋具短接起动机两主接线柱，若电动机不转，说明其内部有问题，需拆检；若电动机能正常转动，说明电动机正常，故障在外部，需继续检查。	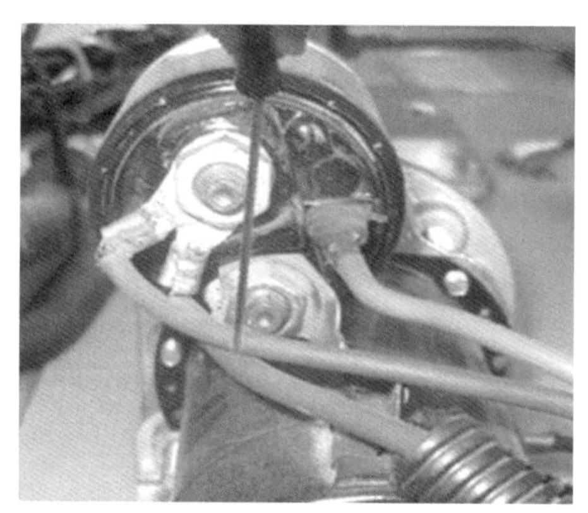
3. 检查电磁开关。短接起动机电源接线柱与电磁开关接线柱，若电磁开关有接通动作且电动机正常旋转，说明电磁开关正常，故障在外部；若电磁开关无动作，或者虽有动作但电动机不转，均说明电磁开关有故障，需拆检或直接更换。	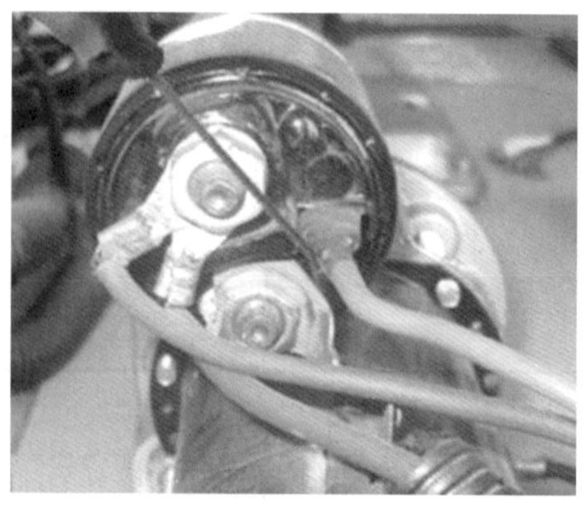

4. 检查起动继电器。在继电器火线均有电的前提下，短接触点观察起动机是否能通电转动，能转动说明触点已损坏造成断路；将线圈输出端直接搭铁检查继电器触点能否闭合，不能闭合说明线圈已损坏，能闭合应对搭铁线或控制单元进行检查。

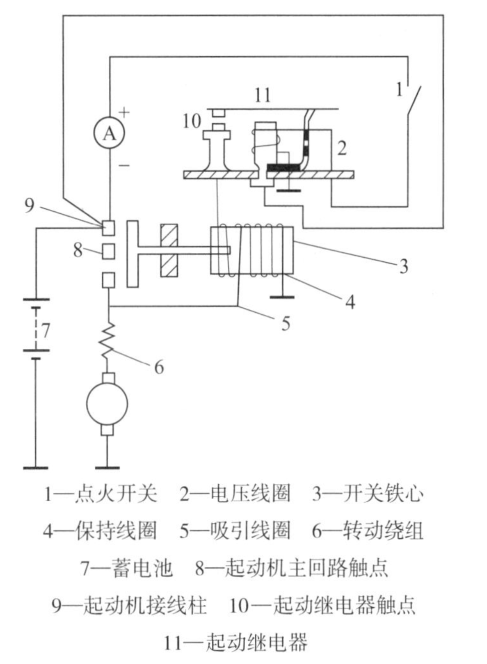

1—点火开关　2—电压线圈　3—开关铁心
4—保持线圈　5—吸引线圈　6—转动绕组
7—蓄电池　8—起动机主回路触点
9—起动机接线柱　10—起动继电器触点
11—起动继电器

项目 2　起动机运转无力故障的诊断与排除

实训要求

1. 掌握起动机运转无力故障的现象及原因。
2. 掌握起动机运转无力故障的排除方法。

主要实训器材

实训汽车、常用修理工具、数字万用表。

故障现象

起动机转动缓慢无力，带动发动机运转困难，甚至稍转即停；或起动时，起动机只发出“咔嗒”声响，但不能转动。

故障原因

1. 蓄电池电压过低或接线柱接触不良。
2. 电磁开关中接触盘与触点烧蚀导致接触不良。
3. 电机内部励磁线圈或电枢线圈短路。
4. 电刷与整流器接触不良，如整流器脏污、烧蚀，电刷磨损严重，弹簧过弱等。
5. 转子轴弯曲变形或轴承磨损严重导致松旷。
6. 起动机搭铁线接触不良或发动机转动阻力太大。

故障诊断与排除

参照起动机不转的诊断方法。

1. 检查蓄电池存电情况及线路连接是否有松动。

2. 短接起动机两主接线柱，若起动机转动无力，先确定起动机搭铁线接触是否良好，发动机运转阻力是否过大，若以上检查正常则表明电动机内部有问题，需拆检；若起动机转动良好，表明电磁开关接触不良，应更换。

项目 3 单向离合器不回位故障的诊断与排除

实训要求

1. 掌握单向离合器不回位故障的现象及原因。

2. 掌握单向离合器不回位故障的排除方法。

主要实训器材

实训汽车、常用修理工具、数字万用表。

故障现象

使用起动机后，放松点火开关，起动机仍转动不停，驱动齿轮与飞轮齿圈仍保持啮合而不能回位。

故障原因

1. 蓄电池电压过低，点火开关未能回位。

2. 起动继电器触点烧结。

3. 电磁开关主触点烧结，活动铁心卡住或复位弹簧折断。

4. 单向离合器复位弹簧过软或折断。

5. 起动机安装不牢固或轴线倾斜。

故障诊断与排除

出现此故障时，应迅速断开电源总开关或拆除蓄电池搭铁线，将电源切断，然后进行诊断，以防起动机被烧坏。单向离合器不回位故障的诊断如图 3–2–26 所示。

1. 若断电后单向离合器能回位，说明故障在电路中，重点检查蓄电池是否亏电或起动继电器触点是否烧结。

2. 若断电后单向离合器不能回位，说明属于机械故障，应重点检查各处的卡滞和起动机的安装问题。

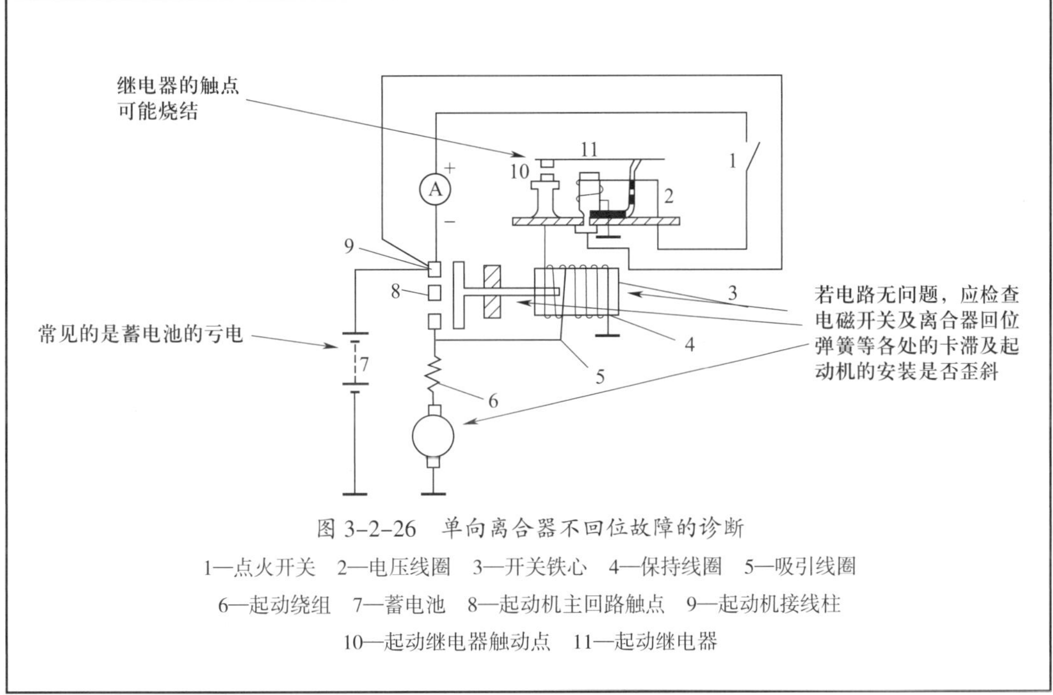

图 3-2-26　单向离合器不回位故障的诊断

1—点火开关　2—电压线圈　3—开关铁心　4—保持线圈　5—吸引线圈　6—起动绕组　7—蓄电池　8—起动机主回路触点　9—起动机接线柱　10—起动继电器触动点　11—起动继电器

项目 4　起动机异响故障的诊断与排除

实训要求

1. 掌握起动机异响故障的现象及原因。
2. 掌握起动机异响故障的排除方法。

主要实训器材

实训汽车、常用修理工具、数字万用表。

故障现象

起动时，起动机中发出不正常的声响。

故障原因

1. 电磁开关吸合不住，发出较强的“嗒嗒”声，为电磁开关中保持线圈短路或断路故障。

2. 起动机运转时，内部发出“沙沙”的摩擦声，为转子与定子铁心相碰，原因是轴弯曲变形或轴承松旷。

3. 起动机不能顺利啮合，发出连续的撞击声或打齿声。主要原因有起动机安装松旷、调整不当，齿轮尚未顺利啮合时电动机过早接通，驱动齿轮或飞轮齿圈损坏或磨损过大，复位弹簧变软、折断等。

故障诊断与排除

1. 将点火开关转到起动挡，起动机不转，电磁开关内发出较强的“嗒嗒”声，说明保持线圈短路或断路，应更换电磁开关。

2. 起动机运转时发出“沙沙”的扫膛声，需拆检。

3. 起动时，起动机不能顺利进入啮合，发出较快的撞击声或打齿声，应根据声响的特征予以区别：行程调整不当或空转引起的撞击声较为连续，安装松动或齿轮损坏引起的撞击声是断续的，有时可以啮合。

（1）首先摇转曲轴，更换啮合位置起动，若能成功起动，说明飞轮齿圈部分轮齿已损坏，应予以更换。

（2）确定起动机的安装是否存在松动、歪斜等问题，若有问题应予以紧固。

（3）确定是否属于调整不当，若电动机接通太早，可通过旋入活动铁心与拨叉的连接螺钉等方法，增大驱动齿轮的行程。

（4）若上述检查均无问题，则应对起动机进行拆检，重点检查驱动小齿轮或飞轮齿圈是否损坏或磨损过大，复位弹簧是否有变软、折断现象等。

单元3　点火系的维护与故障诊断排除

课题1　点火系的维护

知识概述：

点火系的作用是在正确的时刻向气缸提供适当持续时间的电火花，以点燃气缸中的可燃混合气。发动机上使用的点火系的工作原理基本相似，电火花将在适当的时刻在火花塞的间隙处产生电弧从而点燃燃烧室内的混合气。

汽油发动机上采用由电子控制单元（ECU）控制的点火系，又称电控点火系。这种点火系由ECU、各种传感器和点火执行器三部分组成，如图3-3-1所示。

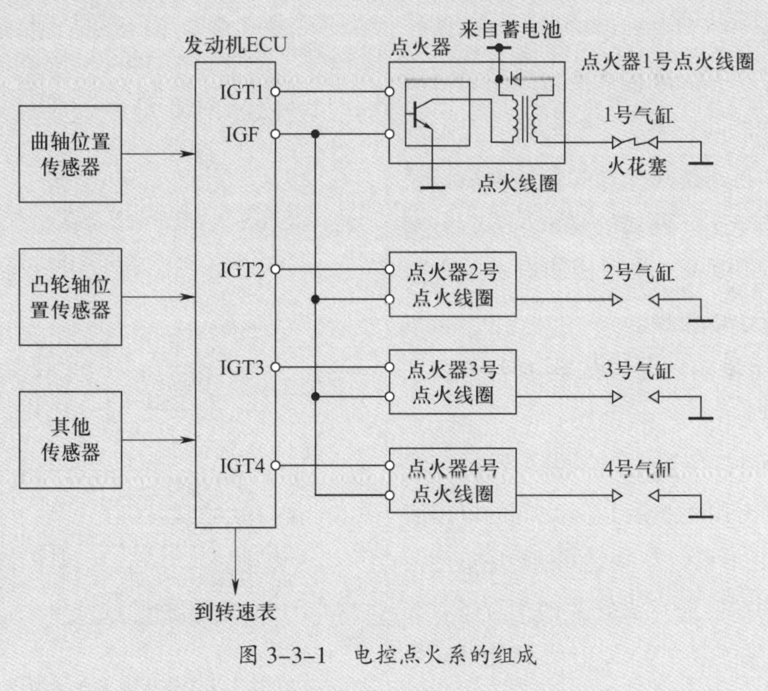

图3-3-1　电控点火系的组成

项目　电子点火系的维护

实训要求

掌握电子点火系维护作业的内容及操作要点。

主要实训器材

实训汽车、常用修理工具、数字万用表、汽车电器万能试验台、圆形规、试灯、弹簧秤、塞尺、百分表及表座。

实训内容

（一）电子点火器的检查

1. 采用磁脉冲信号发生器的电子点火器的检查方法

如图 3–3–2 所示，检查时可借助 1.5 V 干电池进行。接通点火开关，将干电池的正负极分别接到电子点火器的两输入线，用数字万用表检查点火线圈负极接线柱与接地之间的电压；然后将干电池的两极颠倒，再测量点火线圈负极接线柱与接地之间的电压。两次的测试结果应分别为 1～2 V 和 12 V，否则说明电子点火器有故障，应予以更换。

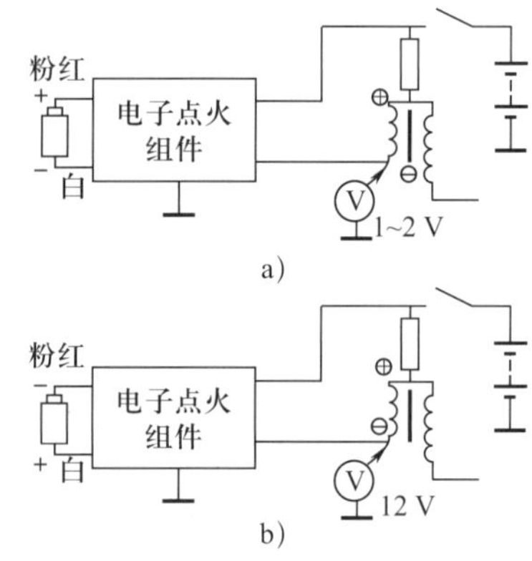

图 3–3–2 采用磁脉冲信号发生器的电子点火器的检查

2. 采用霍尔信号发生器的电子点火器的检查方法

如图 3–3–3 所示为电子点火器的接线图，用数字万用表测量 1、4 之间的电阻值应为 0.52～0.76 Ω，2、4 之间的电压值应为电源电压；在接通点火开关的情况下，3、5 之间的电压值应在 9 V 以上；慢慢转动曲轴，测量 3、6 之间的电压值应为 0～2 V。

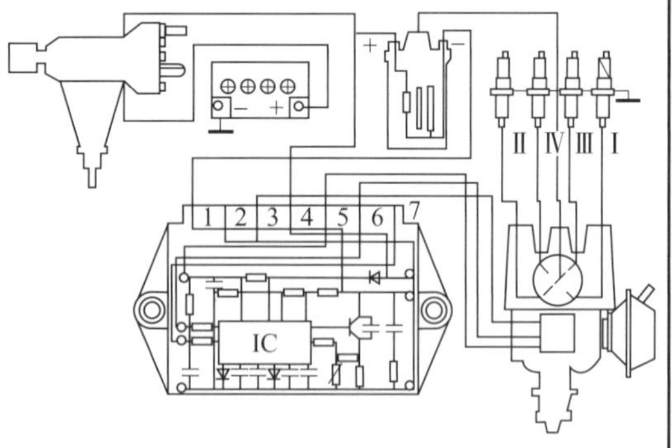

图 3–3–3 采用霍尔信号发生器的电子点火器的检查

（二）点火线圈的检查

1. 点火线圈电阻的检查

如图 3–3–4 所示，用数字万用表电阻挡测量点火线圈初级绕组和次级绕组的电阻值，应符合规定要求。

2. 点火线圈绝缘性能的检查

将点火线圈的引出线串接灯泡后接电源的一极，将点火线圈的外壳接电源的另一极，若灯亮表明点火线圈接地，应予以更换。

3. 点火线圈次级电压的检查

将点火线圈与汽车电器万能试验台上的标准分电器连接后，起动并提速至 1 500 r/min，然后调整三针放电装置的接铁极，使跳火间隙逐渐增大，直到维持连续跳火的最大间隙为止。此时将测量的间隙值乘以 1 500 V/mm，即可求得点火线圈次级电压。

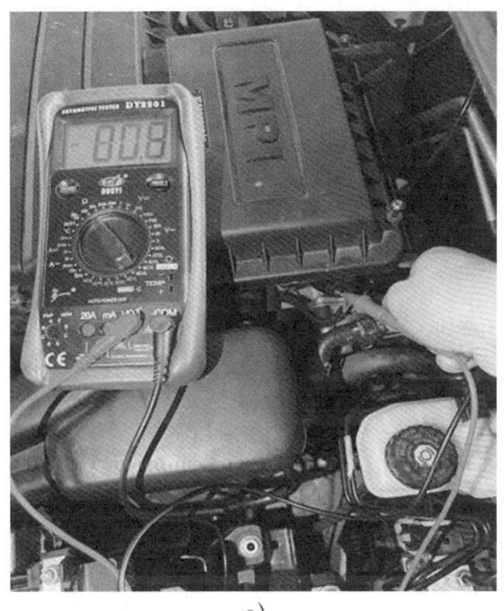

a)

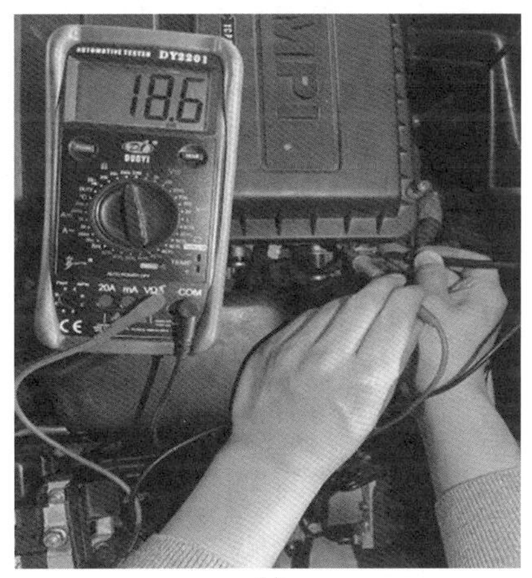

b)

图 3–3–4　点火线圈电阻的检查

a）检查一次绕组　b）检查二次绕组

（三）火花塞的检查

1. 火花塞电极间隙的检查

如图 3–3–5 所示，用圆形规测量火花塞的电极间隙，其值应为 0.7 ~ 0.9 mm。若电极间隙不符合要求，可通过弯动电极加以调整。

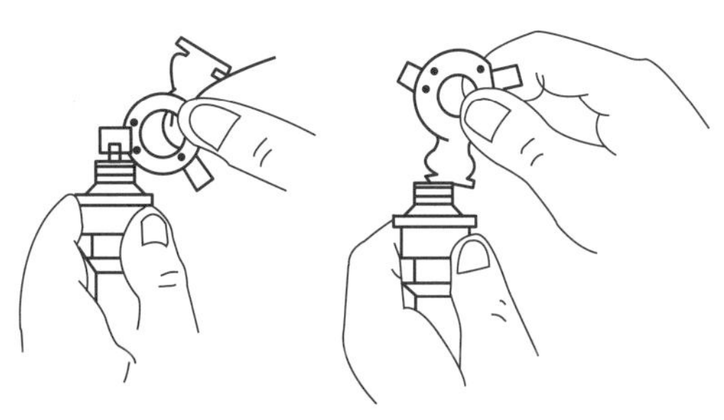

图 3–3–5　火花塞电极间隙的检查

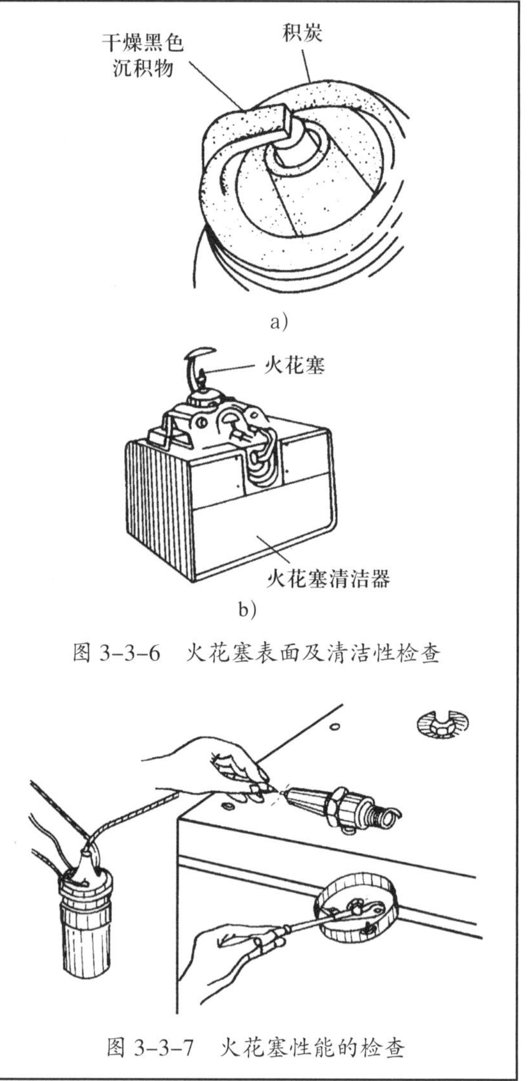

图 3-3-6　火花塞表面及清洁性检查

图 3-3-7　火花塞性能的检查

2. 火花塞表面及清洁性检查

如图 3-3-6 所示，若火花塞上附着积炭时，可用火花塞清洁器进行清洁，也可用刷子蘸汽油刷洗或用薄竹片剔除积炭；注意观察火花塞的螺纹、绝缘体及电极，若损坏严重应予以更换。

3. 火花塞性能的检查

如图 3-3-7 所示，将高压线端头对准从发动机上拆下并放置在气缸体上的火花塞尾部，并距火花塞尾部约 6 mm，然后打开点火开关，转动发动机或拨动断电器触点，同时观察火花塞的跳火情况。若火花强烈，说明火花塞性能良好；若无火或火弱，说明火花塞有故障，应予以更换。

课题 2　点火系的故障诊断与排除

项目 1　个别缸不工作故障的诊断与排除

实训要求

1. 了解个别缸不工作故障的现象及原因。
2. 掌握个别缸不工作故障的排除方法。

主要实训器材

实训汽车、常用修理工具、塞尺、数字万用表。

故障现象

1. 发动机在各种转速运转情况下，消声器都发出有节奏的“突突”声。

2. 发动机运转不稳定，排气管冒黑烟，进气管回火，发动机动力性下降。

故障原因

1. 个别缸火花塞工作不良。

2. 相邻两缸的高压线插错。

3. 少数缸高压线脱落或漏电。

故障诊断与排除

1. 诊断出缺火缸

依次取下各缸的高压线，进行单缸断火，若发动机运转更加不稳定，说明该缸工作正常；若发动机运转没有变化，说明该缸不工作。

2. 诊断出缺火缸的原因

（1）取下缺火缸火花塞上的高压线，使其线端距气缸盖 3~5 mm，然后接通点火开关，转动发动机的曲轴，并观察放电情况。若有强烈的火花，说明该缸的火花塞有故障；若无高压火花，说明故障在高压线、点火线圈。

（2）将取下的高压线接好，然后从点火线圈上拔下另一端，并在距分电器盖 3~5 mm 处放电。若有火花，说明高压线漏电；若无高压火花，说明点火线圈故障。

项目 2　电子点火系高压无火故障的诊断与排除

实训要求

1. 了解电子点火系高压无火故障的现象及原因。

2. 掌握电子点火系高压无火故障的排除方法。

主要实训器材

实训汽车、常用修理工具、塞尺、数字万用表。

故障现象

1. 用起动机带动发动机旋转，转动轻快但不能起动。

2. 拔出各缸高压线，使其端头距离气缸体 8 mm，接通点火开关，转动曲轴，进行放电试验，无高压火花。

故障原因

1. 点火线圈损坏。

2. 低压电路断路或短路。

故障诊断与排除

1. 用数字万用表电阻挡测量点火线圈二次绕组的电阻值及绝缘情况，若正常，应检查低压电路。

2. 低压电路的检查

接通点火开关，用数字万用表电压挡测量点火线圈正极接线柱与接地之间的电压值。若电压值为零，说明故障在点火线圈以前的电路中；若电压值为电源电压，说明故障在点火线圈。

拆去点火线圈上的连接导线，用数字万用表电阻挡测量初级线圈的电阻值及绝缘情况，其电阻值一般为 1.3 ~ 1.7 Ω；若电阻值不符合标准，应更换点火线圈。

单元 4　汽油机油路、电路综合故障的诊断排除

知识概述：

诊断电子控制汽油喷射发动机故障，应进行以下项目的基本检查：

1. 故障的确认

汽车的微处理器控制系统是一个相当复杂的系统，出现故障后应将故障系统的运行情况与正常运行情况进行比较，以确认故障。

2. 维修记录

汽车的维修记录能对一些异常的故障现象做出解释，如使用不合格的元件进行一些不恰当的维修等。

3. 蓄电池的充电状况

蓄电池充电不足，将影响 ECU 及相关的电子元件正常工作。

4. 蓄电池的正负极连接

所有的电路形成一个回路，蓄电池的正负极必须连接良好。公共搭铁不良将使表面上不相关的系统互相影响。如大电流系统遇到搭铁不良时，将通过其他电气系统进行反向供电，引起系统工作不正常，甚至造成元件不可检测的故障。

5. 电源继电器

燃油泵和过压保护继电器故障及连接方式不正确，会引起系统断断续续地工作。

6. 曲轴位置传感器

对曲轴位置传感器应进行静态和动态两方面的检查。

7. 火花塞

核实火花塞的类型、工作状况及电极间隙。

项目 1　发动机不能起动故障的诊断与排除

实训要求

1. 了解发动机不能起动故障的现象及原因。

2. 掌握发动机不能起动故障的排除方法。

主要实训器材

实训汽车、常用修理工具、点火正时灯、数字万用表、燃油压力表、气缸压力表、故障诊断仪。

故障现象

1. 用起动机起动发动机时，旋转轻快但不能起动，也无起动现象。

2. 用起动机起动发动机时有起动现象，但难以着火，发动机不能起动或起动困难。

故障原因

1. 有轻微着车现象

（1）进气管漏气。

（2）空气流量计（或进气压力传感器）故障。

（3）进气温度传感器故障。

（4）冷却液温度传感器故障。

（5）燃料供给系统不正常。

（6）喷油器及其控制系统有故障。

2. 无起动现象

（1）油箱内无油。

（2）电动燃油泵不工作。

（3）供油系统供油不正常。

（4）起动时节气门全开。

（5）点火系统工作失常。

（6）发动机气缸压力过低。

故障诊断与排除

1. 起动发动机时，若有起动现象但不能起动，按以下诊断步骤进行：

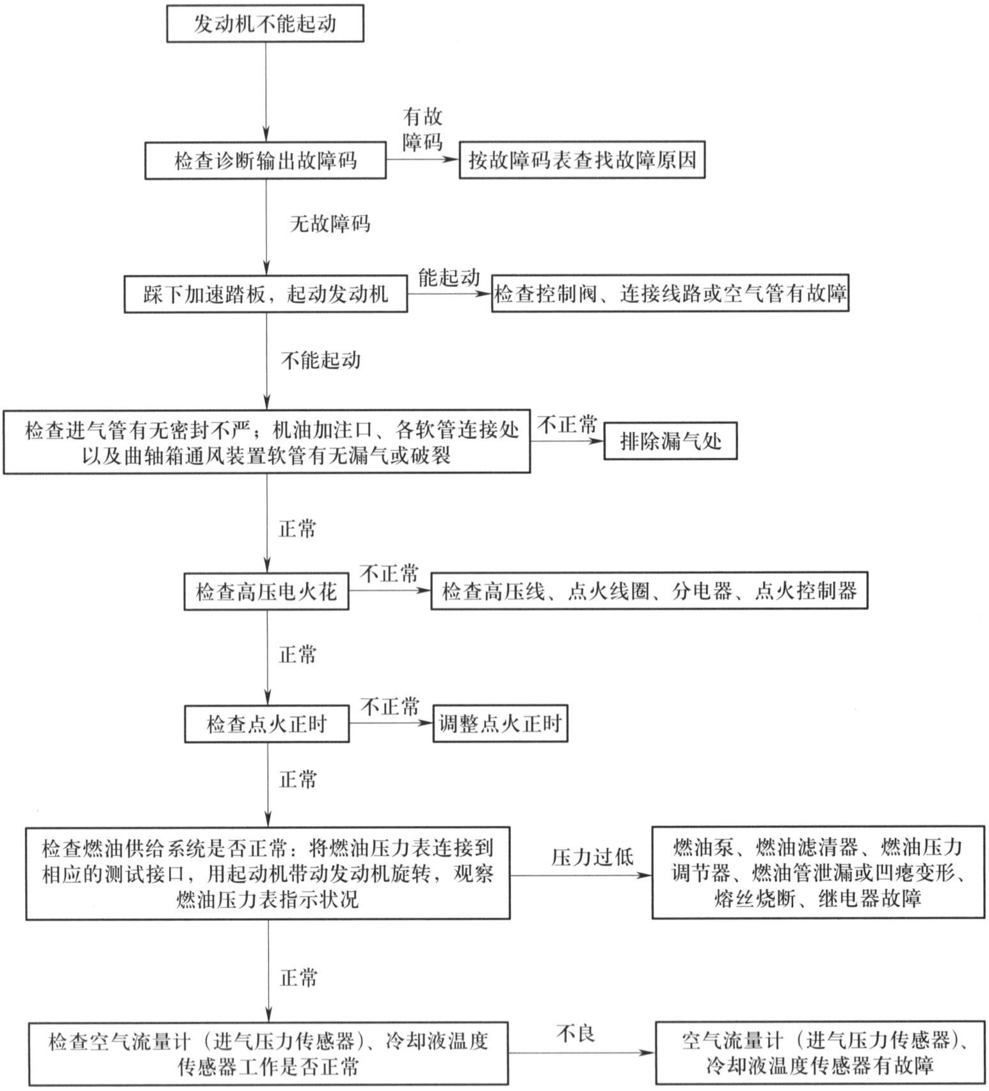

发动机不能起动

↓

检查诊断输出故障码 —有故障码→ 按故障码表查找故障原因

↓ 无故障码

踩下加速踏板，起动发动机 —能起动→ 检查控制阀、连接线路或空气管有故障

↓ 不能起动

检查进气管有无密封不严；机油加注口、各软管连接处以及曲轴箱通风装置软管有无漏气或破裂 —不正常→ 排除漏气处

↓ 正常

检查高压电火花 —不正常→ 检查高压线、点火线圈、分电器、点火控制器

↓ 正常

检查点火正时 —不正常→ 调整点火正时

↓ 正常

检查燃油供给系统是否正常：将燃油压力表连接到相应的测试接口，用起动机带动发动机旋转，观察燃油压力表指示状况 —压力过低→ 燃油泵、燃油滤清器、燃油压力调节器、燃油管泄漏或凹瘪变形、熔丝烧断、继电器故障

↓ 正常

检查空气流量计（进气压力传感器）、冷却液温度传感器工作是否正常 —不良→ 空气流量计（进气压力传感器）、冷却液温度传感器有故障

2. 起动发动机时，若无起动现象，按以下诊断步骤进行：

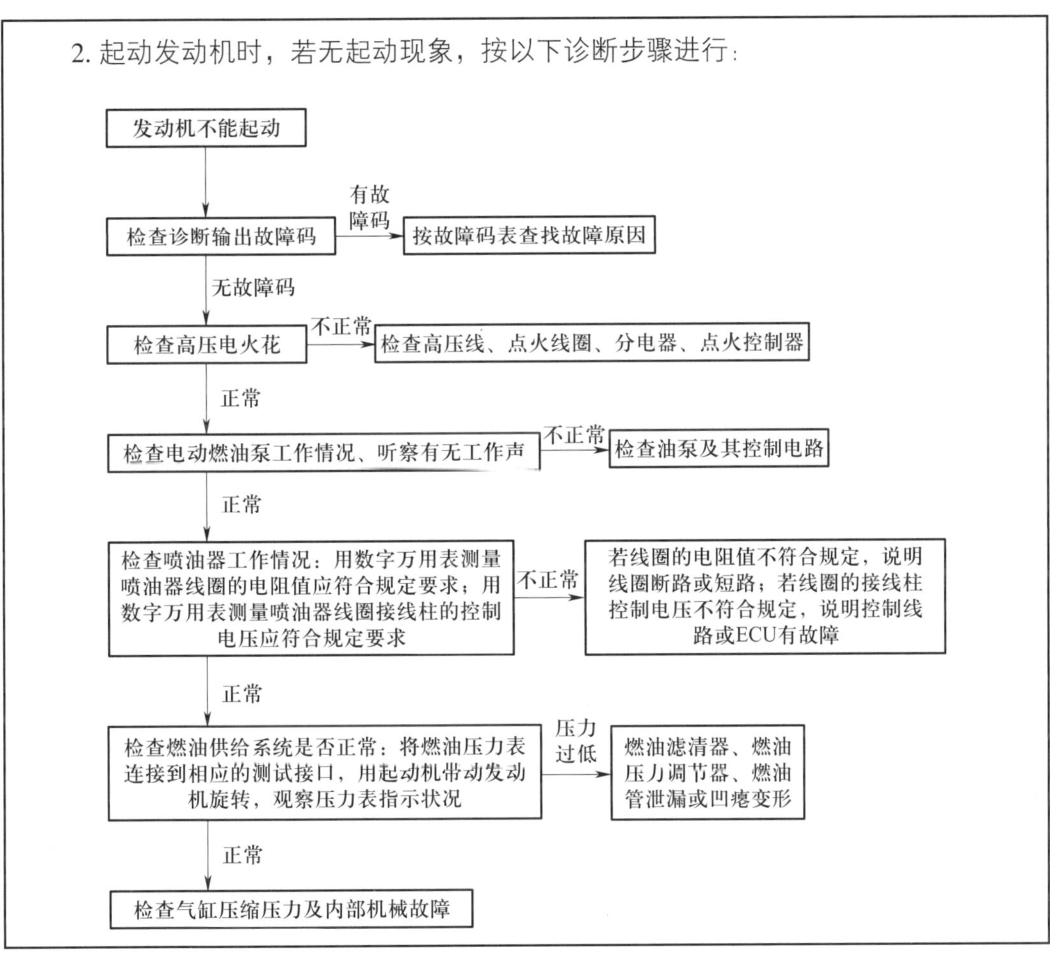

项目2　发动机怠速不良故障的诊断与排除

实训要求

1. 了解发动机怠速不良故障的现象及原因。
2. 掌握发动机怠速不良故障的排除方法。

主要实训器材

实训汽车、常用修理工具、数字万用表、气缸压力表、故障诊断仪、燃油压力表。

故障现象

发动机中高速运转良好，松抬加速踏板后，怠速过高或怠速运转不稳定，易熄火。

故障原因

1. 怠速控制阀堵塞、积炭卡住、怠速空气旁通道堵塞或节气门关闭不严。

2. 氧传感器、冷却液温度传感器、进气温度传感器、空气流量计（进气压力）传感器、节气门位置传感器、曲轴位置传感器、凸轮轴位置传感器或开关信号不良。

3. 点火系统点火过早或过迟。

4. 进气管路漏气。

5. 供油系统供油不正常。

6. EGR 阀或活性炭罐工作不良。

故障诊断与排除

发动机怠速不良故障，按以下诊断步骤进行：

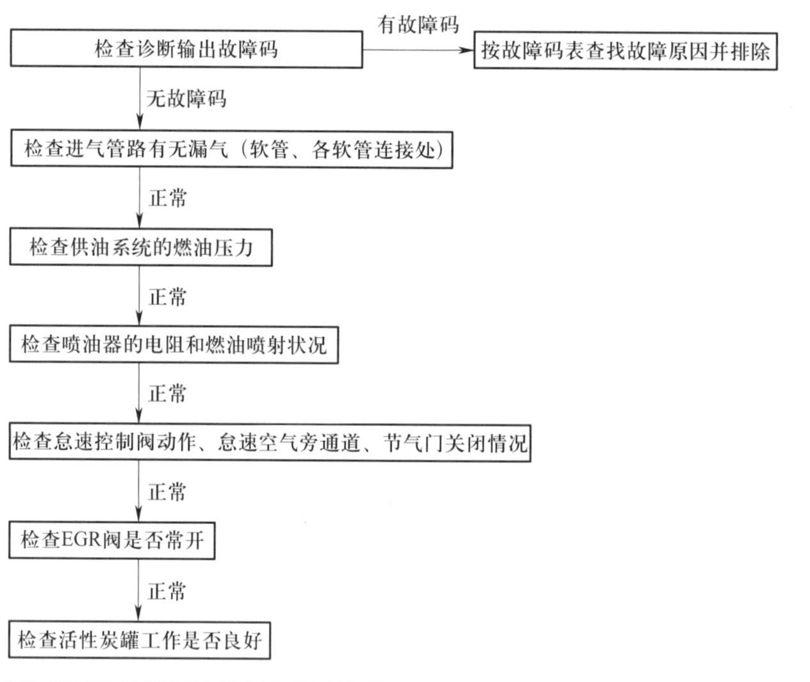

项目 3　发动机加速不良故障的诊断与排除

实训要求

1. 了解发动机加速不良故障的现象及原因。

2. 掌握发动机加速不良故障的排除方法。

主要实训器材

实训汽车、常用修理工具、数字万用表、气缸压力表、故障诊断仪、燃油压力表。

故障现象

1. 急加速时，发动机的转速不能迅速提高，加速反应迟缓，甚至熄火。
2. 急加速时，排气管有短期“突突”声。

故障原因

1. 进气系统漏气。
2. 供油系统油压过低。
3. 节气门位置传感器工作不正常。
4. 喷油器工作不良。
5. 废气再循环系统工作失常。

故障诊断与排除

发动机加速不良故障，按以下诊断步骤进行：

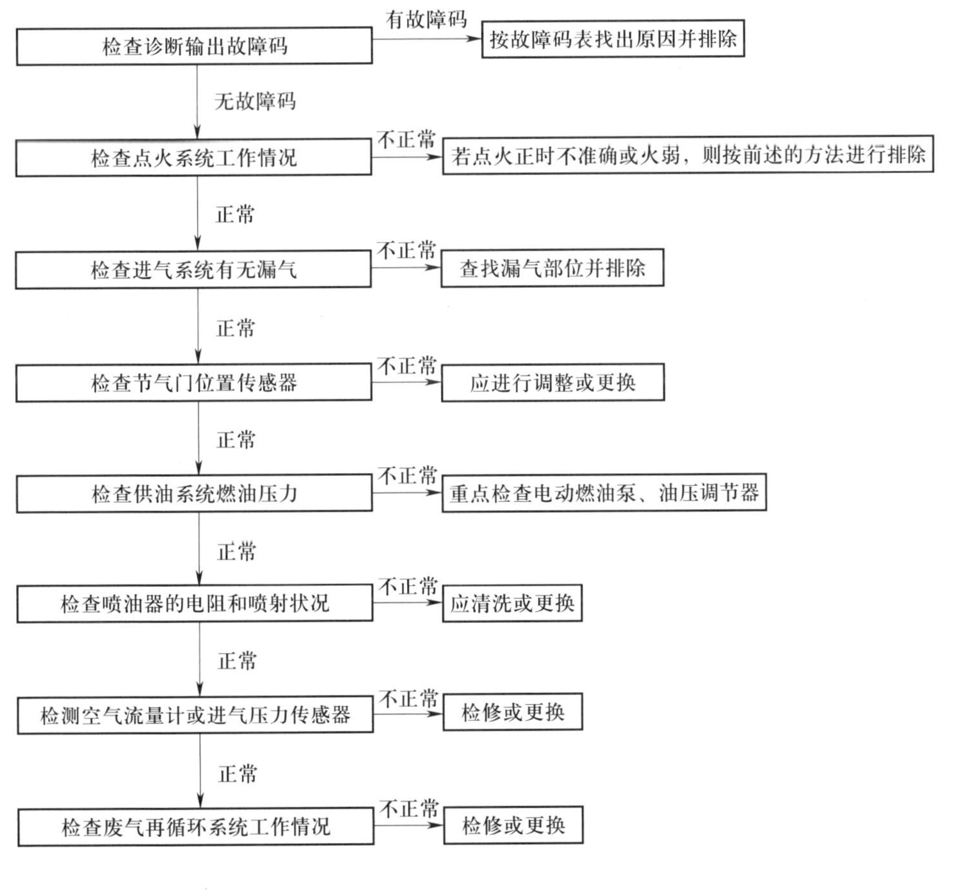

项目4 发动机高速运转不良故障的诊断与排除

实训要求

1. 了解发动机高速运转不良故障的现象及原因。
2. 掌握发动机高速运转不良故障的排除方法。

主要实训器材

实训汽车、常用修理工具、数字万用表、气缸压力表、故障诊断仪、燃油压力表。

故障现象

发动机中低速运转良好，高速运转时排气管发出无节奏的“突突”声，进气系统有时回火。

故障原因

1. 供油系统油压过低。
2. 喷油器工作不良。
3. 发动机个别缸工作不良。
4. 进气系统漏气。

故障诊断与排除

发动机高速运转不良故障，按以下诊断步骤进行：

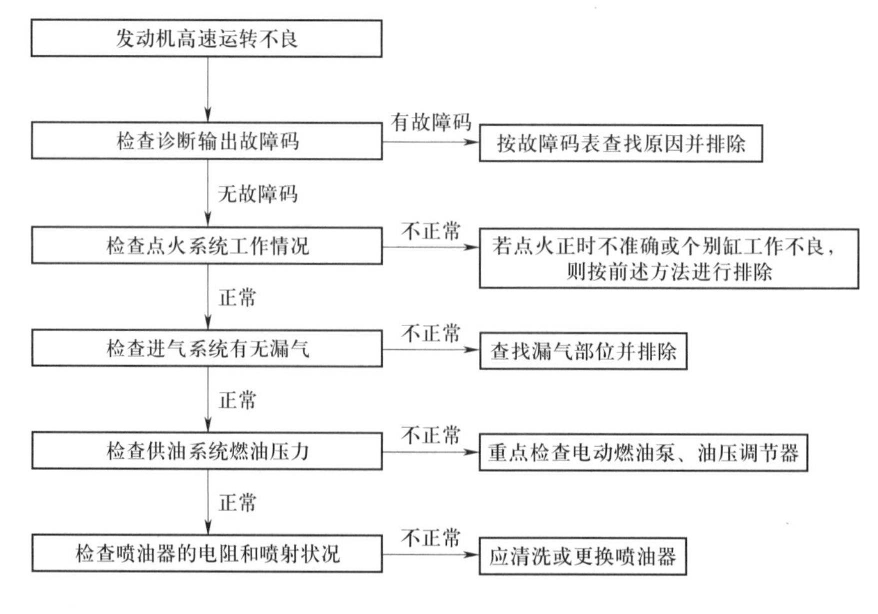

项目5　发动机油耗过多故障的诊断与排除

实训要求

1. 了解发动机油耗过多故障的现象及原因。
2. 掌握发动机油耗过多故障的排除方法。

主要实训器材

实训汽车、常用修理工具、数字万用表、气缸压力表、故障诊断仪、燃油压力表。

故障现象

1. 发动机冷、热车均难以起动，起动时伴随有“突噜、突噜”声，难以维持。
2. 发动机过热，油耗明显增加。

故障原因

1. 发动机个别缸工作不良。
2. 空气滤清器阻塞。
3. 氧传感器、进气温度传感器、冷却液温度传感器、节气门位置传感器及其电路故障。
4. 喷油器喷嘴内部损坏或磨损严重。
5. 进气系统漏气。
6. 供油系统漏油。

故障诊断与排除

发动机油耗过多故障，按以下诊断步骤进行：

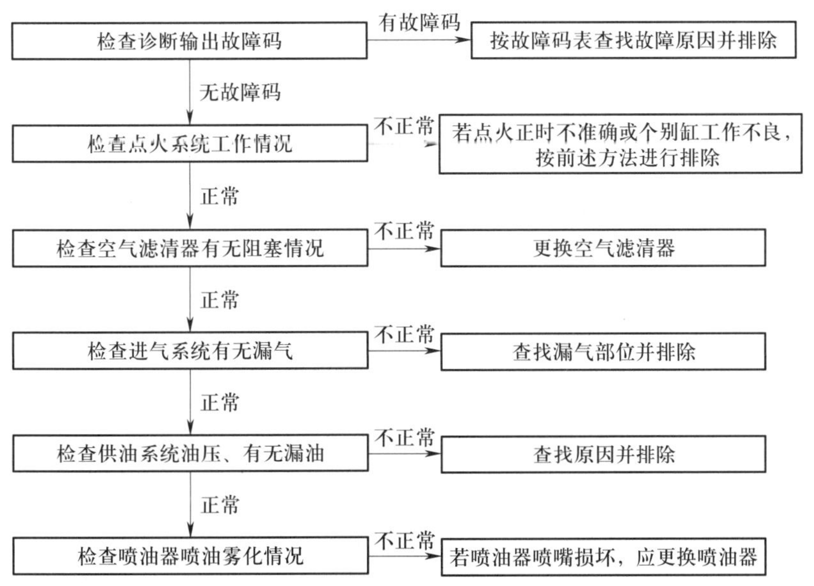

项目 6　发动机无怠速故障的诊断与排除

实训要求

1. 了解发动机无怠速故障的现象及原因。
2. 掌握发动机无怠速故障的排除方法。

主要实训器材

实训汽车、常用修理工具、数字万用表、气缸压力表、故障诊断仪、燃油压力表。

故障现象

1. 发动机中、高速运转良好，松抬加速踏板后立即熄火。
2. 怠速状态下运转很不稳定，很快熄火。

故障原因

1. 怠速控制电路或开关信号不正常。
2. 怠速阀、怠速空气通道堵塞。
3. 氧传感器、空气流量计（进气压力传感器）及其控制电路故障。
4. 进气管路漏气。

故障诊断与排除

发动机无怠速故障，按以下诊断步骤进行：

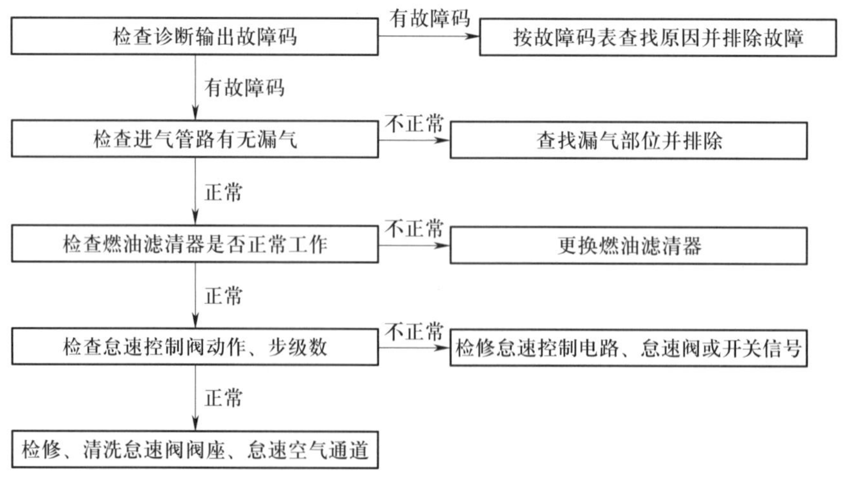